北京市宣传文化高层次人才资助"马克思文本文献研究工作室"项目
《马克思与古典经济学相关文献收集与思想研究》成果

返本再出发

《资本论》基本文献考辨
及研究方式转换

聂锦芳 著

An Examination of the Basic Texts of the "Capital"
and A Transformation of Research Modes

RETURNING

天津出版传媒集团

天津人民出版社

图书在版编目（ＣＩＰ）数据

返本再出发:《资本论》基本文献考辨及研究方式

转换／聂锦芳著. -- 天津：天津人民出版社, 2023.10（2024.3 重印）

ISBN 978-7-201-19444-8

Ⅰ.①返… Ⅱ.①聂… Ⅲ.①《资本论》—马克思著

作研究 Ⅳ.①A811.23

中国国家版本馆 CIP 数据核字(2023)第 088765 号

返本再出发:《资本论》基本文献考辨及研究方式转换

FANBEN ZAI CHUFA:《ZIBENLUN》JIBEN WENXIAN KAOBIAN JI YANJIU FANGSHI ZHUANHUAN

出　　版	天津人民出版社
出 版 人	刘锦泉
地　　址	天津市和平区西康路35号康岳大厦
邮政编码	300051
邮购电话	(022)23332469
电子信箱	reader@tjrmcbs.com

策划编辑	王　康
责任编辑	佐　拉
特约编辑	郑　玥　郭雨莹
装帧设计	李　一

印　　刷	天津新华印务有限公司
经　　销	新华书店
开　　本	710毫米×1000毫米　1/16
印　　张	20.75
插　　页	6
字　　数	260千字
版次印次	2023年10月第1版　2024年3月第2次印刷
定　　价	89.00元

目　录

Table of Contents

Chapter Ⅷ. the Paradigm of "Political Arithmetic" and the "In-
ner Connection"of Capitalist Society

Chapter Ⅸ. Engels' Critique of Capital and Its Modern Value

引言　走进《资本论》的世界

　　纵然时光飞逝，也抹不去记忆中 30 年前（1993 年）我入读中国人民大学马列主义发展史研究所博士研究生时，第一次走进所资料室遭逢的一幕。外面的房间是整齐的中文书刊，通往里间的房门却锁眼生锈。我问图书管理员吴灵芳老师，里面是什么东西，她说她也不清楚，印象中自打她来所里上班这个门就没有打开过。好奇的我纠缠她能否打开来看看，吴老师费了很多周折才找到钥匙把门打开。眼前的情景令我们感到震撼——书架上落满了厚厚的尘土，抹开一看，全是苏联和东德赠送的俄文、德文资料。除了经典作家的作品和《真理报》等影印件外，还有大量考证马克思著述写作、修改、整理、编辑过程的参考文献，其中《资本论》占了很大一部分。

　　从此，我自觉地开始了对马克思著述总体情况的全面性摸底和梳理。最终我了解到，马克思一生都在创作和思考，但生前发表的论著不到其全部著述的三分之一，且其中已完成的定稿也很少，大部分是成型稿之外的准备材料、先行稿、最初草稿、过程稿、修改稿、誊清稿、刊印稿、失佚稿以及其他相关材料。在不断的学习和思考中，我意识到，要全面准确地把握马克思的思想，单纯依靠现成的著述、教科书的概括和他人的阐释看似方便，实则太过轻率、武断乃至"冒险"；只有进入马克思的著述本身特别是他的原始手稿之中,才能够理解其思想的复杂性、丰富性和论证逻辑。

博士毕业之后,我到中共中央文献研究室工作了两年,1998 年调入北京大学哲学系任教。北京大学哲学学科一向有注重文本、文献基础研究和理论分析的传统,并且在中国首先开辟了"马克思主义哲学史"学科方向。2000 年 5 月 5 日,北京大学成立了国内高校中最早的"马克思主义文献研究中心",并委托我专门从事收集文献资料的工作。我花费了大量的精力,悉心搜集了德、俄、英、中等各种版本的马克思著述及其大量相关研究资料,特别是当时除中央编译局外其他高校和研究机构还很少收藏的《马克思恩格斯全集》历史考证版(*MARX/ENGELS GESAMTAUSGABE*,简称 MEGA)。这其中《资本论》及其手稿自然也是重头戏。

资料的收集也为我个人的专业研究提供了便利的条件。在扎实的文献积累的基础上,我对马克思文本研究史进行了系统的回顾和梳理、对既往的文本研究方法进行了深刻的反省,并逐步展开了对马克思文本个案的深入研究。特别是对《德意志意识形态》的解读工作,其成果结集为长达 73 万字的专著《批判与建构:〈德意志意识形态〉文本学研究》,这也是我关于马克思主义研究中"文本学研究"范式或方法的一种尝试。此书出版后入选《国家哲学社会科学成果文库》,获得过赞誉,当然也有一些批评乃至质疑。在此基础上,我作了反思,按照既有的规划,把研究重点转向了《资本论》及其手稿。

这是一个多么丰富、复杂而深邃的思想世界!

谈及《资本论》,除极少数文献学家外,过去相当多的读者基本上都将其视为一部"俨然已经完成了的著作",论者也多是借助"成形"的三卷"通行本"来展开研究和阐释。现在看来,这是缺乏真实、完整而权威的文献基础的。随着 MEGA2 第二部分"《资本论》及其准备著作"15 卷 23 册出齐,再加上第三部分"书信卷"第 8—35 卷大量涉及《资本论》的通信和第四部分"摘录、笔记、批注卷"第2—9卷作为《资本论》准备材料的"四个笔记"等文献的发表，马克思准备、写作、修改和整理这一著述的曲折过程被直观而完整地再现出来。同时也表明，《资本论》实际上是一个庞大的"手稿群"，其中包括了"笔记"（"巴黎笔记""布鲁塞尔笔记""曼彻斯特笔记""伦敦笔记"和正在编辑的1856—1857年"危机笔记"等）、"初稿"（"1857—1858年手稿""1861—1863年手稿"和"1863—1867年手稿"）、"整理、修改稿"（德文第1卷6个版本；第二、三卷马克思手稿、恩格斯修改过程稿和恩格斯出版稿）和众多"书信"。这也说明《资本论》"实际上仍然处于一种日益发展的进程中，处于一种没有完成的、开放的，并且是具有疑惑和困境的发展过程中"。与此相关，《资本论》叙述结构的变迁也是一个重要的研究领域，其叙述框架由"两卷本著作"—"三本书计划"—"五个分篇"—"六册计划"—"九项内容"—"两大部分"—"三卷四册结构"—"四卷内容"的曲折变迁，浸透了一个思想巨匠整整四十年殚精竭虑的探索过程。如果不将这些文献纳入《资本论》研究当中，怎么能准确而全面地把握马克思的原始思想呢？

对于一个复杂且产生了巨大历史影响的思想家来说，其观点和理论的丰富内涵不完全体现在那些表述明确的论断中，而是深藏于对这些观点和理论的探索、论证过程中。就《资本论》而言，尤其是如此。如果我们仅仅将它视为一本严厉批判、根本否定"资本"的作品，一部单纯的政治经济学著作和哲学上只是对唯物史观的运用与检验，根本体现不出马克思资本批判的多重思考和良苦用心。因此，研究者必须站在世界学术研究的前沿，以权威、完整和准确的文献资料、版本作为重新研究的基础，并且通过扎实的文本、文献内容解读，才可能将其宽广的思想视野、深邃的历史意识和深刻的哲学蕴涵，全面地展示、提炼出来。在此基础上，再结合对20世纪资本批判史的梳理，结合目前资本全球化的发展态势，来重新理解和评价《资本论》中的资本理论及其对资本逻辑的批判,以确立其在思想史中的地位和当代意义。

2015 年 3 月至 2016 年 2 月,我受邀到德国进行合作研究和学术访问,在位于莱茵兰－普法尔茨州的特里尔——马克思的故乡度过了一年的时光。利用这次机会,我详尽地向德国同行介绍了中国近年来关于马克思文本、文献及其思想包括《资本论》研究的进展情况;而与这些数十年专注于马克思文献编辑和展览的专家的交流,对他们工作情况的详尽了解,也使我感慨良多。在古老、静谧而美丽的特里尔,我居住在距离城中心 6 千米的伊尔施小镇,在镇口靠近马路的地方有一块墓碑,上面写着:"我也想给你未来和希望"(Ich will euch zukunft und Hoffnung geben)。每次路过这里我总会停下脚步观瞻一番,看着它,总让我思绪绵绵。

2018 年是马克思诞辰 200 周年。我和同道推出了 12 卷本《重读马克思:文本及其思想》丛书(其中有 4 卷是关于《资本论》及其手稿的研究),以此来向这个特殊的日子献礼。同年,我作为德国"马克思年"国际学术咨询委员会成员重返特里尔,参观了在那里举办的四个大型展览和学术研讨等相关活动。活动结束后,又从特里尔出发,到波恩—科隆、柏林、巴黎、布鲁塞尔、阿姆斯特丹,最后是伦敦和曼彻斯特,寻找和考察了马克思一生生活和工作过的地方以及其手稿保存的机构。这次前后在欧洲逗留了三个月。

回国后,我除了整理带回来的资料,写了《追寻马克思的足迹》等系列长文,又重新规划了自己的研究工作,打算还是围绕"《资本论》及其手稿"来重新辨析马克思与古典经济学家们的复杂关系,梳理 1867—1883 年间马克思的理论与实践活动所体现的他对资本问题的新思考,从《资本论》对 20 世纪社会变迁和思想建构的参与、渗透来探究其现实价值。目前这些工作正在进行当中。

屈指算来,从最初在中国人民大学接触到《资本论》手稿复制件,到今天在北京大学还在从事"马克思与古典经济学关系再探究"的课题研究,我在《资本论》学习和研究这条道路上已经走过了 30 个春秋。我和同道致力于从文本、文献的角度对马克思思想重新展开梳理、阐释和评论,这种研究方式在国内众多的马克思主义研究者中显得有点"小众"和"另类",但我们感到,它确实矫正了长期以来形成的某些误读和曲解,真正提升了马克思主义研究的学术水准,更有助于发挥它在全球化时代所具有的现实价值。

聂锦芳

一、《资本论》再研究：文献、思想与当代性

　　《资本论》是马克思一生最重要的著述，是诠释马克思思想最重要的文本依据。在当代新的境遇下把马克思主义研究推向新的高度和层次，仍然绕不开这座"思想高峰"。第一，必须站在世界学术研究的前沿领域，以权威、完整和准确的文献资料、版本作为重新研究《资本论》的基础。第二，必须突破把《资本论》仅仅看作单纯的政治经济学著作和哲学上只是对唯物史观的运用与检验的传统而狭窄的研究思路，在扎实的文本、文献解读的基础上将其宽广的思想视野、深邃的历史意识和深刻的哲学蕴涵全面地展示、提炼出来。第三，必须结合对20世纪资本批判史的梳理、目前资本全球化的发展态势来重新理解和评价《资本论》中的资本理论及其对资本逻辑的批判，确立其思想史地位和当代意义。

迅猛推进的经济全球化态势,特别是近年由西方资本主义国家引发的世界性经济危机,再一次证明了马克思的基本理论及其对资本主义的深刻批判仍然是透视当代世界重要而有效的思维方式。《资本论》是马克思一生最重要的著述,是诠释马克思思想最重要的文本依据。在当代新的境遇下把马克思主义研究推向新的高度和层次,仍然绕不开这座"思想高峰"。新的《马克思恩格斯全集》"历史考证版"(以下简称 MEGA2)的陆续出版,以及中文版《马克思恩格斯文集》十卷本和《马克思恩格斯选集》第 3 版的问世,为我们提供了更为权威而完整的文献资料,而当代理论思维水准的提升和社会实践的发展,也为我们重新研究《资本论》提供了极大的空间和可能。从文献(文本)、思想和当代性三个维度进行融经济学、哲学与社会理论于一体的深入探讨,将有助于把《资本论》研究推向新的高度和层次。

(一)《资本论》著述原貌的文献学还原

1.《资本论》著述的文献构成

谈及《资本论》,除极少数文献学家外,过去相当多的论者基本上都将其视为一部"俨然已经完成了的著作",而离开其庞大的笔记和手稿群,甚至离开马克思本人的"第一手稿",只是根据由后人整理"成形"的三卷"通行本"来展开研究的。现在看来,这种研究明显缺乏真实、完整而权威的文献基础。随着 MEGA2 中专门刊出"《资本论》及其准备材料"15 卷 23 册的第二部分业已出齐,再加上其第三部分"书信卷"第 8—35 卷大量涉及《资本论》的通信,以及第四部分"摘录、笔记、批注卷"第 2—9 卷所刊布的作为《资本论》准备材料的"四个笔记"等文献的刊布,马克思准备、写作、修改和整理这一著述的曲折过程将不断被完整地再现出来,同时也表明《资本论》文本实际上是由如下几个部分组成的。

一是"笔记部分"。即 MEGA2 第四部分第 2—9 卷所涉及的"巴黎笔记"（1843 年 10 月—1845 年 1 月）、"布鲁塞尔笔记"（1845—1847）、"曼彻斯特笔记"（1845）和"伦敦笔记"（1850—1853），此外还包括正在编辑中的第 14 卷的"危机笔记"（1857—1858）。这些笔记是马克思在《资本论》正式写作前的准备材料，记录了他从思想先驱那里汲取思想资源、展开自己的思考和重构的思路及过程，几乎触及后来《资本论》手稿中的绝大多数材料和议题。特别是由于后来的手稿实际上也非常凌乱，各部分之间的衔接常常出现中断，这些笔记就成为索解马克思复杂的思想结构和叙述逻辑的重要参照。

二是"初稿部分"。在过去稍微深入一些的研究中，人们总认为《资本论》有三个手稿，即著名的 "1857—1858 年手稿""1861—1863 年手稿"和"1863—1865 年手稿"，而 MEGA2 根据新的文献补充和修正了这种说法。它不仅通过第一部分第二卷刊出了"1844 年手稿"中的三个手稿，通过第二部分第一卷的 2 个分册、第三卷的 6 个分册刊出"1857—1858 年手稿"，而且通过第二卷将 1858—1861 年马克思留下的材料（包括 7 个笔记本的前言、2 个提纲、《政治经济学批判》的"准备阶段"、第 1 分册、《资本论》第一章的"计划提纲"、"引文图解"等）和恩格斯的评论——一予以刊出，又通过第四卷 3 个分册将所谓"1863—1865 年手稿"修正为"1863—1867 年手稿"，公布了从 1863 年至《资本论》第一卷正式出版前马克思的全部手稿。这样说来，所谓《资本论》的"手稿部分"实际上指的就是 1844—1867 年间马克思所写的他关于政治经济学研究和《资本论》的所有初稿，而"三个手稿"的说法只具有相对的或特定的意义。

三是"整理、修改稿部分"。即 MEGA2 第二部分第 5—10 卷刊出的全部属于《资本论》第一卷的各种版本，包括其德文第 1 版、德文第 2 版、法文版、德文第 3 版、英文版和德文第 4 版;第 11—13 卷刊出的《资本论》第二卷的马克思手稿、恩格斯修改过程稿和恩格斯出版稿;第 14、15 卷刊出的《资本论》第三卷的马克思手稿和恩格斯整理过程稿、恩格斯出版稿。

为什么要花如此大的精力甄别同一卷次的这些不同版本呢? 因为它们之间不仅在字词和段落上有非常多的改动,而且在结构和内容上也有比较大的差别,用马克思评论《资本论》第一卷法文版的话说,都具有"独立的科学价值"①。比如,迄今为止,几乎所有的研究者所依据的《资本论》第一卷的版本都是由恩格斯整理的德文第 4 版,但 MEGA2 提供的材料表明,1867 年出版的德文第 1 版只有 6 章,而 1872—1875 年间分册出版的法文版则扩展为 8 篇 33 章,1882 年的德文第 2 版又修正为 7 篇 25 章,1887 年的英文版则为 8 篇 33 章(与法文版也不完全一致),而 1890 年的德文第 4 版确定为 7 篇 25 章。再比如,把 MEGA2 第二部分第 11 卷(分 2 个分册)中刊出的《资本论》第二卷的马克思手稿与第 12 卷刊出的恩格斯对这些手稿所做的整理过程稿以及第 13 卷刊出的正式出版稿比较一下,就会发现,恩格斯删减和增补的句子、公式和术语以及序列变更等超过 5000 处,而且这还不包括标点符号、笔误等技术性的处理以及恩格斯对马克思原稿内容的概括部分,有些方面未必"只是形式上的改动",实际上涉及对《资本论》思想的"恩格斯式"的理解,而且恩格斯在整理这些手稿的时候,并没有查阅过马克思当年写作时参考过的那些书籍。

这里还必须指出的是,中文新版《资本论》(2004)改变了从俄文转译的做法,根据德文对原来的译文做了校订,这是值得肯定的;但遗憾的是,第一卷校订依据的只是 MEGA2 第二部分第 10 卷(仍然是德文第 4 版),而对其

---

① 马克思:《法文版序言和跋》,《马克思恩格斯文集》(第五卷),人民出版社,2009 年,第 27 页。

他各种版本之间的不同也并没有在注释中详加说明,更使人不能理解的是,第二、三卷校订依据的竟然不再是 MEGA2,而是倒退到作为"通行本"的柏林狄茨版(1963)!这样经过 MEGA2 编辑那么多年悉心甄别、考察和辨析而取得的研究进展就没有能够在中文新版中得到充分体现。

四是"书信部分"。MEGA2 第三部分"书信卷"从第 8 卷开始到第 35 卷大量涉及就《资本论》写作马克思与恩格斯之间的相互通信、马克思和恩格斯联名致他人的信、马克思和恩格斯分别致他人的信,以及附录中他人分别致马克思和恩格斯的信、他人致马克思和恩格斯的信以及他人相互之间的通信。这些书信表露了马克思长达四十年艰辛创作的艰难经历和真实心迹,也展示了同道参与这一巨大的思想建构工程的原委和过程。

以上关乎《资本论》的这些材料的刊布,将颠覆人们印象中它几乎是一部已经完成了的著作的传统看法,表明《资本论》"实际上仍然处于一种日益发展的进程中,处于一种没有完成的、开放的,并且是具有疑惑和困境的发展过程中"①的实际情形。如果不将这些文献纳入《资本论》研究当中,怎么能不受到极大的局限,又怎么能准确而全面地把握马克思的原始思想呢?

2.《资本论》叙述结构的变迁

《资本论》所要研究的,正如马克思在《〈资本论〉第一卷第 1 版序言》中所说,"是资本主义生产方式以及和它相适应的生产关系和交换关系"②。但问题的关键在于,它们从来都不是显性地摆在研究者面前的实体性存在,而

---

① Carl—Erich Vollgraf: *Unsere nicht alltägliche Editionskonstellation bei den Materialien zum zweiten und dritten Buch des Kapitals*, MEGA—Studien, 2001, S.45.

② 马克思:《第一版序言》,《马克思恩格斯文集》(第五卷),人民出版社,2009 年,第 8 页。

是一个非常复杂而又不断变化的结构。如何准确、全面而深刻地理解、揭示这一结构及其变动过程,马克思可以说是费尽心思,《资本论》的理论结构的形成过程,实际就是他的这种探索的忠实记录。

早在 1844 年,开始将自己的研究由对社会的"副本"(Kopie,Копии)批判转向"原本"(Original,Оригинала)批判①的马克思,在研读古典经济学和社会主义著述的基础上,最初产生了创作两卷本著作《政治和国民经济学批判》的计划,并且还与出版商签订了合同。这是《资本论》结构最早的设想,但这一计划没有实现。1851 年马克思又计划写三本书,一是批判资产阶级政治经济学的理论,二是批判空想社会主义,三是论述政治经济学史,也没实现。在《1857—1858 年经济学手稿》中,马克思拟定的政治经济学理论体系为五个分篇:"(1)一般的抽象的规定,因此它们或多或少属于一切社会形式,不过是在上面所阐述的意义上。(2)形成资产阶级社会内部结构并且成为基本阶级的依据的范畴。资本、雇佣劳动、土地所有制。它们的相互关系。城市和乡村。三大社会阶级。它们之间的交换。流通。信用事业(私人的)。(3)资产阶级社会在国家形式上的概括。就它本身来考察。'非生产'阶级。税。国债。公共信用。人口。殖民地。向国外移民。(4)生产的国际关系。国际分工。国际交换。输出和输入。汇率。(5)世界市场和危机。"②

随后在 1859 年《〈政治经济学批判〉序言》中,马克思又将理论结构修改为六册计划:"我考察资产阶级经济制度是按照以下的顺序:资本、土地所有

---

① 在《〈黑格尔法哲学批判〉导言》中,马克思说,该书对社会问题的探讨"不是联系原本,而是联系副本即联系德国的国家哲学和法哲学来进行的"[《马克思恩格斯选集》(第一卷),人民出版社,2012 年,第 2 页]。我认为,较之长期流行的"两个转变"(即"从革命民主主义向共产主义、从唯心主义向唯物主义的转变")的概括,这是解释马克思早期思想发展历程更为准确和到位的思路和线索。

② 马克思:《1857—1858 年经济学手稿》,《马克思恩格斯文集》(第八卷),人民出版社,2009 年,第 32~33 页。

制、雇佣劳动;国家、对外贸易、世界市场。在前三项下,我研究现代资产阶级社会分成的三大阶级的经济生活条件;其他三项的相互联系是一目了然的。"①

在《1861—1863年经济学手稿》中,马克思再次将以前拟定的理论体系加以改变,即九项内容:(1)导言:商品,货币。(2)货币转化为资本。(3)绝对剩余价值:(a)劳动过程和价值增殖过程;(b)不变资本和可变资本;(c)绝对剩余价值;(d)争取正常工作日的斗争;(e)同一时间的工作日。剩余价值额和剩余价值率。(4)相对剩余价值:(a)简单协作;(b)分工;(c)机器等等。(5)绝对剩余价值和相对剩余价值的结合。雇佣劳动和剩余价值的比例。劳动对资本的形式上的隶属和实际上的隶属。资本的生产性。生产劳动和非生产劳动。(6)剩余价值再转化为资本。原始积累。威克菲尔德的殖民学说。(7)生产过程的结果。(8)剩余价值理论。(9)关于生产劳动和非生产劳动的理论。

后来的《资本论》就是按照《1861—1863年经济学手稿》中制定的架构而展开的。马克思将其手稿分为两大部分,一部分是"理论部分",另一部分是"理论史部分"或"历史批判部分",计划分开出版。马克思在《资本论》(第一卷)第1版序言中概括为三卷四册:"这部著作的第二卷将探讨资本的流通过程(第二册)和总过程的各种形式(第三册),第三卷即最后一卷(第四册)将探讨理论史。"②恩格斯按照这个体系编辑,将原稿第二册整理改编为《资本论》第二卷,题为"资本的流通过程";将原稿第三册整理改编为《资本论》第三卷,题为"资本主义生产的总过程"。这样,《资本论》的全部体系共分四卷结构,前三卷是关于政治经济学的理论部分,后一卷是关于政治经济学学

① 马克思:《〈政治经济学批判〉序言》,《马克思恩格斯选集》(第二卷),人民出版社,2012年,第1页。

② 马克思:《〈资本论〉第一卷第一版序言》,《马克思恩格斯文集》(第五卷),人民出版社,2009年,第13页。

说史部分。

以上叙述框架由 "两卷本著作"—"三本书计划"—"五个分篇"—"六册计划"—"九项内容"—"两大部分"—"三卷四册结构"—"四卷内容"的曲折变迁，浸透了一个思想巨擘整整四十年殚精竭虑的探索过程。由于在过去《资本论》研究中论者的关注点主要是对其成型、定稿部分(即恩格斯整理的三卷本)的思想观点的概括和掌握，现有丰富的文献材料的刊布必然要求我们将这种研究转向思想史的探究，转向对马克思曲折的探索历程背后思想视野和嬗变的理解和分析，这将大大拓展、深化《资本论》研究的视野和复杂性。

(二)《资本论》研究的"当代"视角省思

数年之前,一则《金融危机促使〈资本论〉热销》的简短报道[见 2008 年 10 月 16 日《日内瓦论坛》(Geneva forum)]曾经被广泛转载。然而随着时光流逝,仔细追踪就会发现,这仅仅是一则关乎特定社会事件的新闻报道,此后带有专业性质的研究,特别是深刻阐明《资本论》与目前席卷世界范围的经济危机之间的复杂关联的讨论却并未深入展开，有严格学理支撑的研究论著仍然相当鲜见。这说明,目前的金融危机只是提供了重新研究《资本论》的社会诉求和外部氛围,并不必然带来这种研究水准的自然提升。鉴于以往马克思主义研究中存在过的相当惨痛的经验教训，我们必须认真思考《资本论》研究的"当代性"问题。

在我看来,对于《资本论》研究而言,"当代"确实是一个特定的视角,以此为基点当然可以"激活"文本中一些过去关注不够乃至被忽略、被遮蔽的思想;然而如果不注意限度和界域,它又会造成一种新的"片面",致使另外一些思想被忽略、被遮蔽;时易世变,到那时我们又必须回过头去反复"折腾"文本——这样,不同阶段的研究之间就只有否定、"断裂"而少有传承和积累。

比如说,在过去冷战时期,在对《资本论》主旨思想的阐释和概括中,我们特别强调的是:它对"资本""从头到脚,每个毛孔都滴着血和肮脏的东西"①之本性的揭露和资本主义残酷的剥削制度的批判;它作为"工人阶级的圣经"对国际共产主义运动和革命的指导作用;将辩证法、认识论、逻辑学融为一体而形成的"《资本论》的逻辑";对生产力与生产关系、经济基础与上层建筑及其辩证关系的原理的论证;矛盾分析的方法、阶级分析方法和逻辑与历史相统一的辩证方法的运用;对人类社会发展"五形态"理论的阐发;等等。而现在身处全球化时代,很多论者又从中读出:资本本性的二重性、劳动与资本关系的调整和变化,"资本的逻辑"及其结构化特征;对国家与市场关系和"虚拟资本"的新思考;"存在论"哲学、"生存论"转向与"现代性"内涵;"社会有机体"结构学说和以"人的全面发展"为尺度的社会发展"三形态"理论,等等。这样,随着时代变迁和社会思潮的转换,《资本论》研究成为一种"忽左忽右""可左可右"的随意性言说和"时尚化"追求,而缺少了科学性、客观性和恒定性。

究其实,在上述两种不同时间段的讨论中,阐释的观点相异但研究方式却是一致的,即都不是从文本本身出发去勾勒问题、阐释思想,而是从时代"问题"出发去观照文本。而作为研究出发点的问题,并不自文本中来,而是在研究者介入文本之前就摆在那里了。它们一般主要来自三个方面:一是当代社会实践中的所谓重大问题,二是目前流行的社会思潮或哲学观念,三是研究者个人感兴趣的问题或者自己创设的观点。由于解读者研究《资本论》

① 马克思:《〈资本论〉第一卷》,《马克思恩格斯文集》(第五卷),人民出版社,2009年,第871页。

的目的,不是为了或者不仅仅是为了弄清马克思文本及其思想的原始状况,而首先在于寻找对现有问题的说明、解释和论证,动机如此的"功利",自然会使得解读者在解读时省略文本研究的许多必要步骤。比如,他一般不会对《资本论》的全部著述做通盘考虑,特别是那些散乱的但篇幅巨大的手稿和笔记等常常会被弃之不顾,而往往只会选择那些成型、定稿的部分;同时对成型、定稿的作品他也不会全面研究,而是从中挑选那些表述明确、与自己所关注的问题相关的段落,即根据当代问题到文本中去寻章摘句。毫无疑问,按照这样一种解读思路,文本本身只被置于工具或者手段的地位。

而按照我的理解,《资本论》的思想是一个"结构",上述不同的观点、论断和思路确实以各种方式或隐或现、或系统或零散地存在于马克思庞杂的手稿中,但它们在马克思心目中以及在《资本论》思想"结构"中的地位是不一样的。可以对其当代价值和意义进行重新评价,但不能不顾文本、论证过程和逻辑而天马行空地阐释,不能借口体现当代性、实践性,为图解和论证现实中的重大问题而肢解文本、寻章摘句甚至断章取义,不能为与当代流行的哲学观念和社会思潮相挂钩、相匹配而把字面符码相同、但含义有很大变迁的思想抽象出来无原则地讨论,不能借文本研究之名肆无忌惮地阐发自己的思想,不能热衷于生造拗口、晦涩乃至别扭的名词、概念以掩盖对文本内容的肤浅掌握,却称之为"创新"和"发展"。

还有,精深的文本研究绝不能仅仅面对一部现成的、经过别人编辑而成的著述就进行解读,必须对文本写作的原初背景和写作过程进行考察,对该文本原始手稿的各种版本进行甄别。过去的《资本论》研究没有充分注意到这些问题,如今我们已经有了极为丰富的材料,而且根据不同版本的比较有可能把马克思不同阶段的思考、反省和重构的工作进行了解和探究,难道还要弃之不顾吗?

需要特别指出的是,上述爬梳、考证和甄别工作绝不是单纯的罗列和铺陈文献,更主要是试图据此使《资本论》发表百余年来发生的那些众多的争议可以获得进一步的廓清。诸如:(1)马克思是怎样由"副本"批判转向"原本"批判的? 这对他一生的思想探索意味着什么?(2)"巴黎笔记"与"巴黎手稿"、"巴黎手稿"与《穆勒评注》究竟是什么关系?(3)如何看待"异化劳动"在马克思思想发展中的地位?(4)"伦敦笔记"对于马克思经济学建构的意义何在?(5)是什么促成了《资本论》结构由"两卷本著作"—"三本书计划"—"五个分篇"—"六册计划"—"九项内容"—"两大部分"—"三卷四册结构"—"四卷内容"的不断变化? 最后马克思放弃"六册计划"的构想了吗?(6)"1857—1858 年手稿"与《资本论》是什么关系? 它是不是"《资本论》的初稿"?(7)"1861—1863 年手稿"的意义何在? 马克思是凭借什么超越古典经济学的?(8)《资本论》第一卷德文第 1 版、第 2 版,法文版,德文第 3 版,英文版和德文第 4 版各个版本在内容上有何差别? 如何估价这些差别?(9)《资本论》第二、三卷的马克思手稿、恩格斯修改过程稿和恩格斯出版稿之间的差别说明了什么? 对 5000 多处的不同做怎样的界定? 如何估价恩格斯在《资本论》理论建构中的地位?(10)马克思为什么没有完成《资本论》的整理工作? 他的晚年笔记与《资本论》究竟是什么关系? 等等。我们希望,在扎实的文献考证基础上,通过总体性的思考和哲学视角的透视有助于这些"苦恼的疑问"和"不解之谜"的分析和解决。

当然,强调文献梳理是必要的,但仅有文献材料又是不够的,因为对它们的解释、分析和判断非有总体性思考和哲学视角透视不行。比如,由于《资本论》第二、三卷恩格斯整理稿与马克思原始稿之间的差异,引发了《资本论》研究中关于"马克思 – 恩格斯思想关系"的讨论。但在过去它并未成为一个突出的问题,原因是长期以来我们基本上认为这是不需要多加讨论的,作为马克思主义经典作家，马克思、恩格斯是联为一体、完全一致的，他们的著述、思想和观点可以不分彼此或者相互替代。现在看来，这种观点和解读方式值得反省。长期以来我们的马克思主义专业研究成果之所以相当有限，与这种大而化之、不求甚解、缺少细节考证和个案支撑的研究方式十分相关。特别是对于专业研究者来说，必须改变那种只根据教科书的体系、只从原理和教条出发、单凭纯粹的信仰和热情来领会和掌握经典作家及其思想的"反专业""非专业"途径和方式。

而随着文本研究的深入，对问题的理解才会更加全面、客观。但是也要防止走向另一个极端，即由于过分纠缠于细节、个案的讨论而出现"只见树木，不见森林"的情形，根据实证材料做出的结论好像很"客观"，但不同的实证材料引申出的观点彼此间却差别很大甚至正好相反。就同样的材料而言，也可能导致以偏概全的倾向。为什么相同的文献会导致完全不同的解释呢？这就牵涉实证方式的局限性了。对"马克思－恩格斯思想关系"的判定既需要考证和梳理文献、文本，更需要从宏观和整体上进行把握和理解。研究这一问题的方法应该是，注重实证，但又不"唯实证论"。单个看来，"对立论"与"一致论"者都持有真实而可靠的文献依据，推论上也大都符合逻辑。然而综合地看，这些不同的文献是需要对比、鉴别的，是需要从总体上判定其是否具有代表性、典型性和本质性的。论者不能预设前提，不能按照一种既有的观点从自己特有的角度，只关注、选择那些与其有关的有利于说明、证实和论证这些观点的文献，进而得出超越实际情况的论断。

我国马克思主义哲学界一直在为马克思思想的当代性作辩护，而且大多数学者认为突出"问题意识"是解决这一问题的不二法门或唯一途径。然而这种思路只是一种循环论证：它从问题出发，到包括《资本论》在内的马克思文本中找到了关于这些问题的说明，以为这就进一步证实了该问题的重要性,最后又回到该问题。实际来说,这种循环对于该问题本身没有增添多少信息量,因为就它所关涉的社会现象而言,《资本论》的时代肯定不如现在这般复杂和多样。当然,对于我们时代的问题,单纯从马克思文本中发掘,也并不能为这一问题的当代解决找到真正的出路。

而从《资本论》文本本身出发的思路,虽然最初提炼和抽象的是文本中的问题和思想,但上述各项细致的工作已经廓清了它们产生的文本背景、原初含义,以及不同思路和意义演变与当代体征,这样我们既看到历史的延续和累积,也能把握创新与重构的机缘,使马克思原始思想的当代价值真实地呈现出来。而这种方式超越其他群体观照的意义在于,在思想史的进程中凸显了《资本论》及其思想的价值,这是为那种动机极为"功利"、旨在单纯图解社会现实问题和流行的思想观念而研读文本的方式所不可能达到的收获。

我们看到,这样的《资本论》研究并没有回避现实性问题,而是把历史原貌的追寻、思想史的考辨与对现实的观照、省思联系起来。回到本节开头提到的那则新闻,善良的读者希望在《资本论》中找到拯救目前金融危机的药方,但仔细地甄别就会发现,这种思路混淆了历史与现实、文本与实践之间的界域,试图使《资本论》卓越的思想所具有的方法论价值体现在对纷繁复杂的时代课题的直接解决上,这是可能的吗? 这种对马克思的理解、对《资本论》的探究是更深邃了还是更肤浅了呢? 这种"当代性"诉求是一种合理的期待还是过分的苛求呢? 从资本所开辟的"世界历史"的运演看,今天与《资本论》的时代相比,虽然尚有诸多本质上的相似性、同构性,但在社会结构要素增多、社会现象空前复杂等方面已经发生了很大的变化。这提醒我们,必须注意《资本论》当代解释力的界域,正视时代变迁所导致的差别,写出它新的篇章;而这关乎新理论的建构,就是另一个问题了。

总之,我认为,在当代新的境遇下重新研究《资本论》,不是从现实问题出发到文本中去寻求解决方案，或者单纯靠一个外在的理论框架或当代流行的思潮和方法去"挖掘"和"阐释"其思想，而是在扎实的文本、文献研究的基础上结合对 20 世纪资本批判史的梳理、结合目前资本全球化的发展态势来重新评价《资本论》中的资本理论及其对资本逻辑的批判,确立其思想史地位和当代意义。

(三)《资本论》思想的"文本学解读"

当代《资本论》研究的重点和难点在于:如何从业已发现的《资本论》庞大的手稿中概括和阐释其思想？最容易和简单的做法是从当代流行的哲学思潮或论者自己的观点、思路和逻辑出发去寻找和"挖掘"《资本论》中与此匹配、关联的概念、表述,似乎这样就是对《资本论》思想的"当代阐释"。但长期以来马克思主义研究的经验教训告诉我们,再也不能这样做了！我们必须把宏观与微观结合起来、把文献考证与思想阐释结合起来,在通盘梳理《资本论》文献的基础上,通过对其文本个案内容的详尽解读,概括其丰富而复杂的思想,揭示其深刻的内涵和曲折的论证逻辑。很明显,这一思路主要针对的是,在过去国内外哲学界对《资本论》思想研究中,研究者大都是把这一著述看作一个整体宏观观照、抽象讨论的,或者把它看作马克思、恩格斯于 19 世纪 40 年代所建立的唯物史观在政治经济学研究中的运用,或者使这种研究成了对传统的马克思主义哲学原理教科书乃至西方某些哲学派别思想的论证,这样就没有把《资本论》独特而复杂的思想完整地呈现出来、客观地概括出来。为了改变这一状况,我们特别选择四部最重要的文本("1844 年手稿""1857—1858 年手稿""1861—1863 年手稿"和《资本论》第一卷)对其内容进行解读和甄别,力图在其论述的议题中提炼其哲学思想。

为什么要特别选择这四部文本重点进行内容解读呢？其理由：一是马克思写作这些著述或手稿是经过精心考虑的，同时花费了比较大的精力和比较多的时间；二是这些作品的篇幅和思想容量一般也比较大；三是有些著述虽然还不成熟，但它们提出或触及的问题是马克思一生理论思考的主题，在以后漫长的思想创构过程中，对这些问题具体内涵的理解和解释可能有反思、变化甚至修正，但这些主题被揭示或提了出来，这就昭示出这些过渡性作品所具有的永久的思想史价值。诸如："1844年手稿"中所涉及的"劳动的异化"与"人本学"关系的辨析，社会关系异化的成因及其实质的讨论，私有财产关系的起源、表现及其后果的分析，共产主义的"人学"内涵的论证，黑格尔"参与"马克思的异化思想建构过程的意义，以及马克思主义理论体系中的异化问题的评价；"1857—1858年手稿"所涉及的政治经济学的形而上学、货币哲学、资本的秘密与逻辑批判、价值的哲学形态、历史唯物主义的新建构；"1861—1863年手稿"所昭示的理论史与元理论的复杂关系和蕴含着的"历史阐释学"问题；《资本论》第一卷通过分析商品、货币、资本、地租等，从整体上对资本主义的历史发展的再现、对认识资本的方法的揭示和关于资本的逻辑的建构、对社会有机体及其结构的完整表达和对资本批判与人的解放关系的分析，都特别值得关注。

此外，还有一个问题需要说明，我们选择了马克思定稿的《资本论》第一卷，而没有选择第二、三卷进行个案解读，不意味着看轻乃至否认后者的哲学思想，而是由于在《资本论》四卷中，第一卷的哲学深度和含量是最突出的，而关于第二、三卷的思想我们通过对其各个章节在不同手稿中异同的考辨来进行探究。

以下我们简单勾勒四部文本最重要的思想。

1."1844 年手稿"

"1844 年手稿"也称"巴黎手稿",指的是马克思旅居巴黎时期(从 1843 年 10 月到 1845 年 1 月)创作的、与单纯摘录和抄写同时代人以及前人著作的"巴黎笔记"相区别的、大量正面阐述和论证其思想的著述,它包括通常被称为《1844 年经济学哲学手稿》的"三个笔记本"和《詹姆斯·穆勒〈政治经济学原理〉一书摘要》。除了需要厘清这部谜一样的手稿的文献学问题(诸如"巴黎时期"马克思的著述和活动;"巴黎笔记"与"巴黎手稿","逻辑编排版"与"原始顺序版"的关系;"三个笔记本"与《穆勒评注》的次序;笔记本 II 内容探佚,等等)外,需要着重讨论的问题有:

(1)劳动的异化与"人本学"(收入的三种形式及其蕴含的社会境况;异化劳动的四种表现及其实质;劳动的异化的根源;扬弃异化劳动的出路和途径)。

(2)社会关系的异化:形成及其实质(作为"巴黎笔记"特殊文本之一的《穆勒评注》;货币的本质究竟是什么;"信贷业的出现"及信贷与人的异化;私有制基础上的交换;异化劳动的进一步深入探究;多重社会关系异化的图谱)。

(3)私有财产关系的起源、表现及其后果(私有财产的起源及普遍本质;私有财产关系的三种表现形式;私有财产关系发展的社会后果)。

(4)黑格尔是怎样"参与"马克思的异化思想建构的("理解和论证"异化为什么要关涉到黑格尔哲学;黑格尔是怎样论述"异化-扬弃"的;马克思对黑格尔辩证法的汲取和超越)。

(5)共产主义的"人学"论证(现实基础:私有财产的物化形态与"主体本质";价值归旨:"合乎人性的人"的塑造;实现方式:通过实践"全面"占有"人

的本质";究竟该如何理解马克思对共产主义的"人学"论证)。

最后,我们需要总体讨论:马克思主义理论体系中的异化问题("巴黎手稿","巴黎手稿"的理论图景;异化问题与马克思一生思想的探索;异化学说与历史唯物主义的建构;异化与20世纪的资本批判;异化与当代社会发展)。

2."1857—1858年手稿"

1857年8月到1859年2月,马克思通过对被后世冠名为《〈政治经济学批判〉导言》开始到《〈政治经济学批判〉序言》结束的一组重要文稿的研究和撰写,终于使长达15年的政治经济学批判和研究产生重要收获,开始了与古典经济学完全不同的马克思主义政治经济学的表达和建构工作,通过对资本主义生产方式的深入分析,把19世纪40年代他所探索和建构的哲学思想推向了新的高度。这部手稿需要着重讨论的问题有:

(1)政治经济学的形而上学(历史与社会个体;"社会个人的生产":经济学的出发点;社会总体、环节及其相互关系;社会有机体系统;艺术作为一种社会意识形式的特征)。

(2)货币哲学("劳动货币"概念辨析;货币的产生与本质;资产阶级社会既不同于前资本主义又不同于未来社会的一般特征;社会关系是怎样物化的;生产的社会性:资产阶级社会与共产主义制度的区别;商品流通与货币流通;货币作为价值尺度、流通手段以及作为财富的物质代表)。

(3)资本的秘密与逻辑批判(劳动力商品的二重性;货币转化为资本;资产阶级的平等和自由;资本作为资产阶级社会占统治地位的关系;资本与劳动相交换的两个不同过程;劳动过程和价值增殖过程;资本的历史使命;资本价值的增加:绝对剩余价值和相对剩余价值;资本从生产过程过渡到流通过程;资本在流通过程中的再生产和积累;资本力图无限制地发展生产力;

资本主义的积累过程;资本主义生产关系产生的历史过程;资本的循环和周转;固定资本和流动资本;生产时间和劳动时间的差别;资本所结的"果实";剩余价值转化为利润;利润率和利润额;利润率的下降)。

(4)价值的哲学形态("价值"易为"商品";"叙述方法必须与研究方法不同";物与物的交换背后掩藏的是人与人之间的社会关系;经济学所研究的不是物,而是人和人之间的关系,归根到底是阶级和阶级之间的关系;从商品分析开始:"这是显微镜下的解剖所要做的那种琐事")。

(5)历史唯物主义的新建构(15 年研究经济的历史反思;与黑格尔哲学的理论渊源;唯物主义历史观的实质;人类社会发展的普遍规律;历史唯物主义的基本原理;资本是资产阶级社会支配一切的经济权力,它必须成为起点又成为终点;对个人的、以自己劳动为基础的私有制的第一次否定;由于自然过程的必然性,造成了对自身的否定,这是否定的否定;在协作和对土地及靠劳动本身生产的生产资料的共同占有的基础上,重新建立个人所有制)。

3."1861—1863 年手稿"

众所周知,在马克思的代表作《资本论》的四卷结构中,前三卷被称为"理论部分",第四卷则被视为"理论部分"的"历史部分、历史批判部分或历史文献部分"。然而就写作的具体情况看,《剩余价值学说史》并不是单独写作的,而是与《资本论》的其他内容混同在篇幅巨大的后来被称之为"1861—1863 年手稿"中。

从 1861 年 8 月到 1863 年 7 月写作的这部手稿保存在 23 个笔记本中,马克思给它们标上了通贯全稿的页码:1—1472 页。这部手稿或多或少触及《资本论》前三卷的所有问题,但这些问题很多不是按照后来定稿的顺序先后写出的。马克思在写作过程中,理论阐释到什么地方,理论史的梳理也跟进到什么地步。还需要指出的是,在马克思的原始考虑中,《剩余价值学说史》也不是单独成册的。1862 年末至 1863 年初马克思形成的《资本论》的结构原先只有三册,他当时把理论史部分分散安插各册中。到后来,理论问题的盘根错节,逻辑顺序的反复斟酌,思想叙述的集中考虑和文稿篇幅的平衡问题等,使马克思后来逐步有了把理论史部分从《资本论》三册中分离出来的想法。他在致友人的信中写道:"全部著作分为以下几部分:第一册资本的生产过程。第二册资本的流通过程。第三册总过程的各种形式。第四册理论史。"

对《剩余价值学说史》原始写作状况的这一简单梳理和对它在卷帙浩繁的《资本论》手稿中地位的甄别使我们看到,一方面,理论史对于马克思的理论创作来说,不是可有可无的点缀,而是理论难题廓清和解决的前提条件。我们知道,剩余价值是伴随着资本主义生产而出现的,古典政治经济学家在不同层次上、从不同角度对它的起源、表现、本质和变动规律作了探究,马克思对此是不认同的,所以《资本论》所完成的理论建构是对古典政治经济学的实质性超越。但它不是另起炉灶重新开始,而是在古典政治经济学所开辟的问题域中各个突破,进而实现整体超越。这样说来,在理论所关涉的每个问题上辨析毫芒,甄别古典政治经济学家的原始意旨、他们对这些问题如何推进又怎样重蹈误区,就成为进行新的思想创建的前提;而以史的方式把对问题的不同理解连缀起来进行叙述和评论,又会勾勒出一幅古典政治经济学史连贯而完整的图景,把马克思所实现的理论创新置于这一思想史的进程和图景中,更能显示出其独有的价值和意义。可以说,这种理论史的梳理为马克思的理论建构廓清了思想前提,研究整部手稿仿佛走进了马克思的"思想实验室",在这里可以看到马克思经济学的创立和锤炼过程。

另一方面,理论问题又统摄着理论史的方向、线索和逻辑。马克思考察古典政治经济学的各派理论,并不是按照严格的历史的(编年的)顺序梳理的,而是按照理论问题来选取思想史材料,进而作出分析的。无论是对学派演变还是对理论发展的梳理,这部手稿都是围绕着政治经济学核心问题——剩余价值问题进行的。也就是说,考察的是剩余价值学说史以及与此相关的学派发展史,而不是一般的经济学史。马克思感兴趣的是,某个经济学家在剩余价值问题的研究上作过哪些贡献,处于何种地位。因此,材料的安排和叙述,总是围绕对理论问题的具体解决方案来进行,按各个人的理论(或某人的某一方面理论)在学说史上的地位来安排的。理论问题既确定了理论史所关涉的大致轮廓和方向,也规约着思想发展的进程与线索。而理论统摄下的理论史的清理,既揭示出思想演进的逻辑,也促进了理论本身的进一步发展。这样,理论史的清理与理论本身的建构之间呈现出一种良性互动,使马克思的叙述达到了非常高的境界和水准。

4.《资本论》第一卷

这是我们过去最熟悉的《资本论》的部分,现在看来,需要着重讨论的问题有以下几个方面。

(1)"《资本论》的逻辑"

其一,资本历史发展进程的完整呈现。《资本论》的范畴——商品、货币、资本、地租等从整体上再现了资本主义的历史发展。商品和货币的矛盾运动,再现了资本主义产生的历史前提;资本这一中心范畴,再现了资本主义生产的本质和阶级对抗的根源;对地租范畴的分析,则再现了资本的发展必然导致农业的资本主义化;对"简单协作""分工和工场手工业""机器和大工业"的分析,再现了当时资本主义发展的三个基本历史阶段及其特征;通过对资本积累的分析,再现了资本从原始积累到现代殖民的不断增殖过程,不仅揭露了资产阶级血腥起家的真相,而且也揭露了资本积累的历史趋势,逻辑地得出资本主义生产方式由于其不可克服的内在矛盾运动必然走向灭亡的革命结论。

其二,认识资本方法的深入探究。"《资本论》的逻辑"揭示了人类认识资本的一般规律。贯穿在对资本主义经济范畴分析始终的矛盾分析方法、从抽象上升为具体的方法等,既是科学的逻辑方法,又是科学的认识方法,它们都是辩证唯物主义认识论在"《资本论》的逻辑"中的体现。"《资本论》的逻辑"概括和总结了人类认识资本的历史进程和方法论嬗变的轨迹。资产阶级经济学说的发展过程,反映了资本主义经济的发展过程,也是人类对资本、资本主义的认识不断深化的过程。

其三,资本逻辑的全面建构。《资本论》按照从抽象上升到具体的方法,构成了关于资本的辩证逻辑的范畴体系。其中贯穿着辩证逻辑的一系列规律,特别是对立统一规律。它不仅反映了资本主义经济现象之间的相互区别,而且也反映了它们之间的相互联系;不仅反映了它们的相对静止,而且也反映了它们的绝对运动,因而它不是封闭的、固定范畴的静态逻辑,而是开放的、流动范畴的动态逻辑。而反映资本主义现实的范畴的内在矛盾,则是这些范畴辩证运动和转化的根本动力。

(2)社会有机体及其结构

把社会同生物有机体相类比的思想可以追溯到古代社会。近代第一次明确系统地用"有机体"的概念来说明社会的是 19 世纪英国资产阶级哲学家和社会学家斯宾塞。他抹杀了社会有机体同生物有机体的本质区别,认为社会生活也应服从于生物学的规律,以此论证资本主义制度的永恒存在。而马克思在《资本论》中对资本主义社会形态的解剖,则是从最基本的经济关系入手，一步步再现了资本主义社会的全部生活内容，从而揭示出这一社会形态的整体性、独特性以及它作为人类社会一个特定的历史阶段必然衰落的命运。

马克思指出："从直接生产者身上榨取无酬剩余劳动的独特经济形式，决定了统治和从属的关系，这种关系是直接从生产本身中生长出来的，并且又对生产发生决定性的反作用。"①但是这种从生产本身中生长出来的经济共同体的全部结构，以及这种共同体的独特的政治结构，都是建立在上述的经济形式上的。任何时候，我们总是要在生产条件所有者同直接生产者的直接关系——这种关系的任何当时的形式必然总是同劳动方式和社会生产力的一定发展阶段相适应——当中，为整个社会结构，从而也为主权关系和依附关系的政治形式，总之，为任何当时的独特的国家形式，发现最隐蔽的秘密，发现隐蔽的基础。不过，这并不妨碍相同的经济基础——按主要条件来说相同——可以由于无数不同的经验的情况、自然条件、种族关系、各种从外部发生作用的历史影响，等等，而在现象上显示出无穷无尽的变异和色彩差别，这些变异和差异只有通过对这些经验上已存在的情况进行分析才可以理解。

《资本论》第一卷最直接的主题当然是对资本及资本的逻辑的剖析，但其价值在于论证超越资本主义的共产主义的可能性、人的解放和人的全面发展的必然性。马克思对"资本的本性"与资本主义条件下产生的商品拜物教、货币拜物教和资本拜物教的分析，是《资本论》中最深刻、最精华的部分，直接支撑了他关于人类社会由必然王国向自由王国的过渡、人的自由时间和发展空间的丰富性和无限性等论断。要言之，只有把对资本主义的批判与

---

① 马克思：《〈资本论〉第三卷》，《马克思恩格斯文集》（第七卷），人民出版社，2009年，第894页。

对共产主义的理解联系起来,才能完整而准确地理解马克思的思想。

(3)"资本的本性"

作为现代意义上的资本一经诞生,就成为决定和影响人类政治、经济、文化、道德、宗教乃至一般社会生活等众多方面最深刻、最强大的力量。在《资本论》中,马克思把资本当作一个富有生命的有机整体来分析和把握,以深邃的哲学眼光洞察"资本的本性",透彻地分析资本主义社会"拜物教"的实质。

马克思认为,资本作为一个有机整体,拥有一种特殊的"主观意志",即作为内在动力推动着资本主义的运动和发展。马克思在《1857—1858 年经济学手稿》中指出:"资本作为财富一般形式——货币——的代表,是力图超越自己界限的一种无限制的和无止境的欲望。"①追求无限的剩余价值,实现资本的保值和增值,是资本唯一的主观欲望,这种独特的主观欲望决定了资本对待其他一切事物的内在态度:"对资本来说,任何一个对象本身所能具有的唯一的有用性,只能是使资本保存和增大。"②

从资本之间的关系来看,资本的本质就是自相排斥。"包含在资本本性里面的东西,只有通过竞争才作为外在的必然性现实地表现出来,而竞争无非是许多资本把资本的内在规定互相强加给对方并强加给自己。"③资本只有通过自由竞争击败甚至吃掉对方才能更好地扩大自己,由此形成资本之间的漠不关心和残酷无情的竞争。

① 马克思:《1857—1858 年经济学手稿》,《马克思恩格斯全集》(第 30 卷),人民出版社,1995 年,第 297 页。
② 马克思:《1857—1858 年经济学手稿》,《马克思恩格斯全集》(第 30 卷),人民出版社,1995 年,第 227 页。
③ 马克思:《1857—1858 年经济学手稿》,《马克思恩格斯全集》(第 31 卷),人民出版社,1998 年,第 43 页。

就资本与雇佣劳动的关系来看,资本家同他的工人的关系,"不是生产者同消费者的关系,并且希望尽可能地限制工人的消费,即限制工人的交换能力,限制工人的工资。每一个资本家自然希望其他资本家的工人成为自己的商品的尽可能大的消费者。但是每一个资本家同自己的工人的关系就是资本和劳动的关系本身,就是本质关系"①。就是说,单个资本家希望自己的工人的工资越低越好,以增加自己的利润,而希望别的资本家的工人的工资越高越好,以使其他工人作为自己的产品的消费者,消费自己的产品,增加利润。同样,资本对待其他任何对象和社会力量也以是否能够实现自身的保存和增殖为最根本的标准。

资本有无限追求剩余价值的趋势,但资本的运动内在地包含着劳动时间和流通时间两个要素,前者是创造价值的要素,后者是限制劳动时间,因而是限制资本创造总价值的要素。资本需要通过不断的运动实现自身的增殖,但又受到流通的限制,造成在资本主义条件下不可克服的内在矛盾。资本在无限的运动过程中,外在表现为物、物与物的关系,但本质是复杂的社会关系,是一个内在地包含着主观欲望的社会有机体的运动过程。

资本运动的必然结果是,在无限的"致富欲"的推动下,人们创造了巨大的物质财富,反而成为"物"的奴隶,被"物"所支配,产生了资本"拜物教"。

(4)资本"拜物教"

在《资本论》中,马克思深刻揭示了资本主义社会"拜物教"的秘密。"拜物教"是指人们把某种物当作神来崇拜的信仰和观念。在古代社会,由于人们实践水平的限制,缺乏科学知识,对于许多自然现象无法理解,从而把某

---

① 马克思:《1857—1858年经济学手稿》,《马克思恩格斯全集》(第30卷),人民出版社,1995年,第403页。

些自然物神化,赋予它们以超自然的、支配人的命运的力量,把它们当作神来崇拜。在以私有制为基础的商品生产条件下,特别是在资本主义社会中,同样存在类似的拜物教观念,这就是商品拜物教、货币拜物教和资本拜物教。

商品拜物教是由于商品经济的发展而产生的。在商品世界中,劳动产品的社会性是作为商品通过市场交换来实现的。商品生产者之间的关系表现为物与物之间的关系,而且作为彼此独立经营的商品生产者,他的商品能否卖出、以何种价格卖出,是盈利还是亏损,是幸福还是苦难,这是由他无法控制的商品生产和商品交换的规律所决定的。这样,商品的命运就决定了商品生产者的命运。市场的盲目自发势力就成为一种神秘的力量统治着商品生产者。这就是产生商品拜物教的根源。

货币拜物教则是商品拜物教的发展形态。货币本身就是充当一般等价物的特殊商品。货币的出现,进一步用物的关系掩盖了商品生产的社会关系,原来商品生产者的命运决定于商品能否顺利实现交换,现在则取决于能否换成货币,原来是商品支配人,现在则是货币支配人,似乎货币天然具有支配人的命运的力量。在它面前,任何力量都得甘拜下风。"因此,货币拜物教的谜就是商品拜物教的谜,只不过变得明显了,耀眼了。"①

资本拜物教就是把资本的价值增殖看作物本身具有魔力的一种错误观念。本来,资本作为增殖价值的价值,反映了资本家和雇佣工人之间的剥削与被剥削的关系,但在资本运动中,它采取了生产资料、生活资料、商品、货币等物质形态,于是给人以错觉,似乎这些物天然就是资本,天然就具有增殖价值的魔力。特别是生息资本,从表面上看更直接地表现为资本自身的增殖能力。所以,马克思说:"在生息资本的形式上,资本拜物教的观念完成

① 马克思:《〈资本论〉第一卷》,《马克思恩格斯文集》(第五卷),人民出版社,2009年,第113页。

了。"①资产阶级经济学竭力"把物在社会生产过程中像被打上烙印一样获得的社会的经济的性质,变为一种自然的、由这些物的物质本性产生的性质"②。用物与物的关系来掩盖人与人之间的社会关系,掩盖资本对雇佣劳动的剥削,因而资产阶级总是竭力宣扬这种拜物教观念,为剥削制度的合理性作辩护。

(5)资本主义生产方式的历史、过程与结局

所谓生产关系就是人们借以进行生产的社会关系,这些关系的总和构成了现实的社会结构。马克思深刻地分析了资本主义生产关系产生的历史必然性,在《资本论》中他通过对原始积累的深刻分析,描绘了这一产生于封建社会的经济结构的历史演变过程。

在封建社会内部,由于商品生产两极化的内在规律,造成了资本主义生产的基本条件。在商品生产中,货币和商品,生产资料和生活资料最初并非资本,只有在一定条件下,它们才能转化为资本。这一定的条件是:两种极不相同的商品所有者必须相互对立,又相互联系。一方面是货币、生产资料和生活资料的所有者,他们需要购买他人的劳动力来增殖自己所占有的价值总额;另一方面是自由劳动者,自己劳动力的出卖者。因此,资本关系是以劳动者和劳动资料的分离为前提的,资本关系的产生过程,就是劳动者和他们劳动条件的所有权分离的过程。这个过程一方面使生活资料和生产资料转化为资本,另一方面使直接生产者转化为雇佣工人。所谓的资本主义原始积累过程,就是生产者和生产资料相分离的过程。资本主义生产方式一旦站稳脚跟,它就不仅保持这种分离,而且不断扩大和强化这种分离。

---

① 马克思:《〈资本论〉第三卷》,《马克思恩格斯文集》(第七卷),人民出版社,2009年,第449页。
② 马克思:《〈资本论〉第二卷》,《马克思恩格斯文集》(第六卷),人民出版社,2009年,第251页。

马克思以历史的、辩证的眼光看待资本。一方面,"资本来到世间,从头到脚,每个毛孔都滴着血和肮脏的东西"[1],资本给劳动者带来了极大的苦难。另一方面,资本主义生产方式取代封建主义生产方式却又是历史上的一次巨大进步,它使劳动直接具有社会劳动的性质,第一次使生产在社会规模上进行,资本的伟大文明作用就在于:"它创造了这样一个社会阶段,与这个社会阶段相比,一切以前的社会阶段都只表现为人类的地方性发展和对自然的崇拜。只有在资本主义制度下自然界才真正是人的对象,真正是有用物;它不再被认为是自为的力量;而对自然界的独立规律的理论认识本身不过表现为狡猾,其目的是使自然界(不管是作为消费品,还是作为生产资料)服从于人的需要。资本按照自己的这种趋势,既要克服把自然神化的现象,克服流传下来的、在一定界限内闭关自守地满足于现有需要和重复旧生活方式的状况,又要克服民族界限和民族偏见。资本破坏这一切并使之不断革命化,摧毁一切阻碍发展生产力、扩大需要、使生产多样化、利用和交换自然力量和精神力量的限制。"[2]

但是资本的革命作用是有限的。因为,资本家之间的竞争加剧了资本集中,少数资本家剥夺多数资本家,社会财富越来越集中于少数资本巨头手中。这虽然能在更大规模上实行扩大再生产,从而使生产日益社会化,但是这种社会化又与生产资料的私人占有根本矛盾,这是资本主义生产方式无法通过自身来解决的。生产力的发展,不仅创造了置资本主义于死地的物质条件,而且还培育了一个代表新的生产方式的强大的无产阶级。资本主义生产方式内在矛盾的发展不仅导致了无产阶级和资产阶级矛盾的尖锐化,而

---

[1]　马克思:《〈资本论〉第一卷》,《马克思恩格斯文集》(第五卷),人民出版社,2009年,第871页。

[2]　马克思:《1857—1858年经济学手稿》,《马克思恩格斯全集》(第30卷),人民出版社,1995年,第390页。

且也使个别企业生产的有组织性和整个社会生产的无政府状态的对立加剧，导致了周期性经济危机的爆发。这就表明，曾经基本适合生产力发展要求的资本主义生产关系，已开始与生产力的发展不能相容了。

总之，《资本论》及其手稿中的思想极其丰富，需要我们认真地研读原著、悉心体悟、深刻理解和准确概括。

(四)《资本论》思想的总体观照和当代意义阐释

在微观文本解读的基础上，我们还需要对《资本论》的思想做出总体观照和评价。

《资本论》浸透了马克思长达40余年的思考和探索，他用文字描绘出一幅他心目中的社会图景、历史图景、理论图景和思想图景（尽管他从没有认为自己已经思考和叙述得很完整、很透彻）。因此，用现代学科的界域去衡量和界定他工作的所指和所属，必然陷入误判。即如第一卷是从探讨"商品"开始的，但它只是一个习见的经济现象和事实吗？不！当时市场上随处可见、大量堆积的这种东西蕴涵着多少复杂的社会内容，体现了资本多么强大的创生力量，又映现出多少人不同的生活境况和历史命运。此外，诸如价值、劳动、生产、管理、流通、所有权、积累、市场等，哪一个是单纯的经济范畴、经济现象和经济运动呢？在我看来，支撑它们的实际上是马克思思想中那些最深层、最精髓而长期以来又被人们忽视的方面。

1.观照和把握复杂社会的方式、方法

《资本论》所要研究的，"是资本主义生产方式以及和它相适应的生产关系和交换关系"，而为了达到这一目的，马克思可以说是多么的殚精竭虑、用心良苦！他尝试并最终概括提炼出可以上升到"历史哲学"高度的诸多社会认识方式、方法，诸如"普照光方法""从后思索方法""人体解剖方法""抽象－具体方法"，等等。马克思注意到，"在一切社会形式中都有一种一定的生产决定其他一切生产的地位和影响，因而它的关系也决定其他一切关系的地位和影响。这是一种普照的光，它掩盖了一切其他色彩，改变着它们的特点。这是一种特殊的以太，它决定着它里面显露出来的一切存在的比重"①。更进一步说，"对人类生活形式的思索，从而对这些形式的科学分析，总是采取同实际发展相反的道路。这种思索是从事后开始的，就是说，是从发展过程的完成的结果开始的"②。他还指出，"人体解剖对于猴体解剖是一把钥匙。反过来说，低等动物身上表露的高等动物的征兆，只有在高等动物本身已被认识之后才能理解。因此，资产阶级经济为古代经济等等提供了钥匙"③。特别是由于"资产阶级社会是最发达的和最多样性的历史的生产组织。因此，那些表现它的各种关系的范畴以及对于它的结构的理解，同时也能使我们透视一切已经覆灭的社会形式的结构和生产关系"④。为此，他认为，"分析经济形式，既不能用显微镜，也不能用化学试剂。二者都必须用抽象力来代替"⑤。可以说，这些方式、方法是马克思哲学认识论中最重要的内容。

---

① 马克思：《〈政治经济学批判〉导言》，《马克思恩格斯选集》(第二卷)，人民出版社，2012 年，第707 页。

② 马克思：《〈资本论〉第一卷》，《马克思恩格斯文集》(第五卷)，人民出版社，2009 年，第 93 页。

③ 马克思：《〈政治经济学批判〉导言》，《马克思恩格斯选集》(第二卷)，人民出版社，2012 年，第705 页。

④ 马克思：《〈政治经济学批判〉导言》，《马克思恩格斯选集》(第二卷)，人民出版社，2012 年，第705 页。

⑤ 马克思：《资本论〉第一卷第 1 版序言》，《马克思恩格斯文集》(第五卷)，人民出版社，2009 年，第 8 页。

2.社会有机体系统理论的建构

马克思曾被普利高津等称为"现代系统论的鼻祖"和"社会结构学说的奠基者"。《资本论》是对这一判断的最好注解。在对社会历史现象进行诠释和透视的时候,马克思确实把其视为一个复杂的有机体。而我们知道,人类社会是由许许多多按自己的主观意愿行事的人所组成的,它的发展规律和趋势就深藏在无数的意见、计划、情绪、意志、愿望之中,摆在人们目前的迫切任务是游过这些意见、计划等构成的汪洋大海而到达彼岸。面对复杂的社会历史,马克思提出劳动实践、生产力、生产关系、经济基础、上层建筑、社会存在、社会意识以及社会革命等概念,真实地从理论上再现了各种社会现象之间的内在联系,揭示了社会生活发展、变化的原因、途径、趋向,使得纷繁复杂的社会生活显现出井然的秩序。这无疑是历史观上真正重要的变革。

3.历史形态与历史诠释之间关系的处理

《资本论》对人类社会形态演变的划分不是一种尺度、一个标准,而是多层次、多角度的,诸如"人的依赖性"的社会→"物的依赖性"的社会→"人的全面发展"的社会,自然经济→产品经济→商品经济,原始公有制→私有制→共产主义公有制,渔猎社会→农业社会→工业社会,野蛮社会→文明社会,部落所有制→古代公社所有制和国家所有制→封建或等级的所有制,等等。检视《资本论》的创作历程,我们还会发现一个相当普遍的现象,就是马克思善于把社会历史形态的思考、论证和阐发与关乎这一问题的学说史的梳理及评析紧密地结合起来。像作为"1861—1863年手稿"重要组成部分、后来被编为《剩余价值学说史》的写作,就是为了配合原创性理论的建构而进行的理论史梳理。在这部手稿里,马克思真正把历史形态与历史诠释、理论与理论史极其密切地结合起来了。他当然坚持历史存在的客观性和规律性，但问题是历史以怎样的方式显示自己的存在，对历史如何叙述才能显现出其当代意义，源于时代境遇和社会实践的理论又如何表达才能显示其真正的意旨，等等，所有这些问题都关乎"历史阐释学"的重要议题。马克思以其丰富的文本写作实践触及诸如历史表现、历史想象、历史隐喻、历史理解、历史叙述、历史方法、历史写作等问题，并且在其具体阐释中蕴含着大量有价值的创见，需要我们进一步探究、挖掘和提炼。

4.《资本论》的理论归旨

马克思剖析资本及资本的逻辑，论证共产主义的必要性和可能性，其根本宗旨仍在于人，在于"人的全面发展"。从表面上看来，《资本论》探讨的是商品生产、商品流通和总过程的各种形式，探讨的是物质、利益、财富、阶级和所有制等问题，但贯穿这些方面的价值归旨是"现实的个人"的处境及其未来，是"实践的人和人的实践"，是"人与人的关系"。即如"时间"，我们一直把它看作世界的存在方式，是一种可以度量的、匀速流逝的、物理状态的间隔。然而在《资本论》看来，哲学意义上的"时间"与自然时间是有区别的，它离不开人、人的活动和人的感受，衡量这一层面时间的不是物理的尺度，而是社会的尺度、资本的尺度、人的尺度，时间成为人类发展的空间。用马克思的话说，"时间实际上是人的积极存在，它不仅是人的生命的尺度，而且是人的发展的空间"[①]。

《资本论》思想具有非常重要的思想史地位和当代意义。我们拟分两个层面进行讨论。

[①] 马克思：《1861—1863年经济学手稿》，《马克思恩格斯全集》(第47卷)，人民出版社，1979年，第532页。

第一层面，《资本论》哲学思想与 20 世纪资本批判史。

《资本论》把对资本的批判推向了那个时代的顶峰，但在其身后，资本世界又出现了新的变化和发展，人们也就一直没有停止对其分析和批判。作为马克思战友的恩格斯，作为他们学生的倍倍尔、李卜克内西以及伯恩斯坦、考茨基，作为"西方马克思主义"第一代的卢卡奇、柯尔施、葛兰西等人，都作了程度不同的思考和反思。到 20 世纪五六十年代法兰克福学派更把对于资本的批判发展为一种完善的社会批判理论形态，诸如霍克海默对工具理性的批判，阿多诺对于资本主义文化基础同一性哲学的批判，马尔库塞和弗洛姆从"性压抑"（弗洛伊德主义的）对现代社会的揭露，哈贝马斯对"资本主义合法化危机"的批判，霍耐特"为认同而斗争"的理论，等等。

而属于"存在主义的马克思主义"谱系的列斐伏尔的日常生活批判理论，梅劳·庞蒂对马克思主义的存在主义式的理解，萨特用存在主义对马克思主义的补充；"结构主义和后结构主义"形态中阿尔都塞对于《资本论》的新的理解，巴里巴尔对于结构主义的马克思主义的辩护，普兰查斯对阶级斗争理论的再研究，鲍德里亚对于消费社会的研究和批判；"分析的马克思主义"形态中柯亨对历史唯物主义基本概念的分析，威廉·肖对马克思的历史理论的阐述，罗默对社会阶级和剥削的分析，埃尔斯特对马克思思想的重新理解；属于"后现代主义"形态的德里达关于"马克思的幽灵"不散的提醒，詹明信的马克思主义文化理论研究，德勒兹对于资本主义"精神分裂"的批判，拉克劳和默菲对于意识形态的研究，等等，这些资本批判既承接了《资本论》的批判锋芒，又注意到资本本身在 20 世纪的调整、转型和变异。只有置于这样一个理论和思想史的序列中，才能看出后来的资本批判与马克思之间的复杂关系，即它们超越了还是没有超越《资本论》、怎么超越的、超越到什么程度。

第二层面,《资本论》哲学思想与当代全球化态势。

而 20 世纪八九十年代以来席卷世界范围内的全球化态势,更直接关乎《资本论》当代价值的重估。对于全球化,目前不同的人存在着各种不同的理解和评价,但就实际状况而言,资本的全球化仍然是其中最引人注目的现象。在当代的资本全球化进程中,《资本论》所研究过的诸如雇佣劳动、"物奴役人"现象、商品拜物教、货币拜物教和资本拜物教等情况依然存在,它们所由产生的那些经济根源、社会实质与功能也不能说与马克思的时代相比已经完全消失。但当代的全球化更多地表现为各个国家的经济主体在生产之外的贸易、投资、金融等领域的经济活动在全世界范围内的急速展开。这种活动借以实现的形式就是跨国公司和国家资本。它们凭借雄厚的经济实力、垄断的先进技术,实现了越来越大范围的企业的国际分工。

还需要注意到的是,在最近几十年中国的发展中,资本也发挥了非常重要的作用。而当我们有了新的发展、具备了一定实力之后,我们也开始向外投资,涉足诸如非洲的石油、澳大利亚的矿业乃至美国的银行,特别是我们在非洲的投资规模已达数十亿美元,影响越来越大,商业利益也越来越多。我们的这种投资当然有获取足够的原材料和更多的资金以满足国内经济迅速增长的需要的考量,但不也给落后国家带来世界视野、全球眼光、经济发展和社会进步,向发达国家表达了中国希望世界和谐与发展的理念吗?应该说,这是一种真正的双赢和回报。

以这样的情形来看当代资本,就不能说它仍然仅仅是"从头到脚每个毛孔都滴着肮脏的鲜血",实际上,经过变化、修正和转换,较之过去它某种程度上更代表着一种规则、尺度、秩序、进步甚至文明,资本继续改变着世界的面貌,但它所造成的不完全是对立、冲突,更不是到处充斥着"大鱼吃小鱼、小鱼吃虾米"般的惨烈,形成的是差异、等级、多元、示范、导引和推动。这样说来,处于当代全球化态势下的"资本"已经不完全是《资本论》中批判的那个"资本"了。这就提醒我们,必须注意《资本论》当代解释力的界域,正视时代变迁所导致的差异,写出它的新篇章。

二、《资本论》的"版本学"研究及其意义

——《〈资本论〉早期文献集成》序言

上海辞书出版社有志于从版本入手推动国内马克思主义专业研究。在影印出版《马克思恩格斯全集》历史考证版第一版(MEGA1)之后,又策划推出《〈资本论〉早期文献集成》,计划将德文本、译本、注释本等文献汇集后出版。后因体量过大,拆分为"版本编""译本编""注释编"三部分,依然采用影印形式。目前,"版本编"(包括:德文第一卷第一版,1867年版;第二卷,1885年版;第三卷,1894年版;德文第一卷第二版,1872年版;德文第一卷第三版,1883年版;德文第一卷第四版,1890年版)和"译本编"(包括:第一卷俄文版,1872年版;第一卷法文版,1872—1875年版;第一至三卷英文版,1887年版;第一至三卷日文版,1920—1924年版)已经编竣。出版社约我写篇介绍性的文字作为"序言"。为此,我撰写了本章内容,较为详细地梳理《资本论》写作过程及其文献构成,并探究了这一著述"版本学"研究的意义。

　　《资本论》是马克思的代表作,对其思想的准确理解是我们掌握马克思主义基本理论最重要的依据和基础。然而严格说来,它并不是一本业已完成的著作,而是一个庞大的手稿群。在马克思生前只出版了第一卷,且在不断的修改中留下该卷数个不同的版本,而其他两卷他并没有完成,是在其去世后由恩格斯根据遗留下来的手稿整理、修订后定稿并出版的。过去的《资本论》研究大都依据的是作为三卷定稿的"通行本",在目前新的时代境遇和更为权威而完整的马克思文献陆续刊布的情况下,基于"版本学"研究成果深入探究马克思复杂的思想世界及其演变过程,进而客观而公正地评估《资本论》的当代价值,成为当代马克思主义研究的重要课题。这里我们从创作历程和结构演变、主要版本及其目录对照以及"叙述方法"等方面初步勾勒《资本论》"版本学"的大致内容,进而阐明其主旨、界域和意义。

(一)《资本论》的创作历程和结构演变

　　《资本论》从准备、写作到修改、整理和出版经历了一个相当复杂的过程。以下我们分三个阶段进行简要梳理。

1.1843—1856 年:《资本论》准备阶段

　　早在 1842 年至 1843 年,马克思在担任《莱茵报》编辑期间,"第一次遇到要对所谓物质利益发表意见的难事",这是促使他"研究经济问题的最初动因"。①1843 年,他写作了《黑格尔法哲学批判》及《〈黑格尔法哲学批判〉导言》,得出"市民社会决定国家"的思想,表达了要通过对政治经济学的批判

---

① 马克思:《〈政治经济学批判〉序言》,《马克思恩格斯选集》(第二卷),人民出版社,2012 年,第1~2 页。

去解剖"市民社会"的愿望和决心。从 1843 年 10 月到 1845 年 1 月,马克思在旅居巴黎期间,写下了第一批关于政治经济学的笔记,史称《巴黎笔记》,这是他一生研究政治经济学、撰写这一方面著述的开始。《巴黎笔记》共 9 册,大部分是他研读同时代人以及前人政治经济学著作的摘录、批注和评论。与这些笔记的写作密切相关,马克思这一时期还写作了着重阐述"劳动异化"的《1844 年经济学哲学手稿》。1845 年 2 月,马克思遭到巴黎当局的驱逐,被迫迁往布鲁塞尔。在离开巴黎的前两天,他同达姆斯塔德的出版商签订了出版两卷本的《政治和国民经济学批判》的合同。随后,他全身心地投入为撰写这一著作的准备中,研读了相关领域的一些重要著述,留下 7 册被称为《布鲁塞尔笔记》的文献。1845 年 7 月到 8 月,马克思在英国曼彻斯特图书馆又完成了 9 册笔记,史称《曼彻斯特笔记》。1847 年,为了批判蒲鲁东,已经确立了唯物史观基本立场的马克思创作出版了《哲学的贫困》一书,以论战的形式第一次科学地表述了其政治经济学的研究方法及基本观点。1849 年 4 月,马克思在《新莱茵报》上发表了《雇佣劳动与资本》,为深入解剖资本主义生产方式奠定了基础。1850 年 9 月到 1853 年 8 月,马克思在伦敦再一次系统攻读政治经济学说史和同时代经济学家的著作,并作了大量的摘录、札记和评论,留下 24 册笔记,总计达 100 个印张以上,这就是著名的《伦敦笔记》。

马克思上述政治经济学批判和研究,可以说是为《资本论》的实际撰写所做的准备性工作。因为写作这样一部剖析资本主义社会复杂经济结构的巨著,必然要求系统地研究、批判地继承前人的优秀成果,在分析中形成自己的独立见解。马克思的这些笔记和著述为他日后写作《资本论》提供了重要的议题、思路和框架。

2.1857—1867 年:《资本论》整体写作阶段

到 1857 年,马克思已经进行了近 15 年的政治经济学研究。恰从这一年开始,资本主义史上第一次世界性的普遍的"生产过剩"危机爆发,这促使他把自己在多年研究中形成的思想加以整理、总结,开始系统地撰写政治经济学著作。1857 年 8 月到 1858 年 5 月,马克思写成了篇幅巨大的 7 册手稿,后称《政治经济学批判大纲》,又称《1857—1858 年经济学手稿》。这部著述触及后来在《资本论》中详细加以探讨过的许多重要问题,特别在其《导言》中,马克思依据生产力与生产关系之间辩证统一的观点,分析了生产、分配、交换和消费之间的复杂关系,进一步深入阐述了政治经济学的方法论问题。他还首次明确区分了劳动和劳动力,分析和阐释了包括剩余价值等在内的一系列科学概念。可以说,这部手稿在马克思政治经济学研究和《资本论》写作过程中具有承上启下的关键性作用。

由于问题本身的复杂性和写作计划的变化,马克思曾签订的关于出版两卷本《政治和国民经济学批判》的合同并没有付诸实施。这时他又设想分 6 个分册来阐述其思想。1859 年 1 月,新写作的《政治经济学批判》一书出版,就是他当时计划的 6 个分册中的第一分册。在该书序言中,马克思深刻概述了历史唯物主义的基本原理,并明确指出这是他用于指导自己研究工作的原则。其后,在写第二分册时,马克思又改变了计划,决定以《资本论》为全书的正标题,而把《政治经济学批判》作为副标题。从 1861 年 8 月到 1863 年 6 月,马克思创作了篇幅更为庞大的手稿(即《1861—1863 年经济学手稿》),共 23 册。这部手稿大部分是对剩余价值学说史的梳理和批判,马克思把商品作为研究的出发点,分析了资本流通和简单商品流通的区别,并详细地分析和阐明了剩余价值的生产过程。1863 年至 1865 年,马克思在以上两部手稿的基础上又写出了新的手稿(即《1863—1865 年经济学手稿》),内容分为三部分,基本上相当于后来《资本论》的第一、二、三卷。这时马克思逐步形成了《资本论》四卷(理论三卷、理论史一卷)结构的计划,1866 年 10 月,四卷结构计划得以最终确定。

至此,经过近十年的艰苦工作,马克思写出了篇幅浩繁的三部手稿,对政治经济学的一系列重要问题几乎都作了属于自己的独特而详尽的研究和阐发。

3.1867—1883 年:《资本论》出版、整理和研究阶段

1866 年到 1867 年,马克思把此前完成的庞大的手稿加工改写成《资本论》第一卷付印稿,即《资本论》第一卷德文第一版,于 1867 年 9 月 14 日在德国汉堡出版,这是具有划时代意义的事件。正如恩格斯所指出的:"自从世界上有资本家和工人以来,没有一本书像我们面前这本书那样,对于工人具有如此重要的意义。"①

从 1868 年起,马克思在身患多种疾病、生活更加贫困的艰苦条件下,不仅坚持对第一卷的其他语言版本进行了精心的修订,还孜孜不倦地对《资本论》第二、三卷的手稿进行了不同程度的加工和整理,继续进行深化、拓展的研究工作,其中在《资本论》第一卷出版后就写过 7 份第二卷主要手稿。但遗憾的是,马克思最终未能完成《资本论》第二、三卷理论部分和第四卷理论史的整理工作,于 1883 年 3 月离开了人世。

马克思逝世后,恩格斯毅然放下自己手中的研究工作,肩负起整理、编辑和出版《资本论》遗稿的艰巨任务。1885 年 7 月,经过恩格斯整理、编辑的

① 恩格斯:《卡·马克思〈资本论〉第一卷书评——为〈民主周报〉作》,《马克思恩格斯选集》(第二卷),人民出版社,2012 年,第 70 页。

第二卷在德国汉堡出版。而第三卷就马克思留下的手稿看"只有一个初稿，而且极不完全"①，因此恩格斯面临的工作难度更大。为了使原稿更加完善，恩格斯作了艰巨而繁杂的修订、增补和注释等工作，1894 年 11 月，这一卷也在德国汉堡出版。需要指出的是，恩格斯在从事上述工作的过程中，还同那些歪曲、诽谤《资本论》的形形色色的资产阶级学者进行了坚决的斗争，捍卫了这一巨著鲜明的立场和科学的价值；同时根据新的情况和新的研究，充实了马克思的手稿，为《资本论》增加了新的内容。可以说，《资本论》这座雄伟的理论大厦的建立，是由马克思和恩格斯共同完成的。

《资本论》第四卷即《剩余价值理论》，是《资本论》的"历史批判部分"。恩格斯考虑到自己年事已高，便把整理和出版这一卷的工作委托给考茨基。考茨基于 1905 年到 1910 年以《剩余价值学说史》为书名，分 3 册出版。

以下我们梳理一下《资本论》叙述结构的具体演变过程。

《资本论》所要研究的，"是资本主义生产方式以及和它相适应的生产关系和交换关系"②。但问题的关键在于，它们从来都不是显性地摆在研究者面前的实体性存在，而是一个非常复杂而又不断变化的结构。如何准确、全面而深刻地理解、揭示这一结构及其变动过程，马克思可以说费尽心思，《资本论》的理论结构的形成过程，实际就是他的这种探索的忠实记录。

早在 1844 年，开始将自己的研究由对社会的"副本"批判转向"原本"批判的马克思，在研读古典经济学和社会主义著述的基础上，最初产生了创作两卷本著作《政治和国民经济学批判》的计划，并且还与出版商签订了合同。

---

① 恩格斯：《〈资本论〉第三卷序言》，《马克思恩格斯文集》(第七卷)，人民出版社，2009 年，第 4 页。

② 马克思：《〈资本论〉第一卷第一版序言》，《马克思恩格斯选集》(第二卷)，人民出版社，2012 年，第 82 页。

这是《资本论》结构最早的设想，但这一计划没有实现。1851年他又计划写三本书，一是批判资产阶级政治经济学的理论，二是批判空想社会主义，三是论述政治经济学史，也没实现。在《1857—1858年经济学手稿》中，马克思拟定的政治经济学理论体系为五个分篇："(1)一般的抽象的规定，因此它们或多或少属于一切社会形式，不过是在上面所阐述的意义上。(2)形成资产阶级社会内部结构并且成为基本阶级的依据的范畴。资本、雇佣劳动、土地所有制。它们的相互关系。城市和乡村。三大社会阶级。它们之间的交换。流通。信用事业(私人的)。(3)资产阶级社会在国家形式上的概括。就它本身来考察。'非生产'阶级。税。国债。公共信用。人口。殖民地。向国外移民。(4)生产的国际关系。国际分工。国际交换。输出和输入。汇率。(5)世界市场和危机。"①

随后在1859年《〈政治经济学批判〉序言》中，马克思又将理论结构修改为六册计划："我考察资产阶级经济制度是按照以下的顺序：资本、土地所有制、雇佣劳动；国家、对外贸易、世界市场。在前三项下，我研究现代资产阶级社会分成的三大阶级的经济生活条件；其他三项的相互联系是一目了然的。"②

在《1861—1863年经济学手稿》中，马克思再次将以前拟定的理论体系加以改变，即九项内容：(1)导言：商品，货币。(2)货币转化为资本。(3)绝对剩余价值：(a)劳动过程和价值增殖过程；(b)不变资本和可变资本；(c)绝对剩余价值；(d)争取正常工作日的斗争；(e)同一时间的工作日。剩余价值额

---

① 马克思：《1857—1858年经济学手稿》，《马克思恩格斯文集》(第八卷)，人民出版社，2009年，第32~33页。

② 马克思：《〈政治经济学批判〉序言》，《马克思恩格斯选集》(第二卷)，人民出版社，2012年，第1页。

和剩余价值率。(4)相对剩余价值:(a)简单协作;(b)分工;(c)机器等等。(5)绝对剩余价值和相对剩余价值的结合。雇佣劳动和剩余价值的比例。劳动对资本的形式上的隶属和实际上的隶属。资本的生产性。生产劳动和非生产劳动。(6)剩余价值再转化为资本。原始积累。威克菲尔德的殖民学说。(7)生产过程的结果。(8)剩余价值理论。(9)关于生产劳动和非生产劳动的理论。

后来的《资本论》就是按照《1861—1863年经济学手稿》中制定的架构而展开的。马克思将其手稿分为两大部分,一部分是"理论部分",另一部分是"理论史部分"或"历史批判部分",计划分开出版。马克思在《资本论》第一卷第一版序言中概括为三卷四册:"这部著作的第二卷将探讨资本流通过程(第二册)和总过程的各种形式(第三册),第三卷即最后一卷(第四册)将探讨理论史。"①

恩格斯编辑时按照这个体系,将原稿第二册整理改编为《资本论》第二卷,题为"资本的流通过程";将原稿第三册整理改编为《资本论》第三卷,题为"资本主义生产的总过程"。即《资本论》的全部体系共分四卷结构,前三卷是关于政治经济学的理论部分,后一卷是关于政治经济学学说史部分。

以上叙述框架由 "两卷本著作"—"三本书计划"—"五个分篇"—"六册计划"—"九项内容"—"两大部分"—"三卷四册结构"—"四卷内容" 的曲折变迁,浸透了一个思想巨匠整整四十年的殚精竭虑的探索过程。在过去的《资本论》研究中,论者的关注点主要集中在对其成型、定稿部分(即恩格斯整理的三卷本)的思想观点的概括和把握上,现在丰富的文献材料的刊布必然要求我们将这种研究转向思想史的探究、转向对马克思曲折的探索历程背后思想视野和嬗变的理解和分析,这将大大拓展《资本论》研究的视野,深

---

① 马克思:《〈资本论〉第一卷第一版序言》,《马克思恩格斯选集》(第二卷),人民出版社,2012年,第84页。

化对其思想复杂性的认识。

（二）《资本论》的主要版本及其目录对照

就版本学研究来说,《资本论》有"独立价值"的版本主要包括:第一卷德文第一版、第二版、法文版、德文第三版、英文版、德文第四版以及第二卷、第三卷德文版。以下我做简单介绍。

1.德文第一版

该版于 1867 年 9 月由位于汉堡的奥托·迈斯纳出版社（Verlag von Otto Meissner）出版。现收入《马克思恩格斯全集》"历史考证版"（Marx—Engels Gesamtausgabe,简称 MEGA）第 2 部分第 5 卷,由柏林迪茨出版社（Dietz Verlag）于 1983 年出版;收入《马克思恩格斯全集》中文第 2 版第 42 卷,由人民出版社于 2017 年出版。

这是《资本论》第一册(Buch)的首版。除《序言》外,包括 6 章(Kapitel)22节以及《附录》,其目次如下:

序言

第一册　资本的生产过程

第一章　商品和货币

第二章　货币转化为资本

第三章　绝对剩余价值的生产

第四章　相对剩余价值的生产

第五章　对绝对剩余价值和相对剩余价值生产的进一步考察

第六章　资本的积累过程

第一册注释的增补

第一章　第一节　附录　价值形式

这是凝聚马克思多年探索和思考的心血之作的首次亮相。就整个叙述逻辑和思想体系来说,马克思"采取了完满的处理方式","把错综复杂的经济学问题放在恰当的位置和正确的联系之中","完满的使这些问题变得简单明了",特别是"非常出色地叙述了劳动和资本的关系,这种关系在这里第一次得到了完满而又相互联系的叙述"。①

由于长期浸润于高深的哲学华章和浩瀚的经济学文献中,这一版叙述和篇章结构的划分方面存在一些问题。马克思自认为属于常识性的东西或比较顺畅的逻辑,对一般读者来说是较难理解和接受的。在写作时他并没有过多地考虑读者的知识结构和理论水准,而是按照自己论述的逻辑布局谋篇,这样大部头的著述只设计了6章,而第2、3、4章有"节"而无"目",特别是第4章,总共204页,只分了4节——平均50页一节。如果没有足够的耐心和毅力,特别是对此议题不熟悉或者不感兴趣的读者是很难阅读下去的。实际上这一篇最后定稿时他就已经意识到这一问题,并做了一定程度的补救,这就是要增加一个《附录》的原因。因为在正式出版之前,恩格斯和库格曼看了校样,认为马克思关于第一章"价值形式"的论述不够通俗,他们建议再写一个通俗易懂的说明附在这一卷的末尾。

2.德文第二版

该版于1872年仍由奥托·迈斯纳出版社出版。现收入MEGA第2部分第6卷,由柏林迪茨出版社于1987年出版,没有中文版。内容划分由原来的

---

① 恩格斯:《致马克思信（1867年8月23日）》,《马克思恩格斯文集》(第十卷),人民出版社,2009年,第267页。

"章—节—目"改为"篇(Abschnitt)—章—节—目"结构,其目次如下:

第一版序言

第一册　资本的生产过程

第一篇　商品和货币

第一章　商品

第二章　交换过程

第三章　货币或商品流通

第二篇　货币转化为资本

第四章　货币转化为资本

第三篇　绝对剩余价值的生产

第五章　劳动过程和价值增殖过程①

第六章　不变资本和可变资本

第七章　剩余价值率

第八章　工作日

第九章　剩余价值率和剩余价值量

第四篇　相对剩余价值的生产

第十章　相对剩余价值概念

第十一章　协作

第十二章　分工和工场手工业②

第十三章　机器和大工业

第五篇　绝对剩余价值和相对剩余价值的生产

---

①　这是后来通行的《资本论》第一卷德文第四版的中文表述,下同。德文原文为 Arbeitsprozeß und Verwertungsprozeß,直译是"劳动过程和使用过程"。

②　德文原文为 Teilung der Arbeit und Manufaktur,直译是"劳动分工和手工工场的分工"。

第十四章　绝对剩余价值和相对剩余价值

第十五章　劳动力价格和剩余价值的量的变化①

第十六章　剩余价值率的各种形式

第六篇　工资

第十七章　劳动力的价值或价格转化为工资

第十八章　计时工资

第十九章　计件工资

第二十章　工资的国民差异

第七篇　资本的积累过程

第二十一章　简单再生产

第二十二章　剩余价值转化为资本

第二十三章　资本主义积累的一般规律

第二十四章　所谓的原始积累

第二十五章　现代殖民理论

跋

马克思在第二版中首先解决的是篇章结构的划分问题,将第一版中的6章内容扩展、细化为7篇25章,这样无疑有助于读者通过目录把握全书的议题和逻辑。第二版增加了很多新的注释和解说,也是便于读者理解正文所涉及的各个细节及背景。

除此而外,表述方面的修改也耗费了马克思很多精力。作为开篇的第一章极为关键, 在第一版中该章第一节只是语焉不详地提到价值实体与价值量之间的联系,没有展开分析,所以在第二版中,马克思重新进行了详细的

---

① 德文原文为 Größenwechsel von Preis der Arbeitskraft und Mehrwert,直译是"劳动力价格和剩余价值的巨大变化"。

阐发,"更加科学而严密地从表现每个交换价值的等式的分析中引出了价值"①,特别突出了价值量是由社会必要劳动时间决定的论断。该章第三节关于价值形式的论述更是全部改写了,这也是他接受库格曼的建议而做的,因为大多数读者对此一无所知。所以要让他们比较准确地理解马克思关于价值形式与价值本质之间深刻关联的意图和见解,就需要一个"更带讲义性的补充说明",将价值形式的流变和现实表现通俗地梳理和解释一下。这样《资本论》这部探究资本逻辑的理论著述就要求作者在阐释观点时必须采取"双重叙述"的方式——将自己独特的创新性观点与这个领域内的一般理论知识及其变迁融合起来得以呈现。鉴于第一章最后一节《商品的拜物教性质及其秘密》内容上的重要性,第二版在第一版的基础上大部分都做了修改。第三章第一节讨论的是"价值尺度",在第一版中考虑到 1859 年出版《政治经济学批判》第一分册对此已有说明,所以写得比较粗糙和简略,之后《资本论》已经是独立的著作了,当它出版后人们已经不大可能再阅读第一分册了,所以第二版对这节内容作了仔细的订正。至于具体文字,特别是修辞上的修改在第二版中各处都有。

3.法文版

该版于 1872—1875 年分 9 辑(44 个分册)由克劳德·莫里斯·拉沙特尔(Claude—Maurice La Châtre)在巴黎出版,约瑟夫·鲁瓦(Joseph Roy)翻译,经马克思审定。现收入 MEGA 第 2 部分第 7 卷,由柏林迪茨出版社于 1989 年出版;收入《马克思恩格斯全集》中文第 2 版第 43 卷,由人民出版社于 2016 年出版。其目次如下:

---

① 马克思:《〈资本论〉第一卷第二版跋》,《马克思恩格斯文集》(第五卷),人民出版社,2009 年,第 14 页。

卡尔·马克思致莫里斯·拉沙特尔

莫里斯·拉沙特尔致卡尔·马克思

第一版序言

第一册 资本主义生产的发展

第一篇 商品和货币

第一章 商品

第二章 交换

第三章 货币或商品流通

第二篇 货币转化为资本

第四章 资本的总公式

第五章 资本总公式的矛盾

第六章 劳动力的买和卖

第三篇 绝对剩余价值的生产

第七章 使用价值的生产和剩余价值的生产

第八章 不变资本和可变资本

第九章 剩余价值率

第十章 工作日

第十一章 剩余价值率和剩余价值量

第四篇 相对剩余价值的生产

第十二章 相对剩余价值

第十三章 协作

第十四章 分工和工场手工业

第十五章 机器和大工业

第五篇 对剩余价值生产的进一步研究

　　马克思对法文版的翻译投入了很多精力。1862 年 12 月《资本论》的初稿还在紧张的写作中,马克思就派燕妮·马克思去巴黎联系过出版事宜。他当时的想法是,只要德文版一出版,法文版即刻跟进。但以后事情的进展并不顺利,1869 年 10 月至 1870 年 4 月第一国际巴黎支部成员沙·凯雷曾翻译出约 400 页的译稿,马克思对此做了修改,但此事后因故不了了之。1872 年 2 月马克思的女婿拉法格与克劳德·莫里斯·拉沙特尔(Claude-Maurice La Châtre,1814—1900)签订了合同,计划分 44 个分册出版,共 9 辑,每辑 5 册(最后一辑为 4 册),1875 年出齐。这也是马克思的想法,他认为定期分册出版《资本论》,使它"更容易到达工人阶级的手里,在我看来,这种考虑是最为重要的"①。

　　最后找到的是费尔巴哈著作的法文译者约瑟夫·鲁瓦(Joseph Roy)。他于 1872 年初开始翻译,到 1873 年底完成。为了保证尽可能准确地传达原文的意思,他是逐字逐句进行的翻译,但导致的后果是整部著作译得过于死板,没有考虑到法国与德国读者之间思维方式、理论素养、理解能力和阅读取向等方面的差异。所以尽管马克思觉得"他非常认真地完成了自己的任务。但正由于他那样认真,我不得不对表述方法作些修改,使读者更容易理解"②。马克思的修改"不仅个别的句子,而且整页整页的译文都得重新改写"③。

　　与此同时,马克思还加进了原来德文版没有的不少新内容,把第二版 7 篇 25 章细化为 8 篇 33 章。更为重要的是,法文版的很多修改和新的表达成

① 马克思:《〈资本论〉第一卷法文版序言》,《马克思恩格斯文集》(第五卷),人民出版社,2009 年,第 24 页。

② 马克思:《〈资本论〉第一卷法文版跋》,《马克思恩格斯文集》(第五卷),人民出版社,2009 年,第 27 页。

③ 《燕妮·马克思(女儿)致路德维希·库格曼(1872 年 5 月 3 日)》,《马克思恩格斯全集》(第 33 卷),人民出版社,1973 年,第 681 页。

为准确理解马克思思想的重要依据。诸如,将"资本主义生产方式"改为"资本主义生产"①,有助于从"经济运行"的意义上理解《资本论》的研究对象;将"价值"替换和分解为"交换价值"和"使用价值",意在使这一抽象范畴的内涵具体化;将"价值的对象性"(Wertgegenständlichkeit)改为"现实性",使价值作为客观存在而非头脑里假定的特性展示出来;而关于资本积累对于工人命运的影响,德文版中只有3段,到法文版扩大为21段,使阐释更为详尽;关于资本在农村剥夺农民的土地,使农民变为无产者,原来德文版认为,在这一点上英国是最具代表性的典型形式,法文版则特别加了一句话:"但是,西欧的其他一切国家都正在经历着同样的运动……"②意指这样的情形并不包括东方(如俄国、印度和中国)。③

4.德文第三版

该版于1883年仍由奥托·迈斯纳出版社出版。现收入 MEGA 第2部分第8卷,由柏林迪茨出版社于1989年出版;没有中文版。其目次如下:

第一版序言

第二版序言

第三版序言

第一册　资本的生产过程

第一篇　商品和货币

---

① 即将德文第一版《序言》中"资本主义……生产方式的典型地点是英国"改为"英国是这种生产的典型地点"。参见《马克思恩格斯文集》(第五卷),人民出版社,2009年,第8页;《马克思恩格斯全集》(第43卷),人民出版社,2016年,第17页。

② 马克思:《〈资本论〉第一卷法文版》,《马克思恩格斯全集》(第43卷),人民出版社,2016年,第770~771页。

③ 参看张钟朴:《〈资本论〉第一卷法文版及其他版本》,《马克思主义与现实》,2016年第3期。

---

①　这是后来通行的《资本论》第一卷德文第四版的中文表述,下同。德文原文为 Arbeitsprozeß und Verwertungsprozeß,直译是"劳动过程和使用过程"。

②　德文原文为 Teilung der Arbeit und Manufaktur,直译为"劳动分工和手工工场的分工"。

③　德文原文为 Größenwechsel von Preis der Arbeitskraft und Mehrwert,直译为"劳动力价格和剩余价值的巨大变化"。

第六篇　工资

第十七章　劳动力价值或价格转化为工资

第十八章　计时工资

第十九章　计件工资

第二十章　工资的国民差别

第七篇　资本的积累过程

第二十一章　简单再生产

第二十二章　剩余价值转化为资本

第二十三章　资本主义积累的一般规律

第二十四章　所谓原始积累

第二十五章　现代殖民理论

第一卷法文版出版后，马克思参照这个"在原本之外有独立的科学价值，甚至对懂德语的读者也有参考价值"①的版本继续修改德文，"用他自己精练的德语代替流畅的法语"。特别是由于第一卷引用了很多英文资料和文献，马克思原来的叙述中夹杂着很多英文语气。他感到这是一个问题，所以亲自校订了一些章节，并多次口头提醒恩格斯以后修改时要注意这方面的情况。

马克思去世后，恩格斯在其遗物中发现了他的"自用本"，根据其中的标注开始了第三版的修改和增补。恩格斯注意到，"资本的积累过程"部分之前各篇马克思都作过比较彻底的修改，只有这一篇原文却更接近于单纯的初稿，虽然生动活泼，显得一气呵成，但文体上很不讲究，表述上有不明确的地方，逻辑展开的过程也有不足之处，个别重要论点只是提了一下，缺乏进一

---

① 马克思：《〈资本论〉第一卷法文版跋》，《马克思恩格斯文集》（第五卷），人民出版社，2009年，第27页。

步的解释和论证,当然还有英文语气问题。恩格斯认真研读了马克思"自用本"中的校订,确立了"一个标准"来解决这些问题,使他能够尽量与马克思已经修改了的地方协调一致。

不过,恩格斯毕竟不是作者,而只是一个编者(der Herausgeber),所以在第三版处理时他还是非常谨慎的。按照他的自况,"凡是我不能确定作者自己是否会修改的地方,我一个字也没有改"①。也就是说,他只是严格按照马克思的原始意图、其在世时提出的有待以后处理但最终没有来得及落实的具体意见进行修改,而不是为了使得《资本论》的新版本能跟得上时代的步伐,至少在形式上与学术"前沿"保持同调,所以他并没有把当时流行的概念比如德国经济学家惯用的行话搬到《资本论》新版本中来。

比如,在作为《资本论》初稿的《1863—1865 年经济学手稿》中,马克思曾经写道:"在今天的德语中, 也是把资本家即用来雇用劳动的那种物的人格化,称为劳动给予者[Arbeitsgeber],而把提供劳动的实际工人称为劳动受取者[Arbeitsnehmer]。"②但后来在《资本论》第一卷中,马克思不再使用这对概念。但多年后,特别是 1870—1882 年间这些术语又被一大批德国经济学家所使用,甚至还出现在《1870 年 6 月波恩工人问题大会记录》中。

按照当时经济学的解释, 资本家是通过支付现金而让别人为自己劳动的,所以应该叫作劳动给予者(donneur de travail),而工人为了工资则让别人取走了自己的劳动,所以是劳动受取者(receveur de travail)。如果表面上看,既然流行的概念是马克思当年曾经使用过的, 现在利用再版机会重新恢复

① 恩格斯:《〈资本论〉第一卷第三版序言》,《马克思恩格斯文集》(第五卷),人民出版社,2009年,第29页。

② 马克思:《1863—1865 年经济学手稿》,《马克思恩格斯文集》(第八卷), 人民出版社,2009年,第488页。

也说得过去，但恩格斯敏锐地看出，法文中 travail（劳动）一词在日常生活中也有"职业"的意思，因此如果把资本家叫作 donneur de travail［劳动给予者］，把工人叫作 receveur de travail［劳动受取者］，就会让读者感到二者只是从事的职业不同，而没有本质性的差别。假如以此来修改《资本论》中关于资本家和雇佣工人的表述，不仅在法国人那里会被看作"疯子的行为"，更是对马克思《资本论》思想的曲解。因为在"劳动"的意义上将资本家和工人联系起来讨论，认为二者只是"劳动"的不同层面、发挥着不可替代的作用，就会从本质上掩盖"劳动"是劳动者独有的能力和活动，但其成果却被资本家所占有的秘密。因此，恩格斯没有为了赶时髦而在第三版中对此做出任何改动。

此外，在第三版中恩格斯也没有为了迎合德国读者而把《资本论》中到处使用的英制货币和度量衡单位换算成德制单位。因为在第一版出版时，德国尚未统一，德制度量衡种类很多，又极其混乱，所以马克思遵循的是科学研究中通常采用的公制度量衡方式，即以世界市场上通用的英制度量衡为单位来表述资本的运行。对于一部几乎完全从英国的工业状况中取得实际例证的著作来说，采用这种方式是很自然的。后来尽管德国统一且境内经济发展出现了一体化态势，新的度量衡制度也建立起来，但恩格斯在第三版中没有循此进行改动。他的考虑是，德国统一及其变化没有改变世界资本主义的总体格局，在世界市场上英国的强势地位几乎没有什么变化，特别是当时那些有决定意义的工业部门诸如制铁业和棉纺织业中，通用的还几乎完全是英制度量衡。《资本论》是用德文写作的，但它讨论的却是世界性问题，是面向全世界读者的，不可能为了迁就德国人阅读和理解的便利而在"世界性"方面做出"让步"和调整。

5.英文版

该版于 1887 年在伦敦分上、下两卷出版，译者是赛米尔·穆尔（Samuel Moore，1838—1911）和爱德华·艾威林。现收入 MEGA 第 2 部分第 9 卷，由柏林迪茨出版社于 1990 年出版；没有中文版。其目次如下：

编者序言

作者序言

Ⅰ.第一版

Ⅱ.第二版

第一册　　资本主义的生产（Capitalist production）

第一篇　　商品和货币

第一章　　商品

第二章　　交换

第三章　　货币，或者商业流通

第二篇　　货币转化为资本

第四章　　资本的总形式①

第五章　　资本总公式中的矛盾②

第六章　　劳动力的买和卖

第三篇　　绝对剩余价值的生产

第七章　　劳动过程和剩余价值生产过程

---

①　这是后来通行的《资本论》第一卷德文第四版的中文表述，下同。英文原文为 The general formula for capital，翻译为"资本的一般公式"或者"资本的一般形式"更好，在拉丁语语中，"formula"意思为"形式"，约 17 世纪 30 年代进入英语语汇。

②　英文原文为 Contradictions in the general formula of capital，可译为"在资本一般形式中的矛盾"。

---

① 《燕妮·马克思(女儿)致路德维希·库格曼(1872 年 5 月 3 日)》,《马克思恩格斯全集》(第 33 卷),人民出版社,1973 年,第 681 页。

② 英文原文为 Conversion of Surplus-Value into Capital。

第二十五章　资本主义积累的一般规律

第八篇　所谓的原始积累

第二十六章　原始积累的秘密

第二十七章　从土地上剥夺农业人口①

第二十八章　15 世纪末反对被剥夺者的血腥立法。议会的行为迫使工资下降

第二十九章　资本主义农民的起源②

第三十章　农业革命给工业革命带来的反应,为工业资本创造家庭市场

第三十一章　工业资本的起源

第三十二章　资本主义积累的历史趋势

第三十三章　现代殖民理论

在《资本论》中被引用的著作和作者

1883 年马克思去世后,随着马克思主义的传播,出版《资本论》英文版显得颇为迫切。他和恩格斯共同的朋友、"可能比任何人都更熟悉这部著作"的赛米尔·穆尔同意承担翻译工作,同时商定,由恩格斯对照原文校订译稿、提出修改意见。但是后来穆尔因业务繁忙,不能如大家所期待的那样很快完成任务,于是马克思的女婿爱德华·艾威林(Edward Aveling,1851—1898)提出由他担任一部分翻译,由马克思的小女儿艾威林核对引文,"使占引文绝大多数的英文引文不再是德文的转译,而是采用原来的英文原文"。"译者只对各自的译文负责",而恩格斯"对整个工作负全部责任"。③他发现有的引文页

---

①　英文原文为 expropriation of the agriculture population from the land。

②　英文原文为 Genesis of the capitalist farmer。

③　恩格斯:《〈资本论〉第一卷英文版序言》,《马克思恩格斯文集》(第五卷),人民出版社,2009年,第32页。

码弄错了,有的引号和省略号放错了位置,还有某些引文在翻译时用词不很恰当和不确切。更有甚者,恩格斯还甄别出一些引文是根据马克思1843—1845年在巴黎所作的旧笔记本抄录的,当时马克思还不懂英语,他读英国经济学家的著作是法译本;那些经过两次转译的引文多少有些与原意不符,如引自詹姆斯·斯图亚特(James Steuart,1712—1780)、安德鲁·尤尔(Andrew Ure,1778—1857)等人著作的话就是如此。所有这些地方恩格斯都替换成英文原文,其他纰漏处也一一改正了。"只有一段引文没有找到出处,这就是理查·琼斯(Richard Jones,1790—1855)的一段话",他猜想是"马克思大概把书名写错了"。当然,这些改正并没有使《资本论》的内容"有丝毫值得一提的改变";相反,恩格斯发现,挚友的著作经得起反复检视,"所有其余的引文都仍然具有充分的说服力,甚至以其现在的确切形式而更加具有说服力了"①。

6.德文第四版

该版于1890年仍由奥托·迈斯纳出版社出版。现收入MEGA第2部分第10卷,由柏林迪茨出版社于1991年出版;收入《马克思恩格斯全集》中文第2版第44卷、《马克思恩格斯文集》第五卷,由人民出版社于2001年、2009年出版。其目次如下:

马克思第一、二版序言

恩格斯第三、四版序言

第一册　资本的生产过程

第一篇　商品和货币

第一章　商品

---

① 恩格斯:《〈资本论〉第一卷第四版序言》,《马克思恩格斯文集》(第五卷),人民出版社,2009年,第37页。

第七篇　资本的积累过程

第二十一章　简单再生产

第二十二章　剩余价值转化为资本

第二十三章　资本主义积累的一般规律

第二十四章　所谓的原始积累

第二十五章　现代殖民理论

德文第三版没有使马克思的要求全部得以落实，于是恩格斯重新整理出第四版，主要是想尽可能把正文和注解都最后确定下来，提供一个最权威的版本。于是他又反复对照了法文版和根据马克思亲手写的笔记，把第三版编辑时遗漏了的法文版的一些地方补充到新德文版中，又按照法文版和英文版把一些很长的注解移入正文，还补充了一些说明性的注释，特别是对那些由于历史情况的改变人们已经很少知晓的事件原委和概念变迁在注释中做了解说，还有一些属于纯技术性的改动。恩格斯所有这些补充的注释都括在四角括号里，并且注出他的姓名的第一个字母 F 或"D.H."①。

7.第二卷德文版

该版于 1885 年由奥托·迈斯纳出版社出版。现收入 MEGA 第 2 部分第 13 卷，由柏林科学院出版社（Akademie Verlag）于 2008 年出版；收入《马克思恩格斯全集》中文第 2 版第 45 卷、《马克思恩格斯文集》第六卷，由人民出版社于 2003 年、2009 年出版。其目次如下：

序言

目录

---

① 德文 der Herausgeber（编者）缩略词的首个字母。

---

① 德文原文为 Der Zirkulationsprozeß des Kapitals，翻译为"资本的循环过程"更为准确。

② 德文用的是 Figure，此处翻译为"图式"更好，以区别于《资本论》第一卷把 formeln 翻译为"公式"。Figure 本意有图形、形象的意思。

第十八章　导言

第十九章　前人对这个问题的阐述

第二十章　简单再生产

第二十一章　积累和扩大再生产

8.第三卷德文版

该版于 1894 年由奥托·迈斯纳出版社出版。现收入 MEGA 第 2 部分第 15 卷,由柏林科学院出版社于 2004 年出版;收入《马克思恩格斯全集》中文第 2 版第 46 卷、《马克思恩格斯文集》第七卷,由人民出版社于 2003 年、2009 年出版。其目次如下:

弗·恩格斯　序言

第三册　资本主义生产的总过程(上)

第一篇　剩余价值转化为利润和剩余价值率转化为利润率

第一章　成本价格和利润

第二章　利润率

第三章　利润率和剩余价值率的关系

第四章　周转对利润率的影响

第五章　不变资本使用上的节约

第六章　价格变动的影响

第七章　补充说明

第二篇　利润转化为平均利润

第八章　不同生产部门的资本的不同构成和由此引起的利润率的差别

第九章　一般利润率(平均利润率)的形成和商品价值转化为生产价格

第十章　一般利润率通过竞争而平均化。市场价格和市场价值。超额

利润

资本主义生产的总过程（下）

第五十章　竞争的假象

第五十一章　分配关系和生产关系

第五十二章　阶级

尽管马克思完成了《资本论》大部分初稿，并于1867年出版了第一卷，但直到1883年去世，他也没有完成第二、三卷的定稿工作，这也就意味着他对资本逻辑和体系结构的揭示并未完整地呈现出来，而这一工作是由恩格斯来完成的。《资本论》第二、三卷分别于1885、1894年正式出版时，作者虽然仍单独署着马克思的名字，但就实际情形看，恩格斯并不只是一个单纯的原始手稿笔迹的辨认者和成形章节的编排者，即解决的"只是技术性的"问题；更公允和客观的说法应该是，他也是这两卷所关涉的思想内容和理论体系的阐释者和建构者。

我们知道，在资本的整个运动中，流通过程与生产过程是统一的，生产过程必须由流通过程来补充和完成。因此，在《资本论》第一卷对生产过程进行阐释后，第二卷紧接着研究的就是资本的流通和剩余价值的实现过程。用恩格斯的话来说，在三卷结构中，第二卷是第一卷"理论逻辑"的继续，也是第三卷内容的"引言"。第二卷所讨论的资本的形态变化及其循环、资本周转以及社会总资本的再生产和流通，使人们对资本的理解由抽象上升到具体、由宏观进入微观、由总体深化到细节。而第三卷作为《资本论》理论部分的终篇，则主要揭示和阐明的是资本主义生产总过程的各种具体形式及其相关问题，诸如资本的一般形式向产业资本、商业资本和借贷资本的转化，剩余价值到利润、剩余价值率到利润率、价值到生产价格的变迁，以及商业资本的由来及其特征和货币资本到生息资本的转化，等等。可以设想，如果缺少对第二卷和第三卷所涉及内容的探究，马克思的资本批判既不可能建构起作为"一个艺术整体"的关于资本逻辑及其体系结构的理论大厦，更难以准确地体现和反映 19 世纪中叶至 20 世纪初资本社会的变迁并进而给予深刻的透视。

然而《资本论》第二卷和第三卷如此清晰的思路、翔实的内容和完整的体系框架，在马克思去世时留下的庞大的手稿中根本不是显性存在着的，相反，诚如文献专家所感叹的，"恩格斯在编辑马克思的手稿时面临的是多么令人沮丧的任务"①！根据 MEGA 第二部分"《资本论》及其准备材料"提供的文献，有关第二卷的手稿有 19 份，包括第四卷第 1 册中的 1 份手稿、同卷第 3 册中的 6 份手稿（其中 3 份专门属于第二卷的内容，另外 3 份既关涉第二卷也关涉第三卷）、第十一卷中的 10 份手稿和同卷"学术资料"中刊发的 2 条札记。总之，"留下的文稿很多，多半带有片断性质"，即使其中存在一些经过校订的文稿，大多数也变得陈旧了。有的理论部分作了详细的论述，但是在文字上没有经过推敲，而另一些同样重要的部分则只是作了一些提示。马克思搜集了用作例解的事实材料，但几乎没有分类，更谈不上系统地加工整理了。有些章的结尾，往往只写下几个不连贯的句子，而且阐述得还不完整。至于第三卷，MEGA 第二部分刊出的手稿有 17 份，包括第四卷第 2 册中的 1 份手稿、同卷第 3 册中的 10 份手稿（其中 7 份专门属于第三卷的内容，另外 3 份既关涉第二卷也关涉第三卷）、第十四卷中的 6 份手稿。而在这些庞杂的材料中，只有一个贯通全卷内容的初稿，而且极不完全。马克思只撰写并从文字上推敲过第三卷每一篇的开头部分，但越往下留存下来的文稿就越是带有草稿性质，还有很多离开论题罗列出的在研究过程中冒出来、其最终位置则需要以后安排的枝节问题。很多表述是按照思想形成时的原始状况写作的，并不是从原理上进行的阐发。

---

① 弗雷德·莫斯利：《马克思〈1864—1865 年经济学手稿〉英文本导言》，载于《政治经济学报》（第 11 卷），格致出版社、上海人民出版社，2018 年，第 5 页。

此外，马克思笔迹的难以辨别是众所周知的，甚至"连作者自己有时也辨认不出的字体"。特别是恩格斯发现，在许多地方，笔迹情形和叙述方式甚至能清楚地显示出马克思当时具体的写作状态，比如由于劳累过度而病情发作乃至加重，使得起先独自进行的工作越来越困难，最后竟至于完全无法正常展开；当然，也会遭遇问题的盘根错节，以及新材料和新情况对既往理解和论证构成的障碍和挑战。

很显然，面对马克思手稿这样的状况，要完成《资本论》的整理和付印工作，使其"既成为一部连贯的、尽可能完整的著作，又成为一部只是作者的而不是编者的著作"①，确实不是一件容易的事情。为此，恩格斯披沙拣金，首先将马克思大量的手稿围绕第二、三卷的内容和主题进行归类、编号，接着对所选手稿进行字迹辨认和誊抄，最后进入艰难的编辑程序——MEGA编辑曾将恩格斯所做的工作总结成6大类19项，包括："改变原文的编排"（划分章节、调整位置、把插入部分编入正文、把脚注变为正文、修改关于结构计划的表述）；"扩展原文"（内容上的补充、增补新出现的材料）；"删除一些段落"；"处理重复的地方"；"润色原文"（分段、合并段落或增加铺垫语、取消着重号）；"订正"（订正内容、统一概念术语、修辞改动、核准计算数字、复核、补充和翻译引文）。②

当然，最重要的还是对马克思有关思想的理解问题。MEGA第二部分第12卷"学术资料卷"提供了"构成比较"（Gliederungsvergleich）、"出处一览"（Provenienverzeichnis）和"出入一览"（Verzeichnis der Texabweichungen）三个对照表，罗列和对比了恩格斯刊印稿与马克思原始手稿之间5000余处存在

---

① 恩格斯：《资本论第二卷序言》，《马克思恩格斯文集》（第六卷），人民出版社，2009年，第3页。

② Karl Marx und Friedrich Engels:Manuskripte und redaktionelle Texte zum dritten Buch des "Kapitals" 1871 bis 1895.（Apparat），im:*Marx-Engels Gesamtausgabe* II/14,Akademie Verlag 2003.,S. 407.

差异的地方。那么,怎么看待这些"改动"和"修改"的性质呢? 恩格斯有"曲解"乃至"篡改"马克思原意的地方吗? 篇幅所限,这里不能对此详将讨论,仅举两个被认为是"重大的修正"的例子简略说明。《资本论》第三卷马克思原稿的标题是"总过程的各种形态"(Die Gestaltungen des Gesammtprozesses),恩格斯的刊印改为 "资本主义生产的总过程"(Gesammtprozess der kapitalistischen Produktion)。按照我的理解,这里之所以加修辞词"资本主义生产的",一方面是由于马克思的初稿是简略的表述,将其遗漏了,另一方面是恩格斯综合第一卷"资本的生产过程"和第二卷"资本的流通过程"而将这种生产方式定型化为"资本主义的",这充分体现了第三卷所具有的总结性质。至于有文献专家认为,"形态"一词是第三卷的关键,恩格斯将其删掉是一种"误导性的改变"①,但鉴于突出"总过程"并不意味着抹煞或无视构成这一过程中的"各种形式",所以我认为这种指责是有点过分了。

还有,第三卷第15章《规律的内部矛盾的展开》中"Ⅰ.概论"最后一句话"如果没有相反的趋势总是在向心力之旁又起离心作用,这个过程很快就会使资本主义生产崩溃"②。在马克思的原稿中"崩溃"一词用的是 Klappen,恩格斯将其改为 Zusammenbruch 了。③有的论者认为,前者的意义弱于后者,马克思表达的是尚未达到"崩溃"程度的"动摇",而恩格斯的改动使其含义强化了。而实际上,就是"德国人对这个短语的理解也不相同",除了认为二者在强弱程度上有所差异外,也有很多人认为两个短语的意义完全一致。④至

① 弗雷德·莫斯利:《马克思〈1864—1865 年经济学手稿〉英文本导言》,载于《政治经济学报》(第 11 卷),格致出版社、上海人民出版社,2018 年,第 6 页。

② 马克思:《资本论》(第三卷),《马克思恩格斯文集》(第七卷),人民出版社,2009 年,第 279页。

③ Karl Marx:Das Kapital Kritik der politischen Ökonomie dritter Band Hamburg 1894.(Text),im: *Marx-Engels Gesamtausgabe II/15*, Akademie Verlag, 2004,S.243.

④ 徐洋:《马克思〈资本论〉第三卷主要手稿英译本及相关问题》,载于《政治经济学报》(第 11 卷),格致出版社、上海人民出版社,2018 年,第 50 页。

于有的论者声称,恩格斯的改动"鼓舞了第二国际中主张'崩溃论'的理论家(如考茨基)"①,我只能说这样的引申和发挥是太过于联想了。但不论怎样,以上事例都不足以支撑将二人的关系由"马克思和恩格斯"修正为"恩格斯对马克思",进而得出"对立论"(dichotomy)的判断。

因此,客观的结论应当是,马克思的资本理论"忠实而准确地呈现在恩格斯编辑的"第二卷和第三卷中,"恩格斯编辑的……应当被看作马克思的"。②可以说,《资本论》这部巨著最终由恩格斯整理完成,这是资本批判史上划时代的重大事件!这让人再次想起 1867 年在该书第一卷最后一个印张校对完毕后,马克思在给恩格斯的信中所说的话:"这本书能够完成,完全要归功于你!没有你为我作的牺牲,我是不可能完成这三卷书的繁重工作的。我满怀感激的心情拥抱你!"③

(三)《资本论》的"叙述方法"与"版本学"研究的意义

如前所述,《资本论》是马克思耗费四十余年时光、几乎倾尽全部心力撰写的一部著述,而且在其生前也没有全部完成并定稿。之所以如此,一方面,观察和把握资本时代的社会状况及其变迁、探索超越资本的未来出路的工作具有极大的难度,甚至对于人的思维能力来说,构成一种巨大的挑战;另一方面,马克思还必须建构一个既与资本社会相关,但又不能机械复制和简

---

① Carl-Erich Vollgraf and Jürgen Jungnickel, Marx in Marx's Words: On Engels's Edition of the Main Manuscript of Book 3 of Capital', *International Journal of Political Economy*, 32(1), 2002, p.62.

② 弗雷德·莫斯利:《马克思〈1864—1865 年经济学手稿〉英文本导言》,载于《政治经济学报》(第 11 卷),格致出版社、上海人民出版社,2018 年,第 40 页。

③ 马克思:《致恩格斯信(1867 年 8 月 16 日)》,《马克思恩格斯文集》(第五卷),人民出版社,2009 年,第 4 页。

单描摹,而是与其复杂性相对照、相匹配,同时又具有独立、自洽的框架和逻辑的理论大厦,进而完成对资本本质的揭示和命运的透析,较之于前者,这是更为艰难的思想创造。马克思将这两方面的工作称为关于资本的"研究方法"(Forschungsweise)和"叙述方法"(Darstellungsweise)。既然都是围绕资本而展开的工作,二者当然是有联系的,但其路径和形式却是不同的。"研究"的基本路径是,充分地占有材料,然后分析资本的各种发展形式,探寻这些形式的内在联系,进而揭示资本演变的规律。而"叙述"却在研究工作完成之后才展开;作为一种思想建构,它的概念框架、逻辑推演的方式也异于实践发展和研究过程。而在马克思漫长的政治经济学研究和《资本论》及其手稿的撰写中,他在后一方面所花费的时间和精力一点也不比前者少,他极其周全地考量了理论建构中的各种问题和细节,逐步形成和完善了关于资本的"叙述方法"。

那么《资本论》的"叙述方法"具体涉及哪些方面?马克思对此并没有做出非常明确和系统的阐释,只在《资本论》各个版本的《序言》和《跋》中有所论及,而学界过去在这方面也几乎没有进行过细致的清理。为此,这里基于对《资本论》复杂的创作史、传播史的考察,尝试做出八个方面的归纳和概述。

1. 结 构

就《资本论》来说,它所要研究的资本主义生产方式和关系并非是显性地摆在研究者面前的实体性存在,而是一个非常复杂而又不断变化的结构。为了准确、全面而深刻地理解、揭示这一结构及其变动,马克思先后尝试提出过"两卷本著作"—"三本书计划"—"五个分篇"—"六册计划"—"九项内容"—"两大部分"—"三卷四册结构"—"四卷内容"。这种结构的曲折变迁和调整,不是主观随意所为,而是与所探究的对象和问题之间逻辑关系的展开是否顺遂、并对其进行宏观和总体上的统摄是否有效紧密相关,因为总框架上的设计是否合理是著述成功与否最关键的因素。诚如马克思所指出的,像《资本论》这样的著作"细节上的缺点是难免的。但是结构,即整个的内部联系是德国科学的辉煌成就"①。

2. 术语

结构之外,核心范畴也就是"术语"对于理论建构来说也很关键。因为"一门科学提出的每一种新见解都包含这门科学的术语的革命"②。马克思的《资本论》虽然与古典经济学讨论的是同样的议题,然而对于术语内涵的重释、拓展和创新却是非常明显的,而这种"术语革命"更深层的意涵在于思维方式的变化,这是马克思的政治经济学超越古典经济学最根本的原因。诚如恩格斯所言:"把现代资本主义生产只看做是人类经济史上一个暂时阶段的理论所使用的术语,和把这种生产形式看做是永恒的、最终的阶段的那些作者所惯用的术语,必然是不同的。"③

3. 引证

《资本论》中在纯原理的阐释的同时,既有理论史的梳理,又有现实材料的甄别和官方档案的征引,他还特别注重统计数据。就是说,一方面政治经

---

① 马克思:《致恩格斯信（1866年2月20日）》,《马克思恩格斯文集》(第十卷),人民出版社,2009年,第236页。

② 恩格斯:《〈资本论〉第一卷英文版序言》,《马克思恩格斯文集》(第五卷),人民出版社,2009年,第32页。

③ 恩格斯:《〈资本论〉第一卷英文版序言》,《马克思恩格斯文集》(第五卷),人民出版社,2009年,第33页。

济学研究当然要有形而上学基础，需要关注影响经济运行的社会环境包括政治因素，另一方面更需要注意经济本身的规律和科学性。为此《资本论》在引证经济学著述和观点时，从时间和首倡者两方面来确定其重要的历史成就，"作为注解以充实正文的"①。此外，较之于古典经济学家的著述，马克思在《资本论》中阐发原理时有的地方尝试借助数学公式和方程来进行，更在对《资本论》的后续修改中甚至提出过完全用数学方式重新表述第一卷的内容的设想。我们知道，20世纪以降，在经济学研究中数学已经不仅仅是一种外在的手段或工具，而是与所要探究的经济现象内在地联系在一起，应该说，马克思是使用这种方式的先驱之一。

4. 表述

1859年正式发表的《政治经济学批判》第一分册是马克思按照"六册计划"的结构写作的，权当其政治经济学著述的"导论"部分，但是以后的计划没有顺利进行下去。经过1861—1863年对古典经济学的重新梳理和思考，他重新谋划了《资本论》的结构，1863—1865年按照"资本的生产过程""资本的流通过程"和"总过程的各种形式"起草了《资本论》理论部分的初稿，然后从中整理出《资本论》第一卷。但这时，他并没有改变第一分册的观点，为了前后内容上的"联贯和完整"，他在第一卷第一章的开头重新对第一分册的内容做了概述，也变换了具体的表述方式：第一分册中简略提到的论点，在第一卷中他作了进一步详尽的阐发和论证；而第一分册已经详细阐述的论点，在第一卷中他只是简略提及。鉴于理论史部分要单独成卷，所以讨论价值和货币理论后的历史叙述就全部删去了。

---

① 恩格斯：《〈资本论〉第一卷英文版序言》，《马克思恩格斯文集》(第五卷)，人民出版社，2009年，第33页。

5. 修订

"文章不厌百回改。"《资本论》的修改是马克思从第一卷出版到他去世最重要的工作之一,之后恩格斯又将其接续下来,直至推出最可靠、完善的版本。《资本论》第一卷德文第一版出版后,马克思就不让重印这一版本了,而是立即开始了修改工作。1872 年 7 月,马克思推出了该卷的德文第二版第一分册,并于次年 5 月在出版商的催促下以一卷本的形式完整推出该版本。此前他还与《资本论》的第一个外文译本——俄文版的数个翻译者之间进行了多年通信和交流,应约补写了大量注释和重写了部分章节,并发表了很多重要意见。马克思更是花比较大的精力加工、改写并参与翻译了法文版,使其于 1872—1875 年间以 9 辑 44 个分册的形式陆续推出。需要强调的是,马克思的这些修改不仅在字词、段落上有非常多的改动,更涉及该卷布局谋篇的调整(如恩格斯、库格曼等在审阅德文第一版校样后提出的章节、标题划分和"外部结构"等问题)、表述方式的重新处理(如阐发"价值形式"部分的过分"黑格尔化"特征)和新的内容的补充,更有对"资本的生产过程"所涉及的其他方面的反复探究和对既有论断的审慎态度。用马克思评论法文版的话说,这些不同的版本都具有"独立的科学价值"。

6. 翻译

翻译是重要著述及其思想传播的重要途径。还在写作德文初稿时,马克思就开始考虑用多种外文进行翻译的问题了。《资本论》第一卷出版后,由于篇幅巨大、思想复杂,对译者提出了严苛的要求和极大的挑战,马克思不仅关注进展,更与译者进行广泛而深入的交流,花费了很多心思,付出了艰巨的劳动。可以说,在不同语种之间如何实现思想的准确转换也成为《资本论》

叙述方法的重要组成部分。

7. 辩驳

作品的命运总是曲折而多变,作者的苦心及其复杂的思想、严密的论证不可能获得相应的理解和回应,相反,"被攻击或辩护,被解释或歪曲"的情形却经常会发生,《资本论》也不例外。每当出现这种状况,马克思、恩格斯在进行深刻的自我反思和认真修正的同时,对于误读、曲解特别是恶意的歪曲毅然据理力争,展开翔实的辨析、说明和反击,这方面的工作也构成《资本论》叙述方法的一个环节。

8. 理解

马克思当然希望耗费了自己大半生心血的代表性著述《资本论》在"广大范围内迅速得到理解",认为这才是"对我的劳动的最好的报酬"。①然而这是一部典型的"德国式"作品,如果没有相应的知识储备、思维能力和价值立场,那么理解起来将非常困难。为此一方面如前所述,马克思不断地进行解释、补充和说明,尽可能照顾读者的现实状况、思维特点和阅读习惯,做出变通和修订,另一方面他也希望读者通过阅读这部著作,不仅理解其意旨、逻辑和内容,更能提升和改变理论思维的水准、透视社会历史的方法和改变世界的能力。比如法文版《资本论》是分册出版的,对法国人性格非常了解的马克思知道,他们"总是急于追求结论,渴望知道一般原则同他们直接关心的问题的联系",因此他很担心,法国读者阅读《资本论》时"会因为一开始就不能继续读下去而气馁",但这是没有办法的事,就看读者是否具有"追求真

---

① 马克思:《〈资本论〉第一卷第二版跋》,《马克思恩格斯文集》(第五卷),人民出版社,2009 年,第 15 页。

理"的意愿和勇气,而"追求真理"不是一件轻松和容易的事,"在科学上没有平坦的大道,只有不畏劳苦沿着陡峭山路攀登的人,才有希望达到光辉的顶点"。①

必须指出,版本学的爬梳、考证和甄别工作绝不是单纯的罗列和铺陈文献,而是为了在此基础上通过内容解读更客观地把握和理解马克思复杂的思想世界及其具体演变,更使《资本论》发表百余年来发生的那些众多的争议据此获得进一步的廓清。诸如:(1)马克思是怎样由"副本"批判转向"原本"批判的? 这对他一生的思想探索意味着什么? (2)《巴黎笔记》与《巴黎手稿》,《巴黎手稿》与《穆勒评注》究竟是什么关系? (3)如何看待"异化劳动"在马克思思想发展中的地位? (4)《伦敦笔记》对于马克思经济学建构的意义何在?(5)是什么促成了《资本论》结构的不断变化? 最后马克思放弃了"六册计划"的构想吗?(6)《1857—1858 年经济学手稿》与《资本论》的关系?它是不是"《资本论》的初稿"? (7)《1861—1863 年经济学手稿》的意义何在? 马克思是凭借什么超越古典经济学的? (8)《资本论》第一卷德文第一版、第二版、法文版、德文第三版、英文版和德文第四版各个版本在内容上有何差别? 如何估价这些差别? (9)《资本论》第二、三卷马克思手稿、恩格斯修改过程稿和恩格斯出版稿之间的差别说明了什么? 对 5000 多处不同做怎样的界定? 如何估价恩格斯在《资本论》理论建构中的地位? (10)马克思为什么没有完成《资本论》的整理工作? 他的晚年笔记与《资本论》究竟是什么关系? 等等。

强调版本梳理是必要的, 但仅止步于此又是不够的, 因为对文本的解释、分析和判断非有总体性思考和哲学视角的透视不行。比如, 由于《资本论》第二、三卷恩格斯整理稿与马克思原始稿之间的差异,引发了《资本论》

---

① 马克思:《〈资本论〉第一卷法文版序言》,《马克思恩格斯文集》(第五卷),人民出版社,2009年,第 24 页。

研究中关于"马克思－恩格斯思想关系"的讨论。但在过去它并未成为一个突出的问题,原因是长期以来我们基本上认为这是不需要多加讨论的,作为马克思主义经典作家,马克思、恩格斯是联为一体、完全一致的,他们的著述、思想和观点可以不分彼此或者相互替代。现在看来,这种观点和方式值得反省。长期以来我们的马克思主义专业研究成果之所以相当有限,与这种大而化之、不求甚解、缺少细节考证和个案支撑的方式绝对有关。特别是对于专业研究者来说,必须改变那种只根据教科书的体系、只从原理和教条出发、单凭纯粹的信仰和热情来领会和掌握经典作家及其思想的"反专业""非专业"途径和方式。

而随着文本研究的深入,这一问题的理解才会更加全面、客观。但是也要防止走向另一个极端,即由于过分纠缠于细节、个案的讨论而出现"只见树木,不见森林"的情形,根据实证材料做出的结论好像很"客观",但不同的实证材料引申出的观点彼此间却差别很大甚至正好相反。就同样的材料而言,也可能导致以偏概全的倾向。为什么相同的文献会导致完全不同的解释呢?这就牵涉到实证方式的局限性了。对"马克思－恩格斯思想关系"的判定既需要考证和梳理文献、文本,更需要从宏观和整体上进行把握和理解。研究这一问题的方法应该是,注重实证,但又不"唯实证论"。单个看来,"对立论"与"一致论"者都持有真实而可靠的文献依据,推论上也大都符合逻辑,然而综合地看,这些不同的文献是需要对比、鉴别的,是需要从总体上判定其是否具有代表性、典型性和本质性的。论者不能预设前提,不能按照一种既有的观点、从自己特有的角度,只关注、选择那些与其有关的、有利于说明、证实和论证这些观点的文献,进而做出超越实际情况的论断。

最后,我还想指出,奠基于版本考证基础之上的《资本论》研究并没有回避现实性问题,而是把历史原貌的追寻、思想史的考辨与对现实的观照、省思联系起来。虽然我们的研究对象是马克思在 19 世纪写作的文本,特别是在具体研究中为了尽可能客观地再现马克思思想的原初状况和整体面貌,我们力戒从当代(目前)发生的那些具体问题甚至事件出发,去马克思的文本中寻找解释、说明和答案。因此,在版本考证中的确没有触及这些当代的问题和事件。但马克思的文本本身不是抽象的空论,甚至也不完全是他本人生命历程和人生体味的记录,而是他对自己所属的那个时代重大的社会问题、实践问题和理论问题的反映和剖析,更是他对人类社会发展规律的思考和探究。尽管时序已经过去一个半多世纪,世界确实发生了巨大的变迁,但如果从资本所开辟的"世界历史"的运演看,除社会结构要素增多、社会现象空前复杂等程度和层次差异以外,《资本论》写作的时代与当今全球化境遇尚有诸多本质上的相似性、同构性。因此,马克思当年的言说至少仍能诠释当代的部分现实,马克思的文本及其思想不是已走进博物馆的陈列物,不只是记录一段思想史的文献,尽管解决纷繁复杂的时代课题未必会从那里找到现成的答案,但迄今它仍然指导并且参与着对当代现实的"塑造",发挥着不可忽视的影响。寻找当代社会与马克思当年思考的内在关联,将会理性而客观地使马克思主义的当代价值"呈现"出来。

三、究竟什么是《资本论》的"叙述方法"?

——基于创作史、传播史的考察

在《资本论》第一卷第二版《跋》中,马克思强调了"叙述方法"和"研究方法"之间既具有内在关联,又在途径和形式上彼此不同。但对于作为"从抽象到具体"的"叙述方法"如何体现、具体关涉哪些方面,他并没有做出非常明确和系统的阐释。本章基于对《资本论》复杂的创作史、传播史的考察,尝试从结构、术语、引证、表述、修订、翻译、辩驳、理解八个方面作出归纳和概述。由于马克思对现代社会卓绝的批判,其思想具有不可超越的当代价值,《资本论》因其"叙述方法"的科学性也毫无愧色地成为永恒的经典。

在马克思漫长的政治经济学研究和《资本论》及其手稿的撰写中,他在后一方面所花费的时间和精力一点也不比前者少,他极其周全地考量了理论建构中的各种问题和细节,逐步形成和完善了关于资本的"叙述方法"。

那么作为"从抽象到具体"的"叙述方法"在《资本论》中该如何体现？具体关涉哪些方面？马克思对此并没有做出非常明确和系统的阐释,而是蕴含在《资本论》极为丰富的创作实践中,可惜的是,学界过去对这方面的清理是很不系统和细致的。为此,本文基于对《资本论》复杂的创作史、传播史的考察,尝试做出八个方面的归纳和概述。①

（一）结构（Konstruktion）

按照马克思的理解,在研究工作完成之后展开"叙述"时首先应该考虑的是,为了统摄所涉及的各个问题及其所表征的现实状况,使"材料的生命""在观念上反映出来",必须先呈现"一个先验的结构",即理论框架和体系。这是理论著述的特殊要求,与历史发展和人们的研究过程和顺序恰好是相反的。

就《资本论》来说,它所要研究的资本主义生产方式和关系并非显性地摆在研究者面前的实体性存在,而是一个非常复杂而又不断变化的结构。如何准确、全面而深刻地理解、揭示这一结构及其变动过程,马克思从 1844 年开始直至《资本论》第一卷定稿一直在进行探索,提出的构思先后经历了"两卷本著作"（《政治和国民经济学批判》,1844）—"三本书内容"（批判资产阶级政治经济学理论;批判空想社会主义;论述政治经济学史,1851）—"五个

---

① 这八个方面的称谓均来自《资本论》中的概念或用语。

分篇"（"一般的抽象的规定"；"资产阶级社会内部结构"和"成为基本阶级的依据的范畴"；"资产阶级社会在国家形式上的概括"；"生产的国际关系"；"世界市场和危机"①，1857—1858）—"六册计划"（资本；土地所有制；雇佣劳动；国家、对外贸易、世界市场，1859）—"九项内容"（论述包括商品和货币在内的导言；货币转化为资本；绝对剩余价值；相对剩余价值、绝对剩余价值和相对剩余价值的结合；剩余价值再转化为资本；生产过程的结果；剩余价值理论；关于生产劳动和非生产劳动的理论，1861—1863）—"两大部分"（"理论部分"；"理论史部分"或"历史批判部分"，1863—1865）—"三卷四册架构"（生产过程；流通过程和总过程的各种形式；理论史，1867）的嬗变。这种结构的曲折变迁和调整，不是主观随意所为，而是与所探究的对象和问题之间逻辑关系的展开是否顺遂、并对其进行宏观和总体上的统摄是否有效紧密相关，因为总框架上的设计是否合理是著述成功与否最关键的因素。诚如马克思所指出的，像《资本论》这样的著作"细节上的缺点是难免的。但是结构，即整个的内部联系是德国科学的辉煌成就"②。

（二）术语（Terminologie）

结构之外的核心范畴，也就是"术语"对于理论建构来说是很重要的。因为"一门科学提出的每一种新见解都包含这门科学的术语的革命"③。恩格斯

---

① 参见马克思：《1857—1858 年经济学手稿》，《马克思恩格斯文集》（第八卷），人民出版社，2009 年，第 32~33 页。

② 马克思：《马克思致恩格斯（1866 年 2 月 20 日）》，《马克思恩格斯文集》（第十卷），人民出版社，2009 年，第 236 页。

③ 恩格斯：《〈资本论〉英文版序言》，《马克思恩格斯文集》（第五卷），人民出版社，2009 年，第 32 页。

于 1873—1883 年间陆续写作了后来被统称为《自然辩证法》的一系列论文和札记,试图把辩证法引入对自然界的探究进而建立辩证的自然观。1886 年恩格斯在为《资本论》英文版作序时谈到"术语革命"的意义,他以化学为例,说这一领域"全部术语大约每 20 年就彻底变换一次,几乎很难找到一种有机化合物不是先后拥有一系列不同的名称的";还指出,"某些术语的应用,不仅同它们在日常生活中的含义不同,而且和它们在普通政治经济学中的含义也不同",以此来观照以往的政治经济学研究,就会发现它只是"满足于照搬工商业生活上的术语并运用这些术语,完全看不到这样做会使自己局限于这些术语所表达的观念的狭小范围"。①

马克思的《资本论》虽然与古典经济学讨论了相同的议题,但对于术语内涵的重释、拓展和创新却是非常明显的。比如,对于利润和地租,古典政治经济学只是囿于通常的理解,将其作为资本家和土地所有者的收入形式,并不知道它们与工人、与劳动者之间的关系,而马克思将这些概念置于资本主义生产整体中进行研究,对其"起源和性质"、对制约价值形成和分配的规律等都有极为"清楚的理解",从而对其内涵做出了新的界说,即它们"都不过是工人必须向自己雇主提供的产品中"的"无酬部分","马克思称它为剩余产品"。同样,在古典经济学那里,除了农业和手工业以外的一切产业都被包括在"制造业"(manufacture)这个术语中,这是以手工分工为基础的工场手工业时期的状况,而在以使用机器为基础的现代工业时期,资本主义生产方式的运用已经使用传统的制造业解释产业结构的思路大大失效,为此马克思用"产业资本"等术语来探究现代产业的变化。马克思的《资本论》之所以会超越古典经济学、实现"术语革命",更在于思维方式的变化,诚如恩格斯所

---

① 恩格斯:《〈资本论〉英文版序言》,《马克思恩格斯文集》(第五卷),人民出版社,2009 年,第33 页。

言："把现代资本主义生产只看做是人类经济史上一个暂时阶段的理论所使用的术语,和把这种生产形式看做是永恒的、最终的阶段的那些作者所惯用的术语,必然是不同的。"①

(三)引证(Anführung)

"历史性"是辩证法的重要特征,体现在叙述中特别重视历史事实、历史进程、历史解释和历史评价等,"这种工作在……科学上是很必要的"②。《资本论》中的引证方法不大为人们所了解和关注,而马克思创作时在这一方面也是非常讲究的。《资本论》在纯原理的阐释的同时,既有理论史的梳理,又有现实材料的甄别和官方档案的征引,他还特别注重统计数据。就是说,一方面政治经济学研究当然要有形而上学基础,需要关注影响经济运行的社会环境包括政治因素,另一方面更需要注意经济本身的规律和科学性。较之于古典经济学家的著述,马克思在《资本论》中阐发原理时有的地方尝试借助数学公式和方程来进行,更在对《资本论》的后续修改中甚至提出过完全用数学方式重新表述第一卷的设想。我们知道,20世纪以降,在经济学研究中数学已经不仅仅是一种外在的手段或工具,而是与所要探究的经济现象内在地联系在一起的整体,应该说,马克思是这种方式的先驱之一。

此外,按照恩格斯在《资本论》第一卷英文版《序言》中的概述,马克思的引证还可以分为两种情况:一是在单纯叙述和描写事实的地方,即便是"作

---

① 恩格斯:《〈资本论〉英文版序言》,《马克思恩格斯文集》(第五卷),人民出版社,2009年,第32页。

② 恩格斯:《〈资本论〉英文版序言》,《马克思恩格斯文集》(第五卷),人民出版社,2009年,第30页。

为简单的例证"，马克思的引文也以权威性的资料为准，比如他多次引用前文提及的英国官方文献。二是引证经济学著述和观点的时候，从时间和首倡者两方面来确定其重要的历史成就。具体说，这种情况指的是，除了现实性材料，《资本论》中引证其他经济学家理论观点的地方很多。从这些引证中可以看出马克思的选择、判断和评论，借此他确定"一种在发展过程中产生的经济思想，是什么地方、什么时候、什么人第一次明确地提出的"、著述中所提到的经济学观点在思想史上具有怎样的意义、在多大程度上能"恰当地从理论上表现当时的经济状况"。只要经济学家的著述及其论点具有这些价值，马克思就加以引证，而不管这种论点是否为马克思所承认，或者是否具有普遍意义。因此，我们看到，在《资本论》中，马克思引证和评论英、法等国经济学家的著述及其观点非常多，"只是在极例外的场合才引证德国经济学家的言论"，原因在于，在他和恩格斯看来，德国历史学派经济学家们"一直只是以怀有偏见、不学无术、追名逐利而著称"，其学说在经济学发展史上不是什么首创、也鲜有独特的价值。如果说，在通常的意义上，引文是用作证实文中提出的论断的文献上的证据，那么在《资本论》中，"这些引证是从科学史上摘引下来并作为注解以充实正文的"①。

(四)表述(Erzählung)

1859 年正式发表的《政治经济学批判》第一分册是马克思按照"六册计划"的结构写作的，权当其政治经济学著述的"导论"部分，但是以后的计划没有顺利进行下去。经过 1861—1863 年对古典经济学的重新梳理和思考，

---

① 恩格斯：《〈资本论〉英文版序言》，《马克思恩格斯文集》(第五卷)，人民出版社，2009年，第33页。

他重新谋划了《资本论》的结构,1863—1865 年按照"资本的生产过程""资本的流通过程"和"总过程的各种形式"起草了《资本论》理论部分的初稿,然后从中整理出《资本论》第一卷。但这时,他并没有改变第一分册的观点,为了前后内容上的"联贯和完整",他在第一卷第一章的开头重新对第一分册的内容做了概述,也变换了具体的表述方式:第一分册中简略提到的论点,在第一卷中他作了进一步详尽的阐发和论证;而第一分册已经详细阐述的论点,在第一卷中他只是简略提及。鉴于理论史部分要单独成卷,所以讨论价值和货币理论后的历史叙述就全部删去了。

马克思感叹道:"万事开头难,每门科学都是如此。"他的政治经济学研究和《资本论》写作持续四十余年,"从哪个议题开始讨论呢?"他为此很是踌躇。我们知道,在起始阶段的"巴黎手稿"中,他是从"收入形式"(工资、资本的利润和地租)入手的,以后历经多次转换,到《资本论》第一卷置换成从社会上大量堆积、表现为财富的"元素形式"的"商品"开始分析。因为商品既是生活中到处存在、随处可见的存在物,在其身上又熔铸了资本主义生产方式的典型矛盾和全部秘密,就是说,商品既是具体的,又是抽象的,因而是为人们所"最难理解的"。为了缓解这种理解上的难度,马克思在展开对复杂的资本逻辑的叙述和推演时,"尽可能地做到通俗易懂"。但尽管如此,在对价值实体和价值量的分析中,他还是遭逢了表达上的"困境"。因为"价值"形式本身是既无具体内容也极其简单的,两千多年来人类智慧在这方面虽然用力甚多且持续不断,但并未得到人所公认的成果,而在对从"物—物""物—物—物"交换到贵金属充当中介物再到纸币的强制施行,以及现代"信贷业"的出现这些具有更复杂的内容和形式的分析中,经济学的研究却接近于取得成功。为什么会这样呢?因为"分析经济形式,既不能用显微镜,也不能用化学试剂。二者都必须用抽象力来代替",而对资产阶级社会来说,劳动产品的商品形式,或者商品的价值形式,就是经济的细胞形式。"在浅薄的人看来,分析这种形式好像是斤斤于一些琐事。这的确是琐事,但这是显微解剖学所要做的那种琐事。"①所以表述资本主义生产的运行过程、分析价值形式和价值规律的机制,就必须从讨论"商品"开始。

(五)修订(Ändern)

"文章不厌百回改。"《资本论》的修改是马克思从第一卷出版到他去世最重要的工作之一,之后恩格斯又将其接续下来,直至推出最可靠、完善的版本。②

第一卷第一版出版后,马克思马上展开了修订工作。由于长期浸润于高深的哲学华章和浩瀚的经济学文献中,他自认为属于常识性的东西或比较顺畅的逻辑对一般读者来说是较难理解和接受的。在第一版写作时他并没有过多地考虑他们的知识结构和理论水准,而是按照自己论述的逻辑布局谋篇的,这样大部头的著述只设计了 6 章,而第二、三、四章有"节"而无"目",特别是第四章,总共 204 页,只分了 4 节——平均 50 页一节。如果没有足够的耐心和毅力,特别是对此议题不熟悉或者不感兴趣的读者是很难阅读下去的。在恩格斯和 L.库格曼(Ludwig Kugelmann)的提醒下,马克思在第二版中首先解决的就是这个问题。内容划分由原来的"章—节—目"改为"篇—章—节—目"结构,将 6 章内容细化为 7 篇 25 章,这样无疑有助于读

---

① 马克思:《〈资本论〉第一版序言》,《马克思恩格斯文集》(第五卷),人民出版社,2009 年,第8页。

② 这里简要梳理《资本论》第一卷几个重要版本的修订情况,至于对恩格斯整理第二、三卷手稿的分析请见聂锦芳:《恩格斯的资本批判及其当代价值》,《哲学研究》,2020 年第 12 期。

者通过目录把握全书的议题和逻辑。此外,第二版增加了很多新的注释和界说,也是便于读者理解正文所涉及的各个细节及背景。

除此而外,表述方面的修改也耗费了马克思很多精力。作为开篇的第一章是极为关键的,在第一版中该章第一节只是语焉不详地提到价值实体与价值量之间的联系,没有展开分析,所以在第二版中,马克思重新进行了详细的阐发,"更加科学而严密地从表现每个交换价值的等式的分析中引出了价值"①,特别突出了价值量是由社会必要劳动时间决定的论断。该章第三节关于价值形式的论述更是全部改写了,这也是他接受库格曼的建议而做的,因为大多数读者对此一无所知。所以要让他们比较准确地理解马克思关于价值形式与价值本质之间深刻关联的意图和见解,就需要一个"更带讲义性的补充说明",将价值形式的流变和现实表现通俗地梳理和解释一下。这样《资本论》这部探究资本逻辑的理论著述就要求作者在阐释观点时必须采取"双重叙述"的方式——将自己独特的创新性观点与这个领域内一般理论知识及其变迁融合起来加以呈现。鉴于第一章最后一节《商品的拜物教性质及其秘密》内容上的重要性,第二版在第一版的基础上大部分都做了修改。第三章第一节讨论的是"价值尺度",在第一版中考虑到 1859 年出版《政治经济学批判》第一分册对此已有说明,所以写得比较粗糙和简略,现在《资本论》已经是独立的著作了,当它出版后人们已经不大可能再阅读第一分册了,所以第二版对这节内容做了仔细的订正。至于具体文字,特别是修辞上的修改在第二版中各处都有。

与德文第二版的修改工作相交叉,马克思还校阅了在巴黎出版的法译本。在修订译文的同时,马克思又发现德文原文存在有的地方表达不够准

---

① 马克思:《〈资本论〉第二版跋》,《马克思恩格斯文集》(第五卷),人民出版社,2009 年,第 14 页。

确、遣词造句欠佳、容易导致误解等情况,因此再次感到有必要"更彻底地修改""更好地修辞或更仔细地消除一些偶然的疏忽"。①所以,第二版出版后,马克思并没有停止修改工作。他手头有一个这个版本的"自用本",他不时翻阅,也就在上面写下了不少改动的标注,②他甚至感到已经在第一版基础上做过修订的原文大部分要再改写一下,"有些论述要简化,另一些要加以完善,一些补充的历史材料或统计材料要加进去,一些批判性评注要增加,等等"。这些设想在稍后出版的法文版中部分地得到落实,所以他才说:"不管这个法文版本有怎样的文字上的缺点,它仍然在原本之外有独立的科学价值,甚至对懂德语的读者也有参考价值。"③

之后,马克思参照法文版继续修改德文,"用他自己精练的德语代替流畅的法语"。特别是由于第一卷引用了很多英文资料和文献,马克思原来的叙述中夹杂着很多英文语气。他感到这是一个问题,所以在世时亲自校订了一些章节,并多次口头提醒恩格斯以后修改时要注意这方面的情况。

马克思去世后,恩格斯在其遗物中发现了他的"自用本",根据其中的标注开始了第三版的修改和增补。恩格斯注意到,"资本的积累过程"部分之前各篇马克思都作过比较彻底的修改,只有这一篇原文却更接近于单纯的初稿,虽然生动活泼,显得一气呵成,但文体上很不讲究,表述上有不明确的地方,逻辑展开的过程也有不足之处,个别重要论点只是提了一下,缺乏进一步的解释和论证,当然还有英文语气问题。恩格斯认真研读了马克思"自用本"中的校订,确立了"一个标准"来解决这些问题,使他能够尽量与马克思

---

① 马克思:《〈资本论〉第二版跋》,《马克思恩格斯文集》(第五卷),人民出版社,2009年,第14页。

② Cf. *Marx–Engels Gesamtausgabe* II /8, Dietz Verlag, Berlin 1989, S.854–945.

③ 马克思:《〈资本论〉法文版序言和跋》,《马克思恩格斯文集》(第五卷),人民出版社,2009年,第27页。

已经修改了的地方协调一致。

不过,恩格斯毕竟不是作者,而只是一个编者(der Herausgeber),所以在第三版处理时他还是非常谨慎的。按照他的自况,"凡是我不能确定作者自己是否会修改的地方,我一个字也没有改"①。也就是说,他只是严格按照马克思的原始意图、其在世时提出的有待以后处理但最终没有来得及落实的具体意见进行修改,而不是为了使得《资本论》的新版本能跟得上时代的步伐,至少在形式上与学术"前沿"保持同调,所以他并没有把当时流行的概念比如德国经济学家惯用的行话搬到《资本论》新版本中来。

比如,在作为《资本论》初稿的"1863—1865年手稿"中,马克思曾经写道:"在今天的德语中,也是把资本家即用来雇用劳动的那种物的人格化,称为劳动给予者[Arbeitsgeber],而把提供劳动的实际工人称为劳动受取者[Arbeitsnehmer]。"②但后来在《资本论》第一卷中,马克思不再使用这对概念。多年后,特别是1870—1882年间,这些术语又被一大批德国经济学家所使用,甚至还出现在《1870年6月波恩工人问题大会记录》中。

按照当时经济学的解释,资本家是通过支付现金而让别人为自己劳动的,所以应该叫作劳动给予者(donneur de travail),而工人为了工资则让别人取走了自己的劳动,所以是劳动受取者(receveur de travail)。如果从表面上看,既然流行的概念是马克思当年曾经使用过的,现在利用再版机会重新恢复也说得过去,但恩格斯敏锐地看出,法文中travail(劳动)一词在日常生活中也有"职业"的意思,因此如果把资本家叫作donneur de travail[劳动给予

---

① 恩格斯:《〈资本论〉第三版序言》,《马克思恩格斯文集》(第五卷),人民出版社,2009年,第29页。

② 马克思:《1863—1865年经济学手稿》,《马克思恩格斯文集》(第八卷),人民出版社,2009年,第488页注释。

者],把工人叫作 receveur de travail[劳动受取者],就会让读者感到二者只是从事的职业不同,而没有本质性的差别。假如以此来修改《资本论》中关于资本家和雇佣工人的表述,不仅在法国人那里会被看作"疯子的行为",更是对马克思《资本论》思想的曲解。因为在"劳动"的意义上将资本家和工人联系起来讨论,认为二者只是"劳动"的不同层面、发挥着不可替代的作用,就会从本质上掩盖"劳动"是劳动者独有的能力和活动,但其成果却被资本家所占有的秘密。因此,恩格斯没有为了赶时髦而在第三版中对此做出任何改动。

早在马克思还在世的 1876 年左右,美国就有人打算出版《资本论》第一卷的英译本,虽然由于没有合适的译者而最终作罢,但马克思事先写了详尽的翻译建议和修改意见,①寄给住在新泽西州霍博肯的老朋友 F.A. 左尔格(Friedrich Adolph Sorge),特别提醒如果要进行英文翻译有一些地方应该按照法文版进行补充。1883 年他去世时遗留下的笔记②对未来的德文版的修订也做出新的要求,要求把第二版中的一些地方改成 1873 年法文版中标出的文句。这些地方与上述马克思为英译本所写的书面意见所指出的部分大体相同。但是由于后者是在马克思对新版本所作最后要求的前几年写的,所以恩格斯不敢随便利用,只在极个别的情况下,主要是在有助于解决某些疑难问题时才加以利用。大多数有疑难问题的句子他都参考了法文本的表述。马克思遗留的笔记本中指出,在德文第一、二版中某些有意义的段落在法译过程中不得不舍弃了,在新德文版中他自己也打算舍弃,恩格斯照此意见做了处理。

---

① Cf. Karl Marx: *Verzeichnis der Veränderungen für eine amerikanische Ausgabe des ersten Bandes des "Kapitals"*, MEGA \II Band 8, Dietz Verlag Berlin, 1989, S. 25–36.

② Cf. Karl Marx: *Verzeichnis der Veränderungen für eine amerikanische Ausgabe des ersten Bandes des "Kapitals"*, MEGA \II Band 8, Dietz Verlag Berlin, S. 2–24.

第三版不可能使马克思的要求全部得以落实，于是恩格斯重新整理出第四版，主要是想尽可能把正文和注解都最后确定下来，提供一个最权威的版本。于是他又反复对照了法文版和根据马克思亲手写的笔记，把第三版编辑时遗漏了的法文版的一些地方补充到新德文版中，又按照法文版和英文版把一些很长的注解移入正文，还补加了一些说明性的注释，特别是对那些由于历史情况的改变人们已经很少知晓的事件原委和概念变迁在注释中做了解说，还有一些属于纯技术性的改动。恩格斯所有这些补加的注释都括在四角括号里，并且注出他的姓名的第一个字母 F 或"D.H."①。

（六）翻译（Übersetzung）

翻译是著述及其思想传播的重要途径。还在写作德文初稿时，马克思就开始考虑用多种外文进行翻译的问题了。《资本论》第一卷出版后，由于篇幅巨大、思想复杂，对译者提出了严苛的要求和极大的挑战，马克思不仅关注进展，更与译者进行广泛而深入的交流，除了上述对英文版翻译提出具体意见外，他还实际参与了俄文版、法文版的翻译，解答疑问、强调观点、补充材料、修正定稿，花费了很多心思，付出了艰辛的劳动。可以说，在不同语种之间如何实现思想的准确转换也成为《资本论》叙述方式的重要组成部分。

早在《资本论》第一卷于 1867 年在汉堡问世的第二年，就有俄国人打算将其翻译为俄文。由于多种原因，最初介入此事的米哈伊尔·亚历山大罗维奇·巴枯宁（Бакунин，Михаил Александрович）等先后放弃了，最后落到了格尔曼·亚历山大洛维奇·洛帕廷（Герман Александрович Лопатин）和尼古

---

① 德文 der Herausgeber（编者）缩略词的首个字母。

拉·弗拉策维奇·丹尼尔逊（Николай Францевич Даниелъсон）身上，他们与马克思有及时而良好的沟通，在马克思的指导下展开具体翻译工作，他们的意见对马克思也有启示作用。正是在洛帕廷的建议下，马克思计划对第一章进行全面的修改；鉴于阐释"领主"概念时思路比较散乱，马克思增加了 34 条注释；在讨论剩余价值的章节，为了防止引起读者的误解，马克思也同意译者加上比较详尽的注释加以说明。马克思还给丹尼尔逊寄去关于他的写作活动和政治活动的资料，让他在俄译本正式出版的序言中加以采用。

比较而言，马克思对法文版的翻译投入的精力更大。1862 年 12 月，《资本论》的初稿还在紧张的写作中，马克思就派燕妮·马克思去巴黎联系过出版事宜，他当时的想法是，只要德文版一出版，法文版即刻跟进。但以后事情的进展并不顺利，1869 年 10 月至 1870 年 4 月第一国际巴黎支部成员沙·凯雷曾翻译出约 400 页的译稿，马克思对此做了修改，但此事后因故不了了之。1872 年 2 月，马克思的女婿拉法格与 C-M.拉沙特尔（Claude-Maurice La Chatre）签订了合同，计划分 44 个分册出版，共 9 辑，每辑 5 册（最后一辑为 4 册），1875 年出齐。这也是马克思的想法，他认为定期分册出版《资本论》，使它"更容易到达工人阶级的手里……这种考虑是最为重要的"[1]。

最后找到的是费尔巴哈著作的法文译者 J.鲁瓦（Joseph Roy）。他于 1872 年初开始翻译，到 1873 年底完成。为了保证尽可能准确地传达原文的意思，他是逐字逐句进行的翻译，但导致的后果是整部著作译得过于死板，没有考虑到法国与德国读者之间思维方式、理论素养、理解能力和阅读取向等方面的差异。所以尽管马克思觉得"他非常认真地完成了自己的任务。但正由于他那样认真，我不得不对表述方法作些修改，使读者更容易理解"。马克思的

---

① 马克思:《〈资本论〉法文版序言和跋》,《马克思恩格斯文集》（第五卷），人民出版社，2009 年，第 24 页。

修改"不仅个别的句子,而且整页整页的译文都得重新改写"。①

与此同时,马克思还加进了原来德文版没有的不少新内容,把第二版7篇25章细化为8篇33章。更为重要的是,法文版的很多修改和新的表达成为准确理解马克思思想的重要依据。诸如,将"资本主义生产方式"改为"资本主义生产",有助于从"经济运行"的意义上理解《资本论》的研究对象;将"价值"替换和分解为"交换价值"和"使用价值",意在使这一抽象范畴的内涵具体化;将"价值的对象性"(Wertgegenständlichkeit)改为"现实性",使价值作为客观存在而非头脑里假定的特性展示出来;而关于资本积累对于工人命运的影响,德文版中只有3段②,到法文版扩大为21段,使阐释更为详尽③;关于资本在农村剥夺农民的土地,使农民变为无产者,原来德文版认为,在这一点上英国是最具代表性的典型形式,法文版则特别加了一句话:"但是,西欧的其他一切国家都正在经历着同样的运动……"④意指这样的情形并不包括东方(如俄国、印度和中国)。⑤

1883年马克思去世后,出版《资本论》英文版更为迫切。马克思和恩格斯共同的朋友、"可能比任何人都更熟悉这部著作"的S.穆尔(Samuel Moore)同意承担翻译工作,同时商定,由恩格斯对照原文校订译稿、提出修改意见。但是后来穆尔因业务繁忙,不能如大家所期待的那样很快完成任务,于是马克思的女婿E.艾威林(Edward Aveling)提出由他负责一部分翻译,由马克思的

① 马克思:《〈资本论〉法文版序言和跋》,《马克思恩格斯文集》(第五卷),人民出版社,2009年,第27页。

② 参见马克思:《资本论》德文第一版,《马克思恩格斯全集》(第42卷),人民出版社,2016年,第646~651页。

③ 马克思:《资本论》法文版,《马克思恩格斯全集》(第43卷),人民出版社,2016年,第674~680页。

④ 马克思:《资本论》法文版,《马克思恩格斯全集》(第43卷),人民出版社,2016年,第674~680页。第770~771页。

⑤ 参见张钟朴:《〈资本论〉第一卷法文版及其他版本》,《马克思主义与现实》,2016年第3期。

小女儿、艾威林夫人艾琳娜核对引文,"使占引文绝大多数的英文引文不再
是德文的转译,而是采用原来的英文原文"①。"译者只对各自的译文负责",
而恩格斯"对整个工作负全部责任"。②他发现有的引文页码弄错了,有的引
号和省略号放错了位置,还有些引文在翻译时用词不很恰当和不确切。更有
甚者,恩格斯还甄别出一些引文是根据马克思 1843—1845 年在巴黎时的旧
笔记本抄录的, 当时马克思还不懂英语,他读英国经济学家的著作是法译
本;那些经过两次转译的引文多少有些与原意不符, 如引自 J. 斯图亚特
(James Steuart)、A.尤尔(Andrew Ure)等人著作的话就是如此。所有这些地方
恩格斯都替换成英文原文,其他纰漏也一一改正了。"只有一段引文没有找
到出处,这就是 R.琼斯(Richard Jones)的一段话",他猜想是"马克思大概把
书名写错了"。当然,这些改正并没有使《资本论》的内容"有丝毫值得一提的
改变",相反,恩格斯发现,挚友的著作经得起反复检视,"所有其余的引文都
仍然具有充分的说服力,甚至以其现在的确切形式而更加具有说服力了"。③

(七)辩驳(Widerlegung)

作品的命运总是曲折而多变,作者的苦心及其复杂的思想、严密的论证
不可能获得相应的理解和回应,相反,"被攻击或辩护,被解释或歪曲"的情
形却经常会发生,《资本论》也不例外。每当出现这种状况,马克思、恩格斯在

---

① 恩格斯:《〈资本论〉第四版序言》,《马克思恩格斯文集》(第五卷), 人民出版社,2009 年,第
37 页。

② 恩格斯:《〈资本论〉英文版序言》,《马克思恩格斯文集》(第五卷), 人民出版社,2009 年,第
32 页。

③ 恩格斯:《〈资本论〉第四版序言》,《马克思恩格斯文集》(第五卷), 人民出版社,2009 年,第
37 页。

进行深刻的自我反思和认真的修正的同时,对于误读、曲解特别是恶意的歪曲毅然据理力争,展开详实的辨析、说明和反击,这方面的工作也构成《资本论》叙述方式的一个环节。

《政治经济学批判》第一分册于1859年出版后,除了在德国报纸上有零星书讯发布,学界专业人士都没有公开发表评论。《资本论》第一卷于1867年出版后,他们也想如法炮制,特别是那些表面博学其实是不学无术之徒再次"想用沉默置《资本论》于死地"。但是当资本主义局势的发展愈加恶劣,使得这部书的现实震撼力持续发酵的时候,这种策略就无法奏效了。于是,他们开始借对《资本论》的评论来为资产阶级缓解危机开些"药方",但是他们没有想到,这也引发了工人阶级报刊上大量刊发关于《资本论》的正面评价。诸如J.狄慈根(Joseph Dietzgen)就连续在《人民国家报》上发表了《评卡尔·马克思的〈资本论〉》《国民经济学问题》《社会民主的宗教》《致亨利希·冯·济贝耳的公开信》《资产阶级社会》等文章。这样,有关《资本论》评价的正反平衡被打破后,狄慈根等人一直没有再得到对手的答复。

除了阶级立场和思想观点的差异,马克思发现,"人们对《资本论》中应用的方法理解得很差"[①]。比如,《资本论》第一个外文版俄译本出版前一年(1871年),基辅大学教授尼古拉·伊万诺维奇·季别尔(Николай Иванович Зибер)在其所著的《李嘉图的价值和资本理论》一书中认为,马克思的"价值、货币和资本的理论就其要点来说是斯密–李嘉图学说的必然的发展"[②],这当然是一种卓见;然而仔细阅读他的《李嘉图的价值和资本理论》就会发现,他指称的只是二者之间"纯理论观点的始终一致",至于马克思思想在此基础上的推进,他并没有多少见识。

---

① 马克思:《〈资本论〉第二版跋》,《马克思恩格斯文集》(第五卷),人民出版社,2009年,第19页。
② 马克思:《〈资本论〉第二版跋》,《马克思恩格斯文集》(第五卷),人民出版社,2009年,第19页。

此外,有的德国经济学家从其玩世不恭、油嘴滑舌的态度和习惯出发,指责《资本论》的文字表达过于严肃和叙述方法比较死板。马克思很不以为然:"对于《资本论》文字上的缺点,我本人的评判比任何人都更为严厉。"①确实如此,我们前面梳理的不同语种、几个版本的反复修改足以证明。然而德国学者指责的这些方面,在另外一些评论者看来,要么是《资本论》的长处,要么效果与马克思的原始考量正好相反。比如,同马克思的观点完全敌对的英国《星期六评论》上有一篇关于德文第一版的短评,认为马克思的叙述方法"使最枯燥无味的经济问题具有一种独特的魅力"。与此相反,1872 年 4 月 20 日《圣彼得堡消息报》的一篇评论则认为,该书"除了少数太专门的部分以外,叙述的特点是通俗易懂,明确,尽管研究对象的科学水平很高却非常生动。在这方面,作者……和大多数德国学者大不相同,这些学者……用含糊不清、枯燥无味的语言写书,以致普通人看了脑袋都要裂开"。还比如,1868年巴黎出版的《实证哲学。评论》发表的实证主义哲学家孔德的信徒叶·瓦·德罗贝尔蒂关于《资本论》的短评,一方面责备马克思"形而上学地研究经济学",另一方面批评马克思"只限于批判地分析既成的事实,而没有为未来的食堂开出调味单"。②

不在少数的论者则对《资本论》的方法究竟是什么不明所以。季别尔在其著作中把马克思的方法等同于英国的演绎法,认为其优点和缺点都非常明显。而在 1872 年《经济学家杂志》上所刊发的 M.布洛克(Maurice Block)的《德国的社会主义理论家》一文则"发现",《资本论》运用的是"分析的方法,马克思先生通过这部著作而成为一个最出色的具有分析能力的思想

---

① 马克思:《〈资本论〉第二版跋》,《马克思恩格斯文集》(第五卷),人民出版社,2009 年,第 19 页注释。

② 马克思:《〈资本论〉第二版跋》,《马克思恩格斯文集》(第五卷),人民出版社,2009 年,第 19 页。

家"①。当时，黑格尔体系在德国已经声名狼藉，所以 J.孚赫（Jules［Julius］
Faucher）发表在《国民经济和文化史季刊》和欧·杜林发表在《现代知识补充
材料》上有关《资本论》的短评中均指责《资本论》中充满"黑格尔的诡辩"。相
形之下，在圣彼得堡出版的《欧洲通报》上伊·伊·考夫曼（И. И.Кауфман）所
写的《卡尔·马克思的政治经济学批判的观点》要"中庸"一些，他写道："如果
从外表的叙述形式来判断，那么最初看来，马克思是最大的唯心主义哲学
家，而且是德国的极坏的唯心主义哲学家。而实际上，在经济学的批判方面，
他是他的所有前辈都无法比拟的实在论者……决不能把他称为唯心主义
者。"他的结论是，马克思的研究方法是"严格的实在论的，而叙述方法不幸
是德国辩证法的"②。

马克思非常关注对《资本论》的这些评论，在第二版《跋》中不厌其烦地
做了罗列和引用，特别是对考夫曼的评论做了大段的征引，认为回应这些观
点不同的人"最好的办法"，是从中摘出几段话来相互对照，以便做出符合实
际、到位的判断。诚如他在引用考夫曼的评论后所言，既然他能用那么长的
篇幅较为"恰当"地描述其所理解的《资本论》的"实际方法"，并且抱着"好
感"地谈论马克思对这种方法的运用，怎么会不知道这正是"辩证方法"呢？
马克思还借助对杜林的评论指出，对于这个"极为傲慢无礼""俨然以政治经
济学中的革命者自居"的人来说，《资本论》足以将其以凯里的观点为出发点
的《国民经济学说批判基础》和旨在反对黑格尔辩证法的《自然辩证法》——
"埋葬"了；杜林的书不过是在进行欺骗，"一半是出自本意，一半是由于无

---

① Maurice Block：*Les théoriciens du socialisme en Allemagne*，Extrait du Journal des économistes，
Numéros de juillet et d' août 1872，1872.

② И. И. Кауфман：*Точка зрения политико—экономической критики у Карла Маркса*. Rezen-
sion zu：Капитал. Т. 1. Спб. 1872. In：Вестникъ Европы. С.—петербургъ，1872，Т. 3.

知"。据此,马克思再度重申:"我的阐述方法不是黑格尔的阐述方法,因为我是唯物主义者,而黑格尔是唯心主义者。黑格尔的辩证法是一切辩证法的基本形式,但是,只有在剥去它的神秘的形式之后才是这样,而这恰好就是我的方法的特点。"①

(八)理解(Verstehen)

马克思当然希望耗费了自己大半生心血的代表性著述《资本论》在"广大范围内迅速得到理解",认为这才是"对我的劳动的最好的报酬"。②然而这是一部典型的"德国式"的作品,如果没有相应的知识储备、思维能力和价值立场,那么理解起来将非常困难。为此,如前所述,马克思一方面不断地进行解释、补充和说明,尽可能照顾读者的现实状况、思维特点和阅读习惯,做出变通和修订,另一方面也希望读者通过阅读这部著作,不仅理解其意旨、逻辑和内容,更能提升和改变理论思维的水准、透视社会历史的方法和改变世界的能力。为此,他欣慰于"被认为是德国世袭财产的卓越的理论思维能力""在德国工人阶级中复活了"。③而在英国,通过《资本论》其理论不仅"对社会主义运动产生着巨大的影响",甚至"在'有教养者'队伍中的传播,不亚于在工人阶级队伍中的传播",这种情况导致的结果是,"彻底研究英国的经济状况成为国民的迫切需要"。④前文说过,法文版《资本论》是分册出版,马克思

---

① 马克思:《马克思致路德维希·库格曼(1868年3月6日)》,《马克思恩格斯文集》(第十卷),人民出版社,2009年,第280页。

② 马克思:《〈资本论〉第二版跋》,《马克思恩格斯文集》(第五卷),人民出版社,2009年,第15页。

③ 马克思:《〈资本论〉第二版跋》,《马克思恩格斯文集》(第五卷),人民出版社,2009年,第15页。

④ 恩格斯:《〈资本论〉英文版序言》,《马克思恩格斯文集》(第五卷),人民出版社,2009年,第34页。

在给出版商莫里斯·拉特沙尔的信中表示"很赞同","这本书这样出版,这是您的想法好的一面",但是"也有坏的一面",就是马克思所使用的哲学分析方法之前还没有人将其运用于经济问题的讨论,因此《资本论》这部"政治经济学"著述充满了"形而上学"意蕴,特别是前几章的叙述比较抽象,读起来相当困难。而对法国人性格非常了解的马克思知道,他们"总是急于追求结论,渴望知道一般原则同他们直接关心的问题的联系",因此他很担心,法国读者阅读《资本论》时"会因为一开始就不能继续读下去而气馁",显然"这是一种不利"。但是这是没有办法的事,就看读者是否具有"追求真理"的意愿和勇气,而"追求真理"不是一件轻松和容易的事,"在科学上没有平坦的大道,只有不畏劳苦沿着陡峭山路攀登的人,才有希望达到光辉的顶点"。①

至此,我们还需考辨一种说法,即在《资本论》的理解史上是谁将其定位为"工人阶级的《圣经》"的。

这句话也被表述为"共产主义的《圣经》",二者意思是相同的。第一次提出这一看法的是马克思的朋友、国际工人协会日内瓦第一支部创建人 J.P.贝克尔(Johann Philipp Becker)。《资本论》第一卷出版后,他在国际工人协会机关刊物《先驱》杂志 1868 年第 8 期上撰文指出:"现在我们终于开始刊登提到过的著作的摘要,鼓励有抱负的人物,特别是所有的工人联合会购买这部社会主义的圣经,这部新福音书全书。"之后,作为马克思学生的 F.梅林(Franz Mehring)在 1877 年出版的《关于德国社会民主党史历史探索》一书中也说:"大约在同一时间, 马克思在汉堡的迈斯纳出版社出版了他的巨著的

① 马克思:《〈资本论〉法文版序言和跋》,《马克思恩格斯文集》(第五卷),人民出版社,2009 年,第 24 页。

第一卷,也是迄今唯一的一卷:《资本论》,共产主义的圣经。"①此后,这种说法流行开来。据此,恩格斯在 1886 年 11 月写的第一卷英文版《序言》中才指出:"《资本论》在大陆上常常被称为'工人阶级的圣经'。"②1898 年在《德国社会民主党史》一书的第 2 卷中梅林再次明确了这句话——"约翰·菲力浦·贝克尔把《资本论》称为工人阶级的圣经"③的"首创权"。

贝克尔是马克思和恩格斯的朋友、国际工人协会的战友,他们在一起讨论过很多问题,分开之后互相之间进行过很多通信。有材料表明,他手头的《资本论》是马克思本人赠送的,为此他曾在一封信中说:"最近我收到了我们的朋友的书——对我来说这是圣物,对世界来说这是珍宝。"所以,可以推断,他关于《资本论》是"工人阶级的《圣经》"的说法马克思是知道的,自然也是认可的。

毋庸讳言,除上述对《资本论》的多种态度和评论外,极端贬低的论调在当时也出现过。比如,在《资本论》首版的扉页上标示着一句话:"翻译权归出版者所有"(Das Recht der Uebersetzung wird vorbehalten),德国政论家、小资产阶级民主主义者 K.海因岑(Karl Heinzen)看后曾说:"谁会想到去翻译这种毫无意义的东西!"显然,对于这种不是基于对内容的把握而是纯粹从义愤出发所做出的判断,根本就不能谈什么"理解"了。

最后,我们必须说,不仅就对资本社会分析的深刻性而言,《资本论》业已彪炳史册,而且就理论的原创性建构来说,它也进入了思想经典的序列。本文的梳理更表明,《资本论》不仅具备一般经典所具备的基本资质,更扩

① 转引自《马克思恩格斯文集》(第五卷),人民出版社,2009 年,第 900~901 页注释 47。

② 恩格斯:《〈资本论〉英文版序言》,《马克思恩格斯文集》(第五卷),人民出版社,2009 年,第 34 页。

③ 转引自《马克思恩格斯文集》(第五卷),人民出版社,2009 年,第 900 页注释 47。

展、充实和增添了新的内涵:作为"艺术整体"的结构、蕴涵独特的术语、权威而详细的引证、充分而恰当的表述、反复的省思和修改、广泛和深入的传播、经得起严苛的检视、赢得公正而到位的理解。毋庸讳言,关于马克思主义包括《资本论》的思想存在各种不同的评价,甚至极端负面的贬斥和否定也并不鲜见,这是由评论者各自不同的立场、思维和价值观等决定的。但如果有论者试图据此将马克思驱逐出思想家的行列、将《资本论》排斥于经典之外,那么肯定是徒劳的;马克思由于对现代社会的卓绝批判,其思想具有不可超越的当代价值,《资本论》因其"叙述方法"的科学性而毫无愧色地成为永恒的经典。

四、理论史对于理论而言意味着什么?

——从《剩余价值学说史》①的写作看马克思对史论关系的处理

检视马克思不同文本的创作历程可以发现,马克思一直是把对某一问题的思考、论证和阐发,与关于这一问题的学说史的梳理和评析紧密结合在一起的。如果这种研究和著述方式在他那个时代是普遍流行的,或者马克思只是偶尔为之,那是不值得特别关注的,然而通过与马克思同时代的思想家(包括恩格斯)的著述方式对照,可以知道,唯有马克思在理论与理论史的密切结合上最具自觉意识,而且是贯彻一致的。马克思为什么采取这样一种致思和写作方式?理论史对于理论而言有着怎样的意义?这涉及"历史阐释学"的根本问题。为此,本章结合《剩余价值学说史》之于《资本论》前三卷的意义进行了分析。

---

① 马克思并没有来得及整理关于剩余价值学说史的手稿,也就没有给这部书提供明确的名称,只是在给别人的信中称其为《资本论》的"历史部分""历史文献部分"或"理论史"部分,恩格斯则称其为《资本论》第四卷",考茨基最初将马克思手稿整理出来的时候将其命名为《剩余价值学说史》,苏共中央马克思列宁主义研究院重新编辑出版该书时则称为《剩余价值理论》。我认为,考茨基的名称是比较妥当的。

　　检视马克思那些具体的文本的创作历程，我们会发现一个相当普遍的现象，就是他善于把对某一观点的思考、论证和阐发与对这一观点学说史的梳理和评析紧密地结合起来。这种把理论与理论史紧密结合起来的研究和著述方式在马克思时代是普遍的吗？通过对马克思同时代的思想家的著述方式，甚至同样作为马克思主义创始人的恩格斯的著述方式的比较，我们看到，唯有马克思是最具自觉意识、贯穿一致的。那么，马克思为什么采取这样一种致思和写作方式？理论史对于理论而言有着怎样的意义？探究这些疑问无疑对于深层次地了解马克思的思考方式、把握其思想的深刻之处具有很重要的价值。对此我们不拟抽象地笼统言说，谨以作为《资本论》第四卷的《剩余价值学说史》之于前三卷的意义来进行分析。

（一）将理论史与理论紧密结合起来的典范

　　众所周知，在《资本论》四卷结构中，前三卷被称为"理论部分"，第四卷则被视为"理论部分"的"历史部分、历史批判部分或历史文献部分"。然而就写作的具体情况看，《剩余价值学说史》并不是单独写作的，而是与《资本论》的其他内容混同在篇幅巨大的、后来被称之为《1861—1863年手稿》中。从1861年8月到1863年7月写作的这部手稿保存在23个笔记本中，约200个印张，马克思给它们标上了通贯全稿的页码：1—1472页。这部手稿或多或少触及《资本论》前三卷的所有问题，但这些问题很多不是按照后来定稿的顺序先后写出的。马克思在写作过程中，理论阐释到什么地方，理论史的梳理也跟进到什么地方。比如，关于《资本的生产过程》，此前马克思设想包括(1)《货币转化为资本》、(2)《绝对剩余价值》和(3)《相对剩余价值》，后来他又决定增设(4)《绝对剩余价值和相对剩余价值的结合》。1862年3月，马克思在写作(3)《相对剩余价值》的(c)《机器。自然力和科学的运用》时,中断了(3)的写作,他把第Ⅴ个笔记本的第 211~219 页留下空白不写,开始在第Ⅵ笔记本上写剩余价值学说史,一直到第ⅩⅤ个笔记本专门进行这一工作,写作时间持续到 11 月。从保存下来的手稿看,这 10 个笔记本的封面上都写着标题(5)《剩余价值理论》内容目录①,分为(a)(b)(c)……(o)共 14 部分(其中缺 j),外加一个补充部分《收入及其源泉》。这样继(4)《绝对剩余价值和相对剩余价值的结合》之后,就是(5)《剩余价值学说史》。其中,(1)到(4)是《资本的生产过程》的理论部分,它们阐述剩余价值理论。(5)是《资本的生产过程》的理论史附论,它阐述剩余价值理论史。

需要指出的是,在马克思的原始考虑中,《剩余价值学说史》也不是单独成册的。1862 年末至 1863 年初马克思形成的《资本论》的结构原先只有三册,他当时把理论史部分分散安插在这三册之中。例如,1863 年 1 月提出的《资本的生产过程》九章结构计划中,第八章《剩余价值理论》和第九章《关于生产劳动和非生产劳动的理论》就是理论史附论。1863 年 1 月提出的《资本和利润》十二章结构计划中,第三章《亚当·斯密和李嘉图关于利润和生产价格的理论》,第五章《所谓李嘉图地租规律的历史》,第七章《利润理论》,第十一章《庸俗政治经济学》等,都是理论史附论。后来马克思还打算把《1861—1863 年手稿》中间 10 个笔记本的各个部分分别插入《资本的生产过程》和《资本和利润》等的相应地方。例如,把中间 10 个笔记本中的剩余价值理论史、地租理论史、利润理论史,分别附在《资本论》第一册和第三册的剩余价值理论、地租理论、利润理论之后。1863 年 5 月,在《1861—1863 年手稿》第ⅩⅩⅡ个笔记本里,马克思写了《历史方面:配第》,对配第关于价值、工资、地

---

① 马克思:《1861—1863 年经济学手稿》,《马克思恩格斯全集》(第 33 卷), 人民出版社,2004年,第 5~6 页。

租、土地价格、利息等方面的观点作了考察。

1863 年 7 月,马克思结束了《1861—1863 年手稿》的写作。从这时起,开始了《资本论》的编辑和继续写作的时期。理论问题的盘根错节,逻辑顺序的反复斟酌,思想叙述的集中性考虑和文稿篇幅的平衡问题,等等,使马克思后来逐步有了把理论史部分从《资本论》第一、二、三册中分离出来的想法。1866 年 10 月 31 日,他在致库格曼的信中写道:"全部著作分为以下几部分:第一册资本的生产过程。第二册资本的流通过程。第三册总过程的各种形式。第四册理论史。"①

对《剩余价值学说史》原始写作状况的这一简单梳理,使我们看到理论史对于马克思的理论创作来说,不是可有可无的点缀,而是理论难题廓清和解决的前提条件,也是叙述过程的必要环节。从这个意义上说,它后来被编辑为单独一卷,以至造成人们重视前三卷而鲜有研究者涉足这一部分,即使有为数不多的研究者,也总是将它与前三卷分开来解读和研究,在一定程度上割裂了它与前三卷的内在联系②,这使《剩余价值学说史》的意义无法得到彰显。

---

① 《马克思致路·库格曼信》(1866 年 10 月 13 日),《马克思恩格斯全集》(第 31 卷),人民出版社,1972 年,第 535~536 页。

② 诸如维·维戈茨基(В.С.Выгодский) 的《剩余价值理论在卡尔·马克思经济学遗产中的地位》(Место "теорий прибавочной стоимости" в экономическом наследии карла маркса, Издательство "Знание",1957)、图舒诺夫(Тушунов, А.В.)的《〈剩余价值理论〉及其在马克思的经济学说中的地位》(人民出版社,1982)、北京大学经济系《资本论》研究组编辑的《〈剩余价值理论〉释义》(山东人民出版社,1985)、张赞洞和李善明合著的《〈剩余价值理论〉概说》(四川人民出版社,1986、1996)都是如此。真正把《剩余价值学说史》还原为《资本论》三卷的有机组成部分原貌的是力图"按原始文稿刊出全部著作"、以供专家、学者研究之用的"历史考证版"(即 Marx–Engels Gesamtausgabe)。在其第二版第二部分中,《剩余价值学说史》不是作为单独著作,而是作为马克思《1861—1863 年手稿》的一部分收入第三卷,见 *Karl Marx\Frledrich Engels Gesamtausgabe*,Ⅲ\2-4.Dietz verlag,Berlin 1977–1979。

（二）理论史的梳理为理论建构廓清了思想前提

那么理论史的梳理对于理论建构来说为什么是必须的呢？

我们知道，剩余价值是伴随着资本主义生产而出现的，古典政治经济学家在不同的层次上、从不同角度对它的起源、表现、本质和变动的规律作了探究，马克思对此是不认同的，所以，《资本论》所完成的理论建构是对古典政治经济学的实质性超越。但它不是另起炉灶、重新开始，而是在古典政治经济学所开辟的问题域中各个突破，进而实现整体超越。这样说来，在理论所关涉的每个问题上辨析毫芒，甄别古典政治经济学家的原始意旨、他们对这些问题如何推进又怎蹈误区，就成为进行新的思想创建的前提；而以史的方式把对问题的不同理解连缀起来进行叙述和评论，又会勾勒出一幅古典政治经济学史连贯而完整的图景，把马克思所实现的理论创新置于这一思想史的进程和图景中，更能显示出其独有的价值和意义。

我们来看《剩余价值学说史》是如何清理理论问题的？

剩余价值现象早就存在，但探讨它的起源究竟该从哪里着手？这是马克思当时思考的一个焦点问题。他的研究把这一问题的研究视角从流通领域转向生产领域的重农学派开始。马克思先用不多的篇幅对作为这一学派先导的詹姆士·斯图亚特的学说进行了评述。由于斯图亚特区分了绝对利润和相对利润，确认来自让渡的利润并非财富的绝对增加，从而为从生产领域探讨价值增殖的源泉留下了余地。之后马克思着重研究了重农学派，指出其贡献在于把剩余价值起源问题从流通领域转向生产领域，从而把政治经济学的研究向前推进了一大步；其局限性在于这些经济学家的资产阶级倾向，以及他们对剩余价值起源仍持有二元论观点。打破重农主义的局限，确认一般劳动是商品价值的源泉,并试图以此为基础,分析资本主义社会各阶级收入的关系,探索资本主义制度下生产性劳动和非生产性劳动的界限,等等,这是英国产业革命前夕工场手工业时期的政治经济学家亚当·斯密的历史功绩。在斯密那里,政治经济学第一次形成一个大体完整的体系。马克思用了大量篇幅详尽地分析了斯密的观点,又评述了资产阶级经济学家围绕斯密的观点展开的激烈争论。最后马克思又回到了重农主义,专门评述了魁奈的《经济表》。马克思认为魁奈在社会资本再生产和流通问题的分析上胜过斯密,因此对他的《经济表》给予了很高的评价。

与对剩余价值起源的探讨相区别,作为其特殊表现的地租、利润以及与此密切相关的价值和生产价格问题该如何解释,是马克思关注的另一个重要问题,为此他详尽地评述了大卫·李嘉图的经济学说。在评述李嘉图以前,马克思先用很大篇幅研究了洛贝尔图斯的地租论。洛贝尔图斯于1851年提出绝对地租论,但他没有成功,因为他把价值和生产价格等同,把剩余价值同平均利润等同。接着,马克思扼要回顾了到李嘉图为止的级差地租理论发展史。他确认安德森是这一理论的首创者,同时指出马尔萨斯的人口论对安德森的观点的剽窃和歪曲、洛贝尔图斯对李嘉图地租论的误解。这一历史性回顾,为确定李嘉图在级差地租理论上的地位准备了条件。

为了正确理解李嘉图的地租论,马克思还详细地研究了他的价值论。马克思在肯定其价值论的伟大功绩在于始终一贯地坚持劳动决定价值原理的同时,又指出它的重大缺陷仍在于把价值和生产价格等同,把剩余价值和利润等同。在说明了上述一切以后,马克思用了三章篇幅评论李嘉图的地租论,然后转而考察他的剩余价值理论。马克思注意到,李嘉图并没有使用过剩余价值这一范畴,但当他撇开不变资本来研究利润时,实际上把利润看作只是可变资本的产物,即看作剩余价值。马克思指出,李嘉图将剩余价值归结为利润,而将地租(级差地租)视为利润的派生形式,这比起斯密把利润和地租并列起来已经是一大进步。但是他毕竟没有再撇开利润这一特殊形式,作出更高程度从而更深刻的概括,即提出剩余价值范畴。最后,马克思批判了李嘉图的积累理论。马克思指出,李嘉图(和斯密)在分析再生产时,忽视了不变资本的存在,这是他们在再生产和危机理论上的错误根源。这样,马克思就完成了对李嘉图理论体系的各个方面的全面而深入的分析批判。

由对李嘉图理论体系的批判进一步扩展为对古典政治经济学衰落原由和庸俗政治经济学形成过程的反省。马克思考察了 19 世纪上半期对待古典政治经济学(主要是对待李嘉图理论体系)的三种不同思潮:第一种是李嘉图学说的公开反对者和批判者,例如马尔萨斯和贝利;第二种是以李嘉图学说维护者姿态出现的经济学家,例如詹姆士·穆勒、昆西和麦克库洛赫;第三种是以李嘉图的劳动价值论为出发点来反对资本主义的李嘉图社会主义者。这三种倾向无一例外地都对李嘉图学说(以及一般古典政治经济学)的解体起了促进作用。马克思指出,这一学说体系解体的外部条件是社会阶级矛盾和斗争的尖锐化,以及论敌的攻击;而其内部条件则在于李嘉图(和斯密)学说体系有着致命的矛盾。

之后,马克思还具体分析了那些在一定程度上发展和终结了古典政治经济学的经济学家诸如拉姆赛、舍尔比利埃和理查·琼斯等人的思想。因为,在马克思看来,他们比前人更接近于理解资本和剩余价值的本质,理解不变资本和可变资本的区分以及资本有机构成的含义及作用,他们甚至于把资本主义生产方式理解为一种历史的过渡的形式。《剩余价值学说史》的末尾是一个篇幅很大的附录:"收入及其源泉。庸俗政治经济学。"马克思指出了庸俗政治经济学产生的阶级根源和认识根源,指明了它与古典经济学的本质区别,还附带批判了庸俗社会主义的观点。这个附录,实际上是对《剩余价值学说史》的一个扼要总结。

可以说,这种理论史的梳理为马克思的理论建构廓清了思想前提;研究整部手稿仿佛走进了马克思的思想实验室, 在这里可以看到马克思经济学的创立和锤炼过程。

(三)理论问题统摄理论史的方向、线索和逻辑

需要指出的是,马克思考察古典政治经济学的各派理论,并不是按严格的历史的(编年的)顺序梳理的,而是按照理论问题来选取思想史材料,进而作出分析的。马克思所作的考察, 无论是对学派演变还是对理论发展的梳理,事实上都是围绕着政治经济学核心问题——剩余价值问题进行的,也就是说,考察的是剩余价值学说史以及与此相关的学派发展史,而不是一般的经济学史。在这里,马克思感兴趣的是,某个经济学家在剩余价值问题的研究上作过哪些贡献,处于何种地位。因此,材料的安排和叙述,总是围绕对理论问题的具体解决方案来进行,按各个人的理论(或某人的某一方面理论)在学说史上的地位来安排的(例如对魁奈《经济表》的评述就放在论述斯密之后)。

理论问题既确定了理论史所关涉的大致轮廓和方向, 也规约着思想发展的进程与线索。支撑整个《剩余价值学说史》叙述结构的是一个 "总的评论",即"所有经济学家都犯了一个错误:他们不是纯粹地就剩余价值本身,而是在利润和地租这些特殊形式上来考察剩余价值"[1]。在马克思看来,对资本主义生产方式的理论探究应当在阐述了纯粹形式的剩余价值以后才能上升到它的特殊的表现形式——利润和地租等。但古典政治经济学家们,包括

---

[1] 马克思:《1861—1863年经济学手稿》,《马克思恩格斯全集》(第33卷), 人民出版社,2004年,第7页。

其中最优秀的代表者在内，都始终没有抽象出"剩余价值"这个最普遍的范畴。因此，马克思不得不从他们所探讨的利润和地租这些特殊形式入手，探讨其中所包括的剩余价值理论的因素，从而也说明如果仅仅就剩余价值的表现形式，而不是就它的纯粹形式即作为特殊的经济范畴来考察剩余价值，就不可能理解剩余价值的实质。基于这种考虑，马克思非常注意进行历史的比较和对照。他既把自己的理论观点同古典政治经济学家的观点相对照，又把古典政治经济学家之间（尤其是庸俗经济学家同古典经济学家）的观点加以比较，从而鲜明地揭示出剩余价值学说史上的是非曲直和发展变化。

最后，理论统摄下的对理论史的清理揭示出思想演进的逻辑，也促进了理论本身的进一步发展。马克思曾经指出，他在这份手稿中所进行的"历史的评论"是想表明，"一方面，经济学家们以怎样的形式互相进行批判，另一方面，经济学规律最先以怎样的历史上具有决定意义的形式被揭示出来并得到进一步发展"。[①]批判古典政治经济学的过程有助于马克思进一步创立和发展了其经济理论的各个部分。比如，由于批判斯密的学说而发展了自己的再生产理论；分析古典政治经济学家关于生产劳动的争论的同时，论述了关于生产劳动和非生产劳动的理论；批判地考察李嘉图地租理论的同时，也深入地研究了绝对地租问题。除此以外，在《剩余价值学说史》中比在《资本论》前三卷中更深刻地研究了政治经济学的其他一些重要问题，诸如关于土地国有化的问题、经济危机理论、商品的市场价值理论，等等。

这样，理论史的清理与理论本身的建构之间呈现出一种良性互动，使《资本论》的叙述达到了非常高的境界和水准。

---

① 马克思：《1861—1863年经济学手稿》，《马克思恩格斯全集》（第33卷），人民出版社，2004年，第417页。

(四)马克思的叙述方式所蕴含的"历史阐释学"价值

必须注意的是,像《剩余价值学说史》这样为了配合《资本论》的原创性理论建构而进行理论史梳理,把理论与理论史密切结合的做法,几乎成为马克思理论生涯中自觉而一贯的研究方式和著述方式。比如,为了论述自我意识哲学和自由的价值而从比较哲学的意义上研究伊壁鸠鲁与德谟克利特自然哲学的差别,乃至做了 7 本关于古希腊晚期哲学的笔记;为了厘清国家、法与市民社会的关系,求解"历史之谜"和"社会之谜",在不到五个月的时间里马克思研究了法、德、英、美以及瑞典等国别史、政治思想史,写下 250 多页、关涉近 24 本论著和其他文章摘录的《克罗茨纳赫笔记》;为了撰写自己的政治经济著述,先后研读了可以说当时所能收集到的绝大多数经济学理论和历史著作,留下著名的"巴黎笔记""布鲁塞尔笔记""曼彻斯特笔记"和"伦敦笔记";为了检验中年期由对欧洲发达国家的社会状况的研究而概括出来的社会发展的一般规律和模式的普适性,马克思在晚年研究了俄国、印度以及欧洲前资本主义的历史,等等。不仅如此,就是在那些根据现实需要而写下的时事评论中,马克思也自觉地把对某一问题的看法与对这一问题的历史考察和比较结合起来进行分析,比如,《论犹太人问题》中对犹太教和基督关系的甄别,《神圣家族》对法国唯物主义史的梳理,《德意志意识形态》对黑格尔哲学解体过程和青年黑格尔运动始末的分析,《路易·波拿巴的雾月十八日》对相隔近 50 年的"拿破仑政变"与"波拿巴事件"的比较,以及围绕这两个事件而展开的对雨果的《小拿破仑》和蒲鲁东的《从十二月二日的政变看社会革命》的评论,《十八世纪外交史内幕》中为"对历史作出新的说明"而对英国和俄国外交关系史的批注,等等。

长期以来，马克思这样一种研究方式和叙述方式并未受到我们的关注和理解。传统的马克思主义哲学原理体系中,历史哲学(唯物史观)是非常重要的一个部分,然而根据一般唯物主义而不是按照马克思自谓的"现代唯物主义"原则所进行的阐释,把"历史"简单化为一种可以自动呈现的"社会存在",又认为"社会意识"的内容全部来自这种"社会存在",并且二者之间是一种反映与被反映的一一对应的关系。现在看来，这种解释把人们的意识(精神、观念)领域的独特性、复杂性和丰富性作了简单化的处理,如果一切意识(精神、观念)只是一种对外在的异质性存在的反映,怎么解释人类创作的那些浩瀚的艺术作品、精神伟构所构筑的独特的审美空间和智慧高峰？又如何到位地勾勒和透视人类复杂的思想史、观念史、心灵嬗变史？研读马克思留下来的文本,我们发现他真正完成了的、成型的作品远远少于未完成的著述,绝大多数是笔记、手稿以及计划写作的著述的准备稿、过程稿、修正稿和补充稿。马克思为什么要对自己的文稿反复斟酌、再三修改？这里不只是关乎他当时是否建立了独特的理论、思想的问题,很大程度上他更多地考虑到的是理论如何表达和思想怎样阐释的问题。马克思当然坚持历史存在的客观性和规律性,但历史以怎样的方式显示自己的存在？对历史如何叙述才能显现出其当代意义？源于时代境遇和社会实践的理论又如何表达才能显示其真正的意旨?所有这些都关乎"历史阐释学"的重要议题。20世纪历史哲学把研究重点转向了诸如此类的历史表现、历史想象、历史隐喻、历史理解、历史叙述、历史方法、历史写作等领域,从而大大超越了19世纪的思维;马克思以其丰富的文本写作实践触及当代"历史阐释学"的这些问题,并且在其阐释中蕴含着大量有价值的创见, 这些本属于马克思历史哲学题中应有之意,需要我们进一步探究、挖掘和提炼。

五、马克思回应对《资本论》的"学术性指控"

  《资本论》是马克思花费了大半生心血创作的经典性著述，但 1867 年第一卷出版后遭逢了"被攻击或辩护，被解释或歪曲"的命运。马克思在进行深刻的自我反思、认真的修改的同时，对于误读、曲解特别是恶意的诋毁和攻击据理力争，展开详实的辨析、说明和反击，为正常而高水准的学术批评树立了楷模。廓清关于《资本论》所应用的方法的争论，特别是由英国财政大臣格莱斯顿在下院预算演说中一段话的引用所引发的"学术性事件"的原委，从中可以体现出马克思的科学精神和坚持真理的凛然正气。在当代这些仍值得我们继续弘扬和珍视。

作品的命运犹如个体生命的历程,往往曲折而多变,作者的苦心、深刻的思想及其严密的论证不可能都获得相应的理解,相反,"被攻击或辩护,被解释或歪曲"①的情形是经常会发生的。在这种情况下,作者如何回应就显得特别重要,因为在双方的辨析中更容易激活思想论争,从中可以鉴别出很多值得玩味的东西来。众所周知,《资本论》是马克思花费了大半生心血创作的经典性著述,但1867年第一卷出版后,也遭逢了上述命运。为此,马克思(他去世后由恩格斯接续)在进行深刻的自我反思、认真的修改的同时,对于误读、曲解特别是恶意的诋毁和攻击毅然据理力争,展开翔实的辨析、说明和反击,为正常而高水准的学术批评树立了楷模。对于后一方面的情况,我们以往了解得很不够,为此本文根据权威文献做出详尽的梳理。

(一)《资本论》中应用的究竟是什么方法?

1859年,作为《资本论》"序篇"的《政治经济学批判》第一分册出版后,除了在德国报纸上有零星的书讯发布外,学界专业人士都没有公开发表评论。1867年《资本论》第一卷出版后,他们也想如法炮制,特别是那些表面博学其实不学无术之徒再次"想用沉默置《资本论》于死地"②。但是当资本主义局势的发展愈加恶劣,使得这部书的现实震撼力持续发酵的时候,这种策略就无法奏效了。于是,他们开始借对《资本论》的评论来为资产阶级缓解危机开些"药方"。但是他们没有想到,这也引发了工人阶级报刊开始大量刊发关于《资本论》的正面评价。如约瑟夫·狄慈根(Joseph Dietzgen,1828—1888)就连

---

① 恩格斯:《〈资本论〉第一卷英文版序言》,《马克思恩格斯文集》(第五卷),人民出版社,2009年,第31页。

② 马克思:《〈资本论〉第二版跋》,《马克思恩格斯文集》(第五卷),人民出版社,2009年,第18页。

续在《人民国家报》上发表了《评卡尔·马克思的〈资本论〉》《国民经济学问题》《社会民主的宗教》《致亨利希·冯·济贝耳的公开信》《资产阶级社会》等评论文章。但在有关《资本论》评价的正反平衡被打破后,狄慈根等人就一直没有再得到对手的答复。

除了阶级立场和思想观点的差异,马克思发现,"人们对《资本论》中应用的方法理解得很差"。比如,《资本论》第一个外文版俄译本出版前一年（1871 年）,基辅大学教授尼古拉·伊万诺维奇·季别尔（Николай Иванович Зибер,1844—1888）在其所著的《李嘉图的价值和资本理论》一书中认为,马克思的"价值、货币和资本的理论是斯密 – 李嘉图学说的必然发展"[①],这当然是一种卓见;然而仔细阅读该书就会发现,他指称的只是二者之间"纯理论观点的始终一致",对于马克思思想在此基础上的推进,他并没有多少见识。

此外,德国有的经济学家出于玩世不恭、油嘴滑舌的态度和习惯,指责《资本论》的文字表达过于严肃、叙述方法比较死板。对此,马克思很不以为然,他辨析说:"对于《资本论》文字上的缺点,我本人的评判比任何人都更为严厉。"[②]确实如此,《资本论》第一卷德文第一版出版后,其他不同语种及多个版本出版时的反复修改就足以证明这一点。然而德国学者指责的这些方面,在另外一些评论者看来,要么是《资本论》的长处,要么效果与马克思的原始考量正好相反。比如,同马克思的观点完全敌对的英国《星期六评论》上有一篇关于德文第一版的短评,认为马克思的叙述方法"使最枯燥无味的经济问题具有一种独特的魅力"。与此相反,1872 年 4 月 20 日《圣彼得堡消息报》的一篇评论则认为,该书"除了少数太专门的部分以外,叙述的特点是通

---

① 马克思:《〈资本论〉第二版跋》,《马克思恩格斯文集》(第五卷),人民出版社,2009 年,第 19 页。
② 马克思:《〈资本论〉第二版跋》,《马克思恩格斯文集》(第五卷),人民出版社,2009 年,第 19 页注释。

俗易懂,明确,尽管研究对象的科学水平很高却非常生动。在这方面,作者……和大多数德国学者大不相同,这些学者……用含糊不清、枯燥无味的语言写书,以致普通人看了脑袋都要裂开"。再比如,1868 年巴黎出版的《实证哲学。评论》发表的实证主义哲学家孔德的信徒叶·瓦·德罗贝尔蒂一篇关于《资本论》的短评,一方面责备马克思"形而上学地研究经济学",另一方面批评马克思"只限于批判地分析既成的事实,而没有为未来的食堂开出调味单"。①

　　特别是不少论者对《资本论》的方法究竟是什么根本就不明所以。如季别尔在其著作中把马克思的方法等同于英国的演绎法,认为其优点和缺点都非常明显。而在 1872 年德国《经济学家杂志》上所刊发的莫里斯·布洛克(Maurice Block,1816—1900)的《德国的社会主义理论家》一文则"发现"《资本论》运用的是"分析的方法",认为"马克思先生通过这部著作而成为一个最出色的具有分析能力的思想家"②。由于当时黑格尔体系在德国已经声名狼藉,所以茹尔(尤利乌斯)·孚赫[Jules(Julius)Faucher,1820—1878]发表在《国民经济和文化史季刊》上和欧·杜林发表在《现代知识补充材料》上的有关《资本论》的短评中均指责《资本论》中充满"黑格尔的诡辩"。相形之下,在彼得堡出版的《欧洲通报》上伊·伊·考夫曼(И. И.Кауфман)所写的《卡尔·马克思的政治经济学批判的观点》要"中庸"一些,他写道:"如果从外表的叙述形式来判断,那么最初看来,马克思是最大的唯心主义哲学家,而且是德国的即坏的唯心主义哲学家。而实际上,在经济学的批判方面,他是他的所有前辈都无法比拟的实在论者……决不能把他称为唯心主义者。"他的结论

---

① 马克思:《〈资本论〉第二版跋》,《马克思恩格斯文集》(第五卷),人民出版社,2009 年,第 19~20 页。

② Maurice Block:*Les théoriciens du socialisme en Allemagne*,Extrait du Journal des conomistes,Numéros de juillet et d'août 1872,Paris 1872.

是,马克思的研究方法是"严格的实在论的,而叙述方法不幸是德国辩证法的"①。

马克思非常关注对《资本论》的这些评论,在《资本论》德文第二版《跋》中不厌其烦地作了罗列和引用,特别是对考夫曼的评论作了大段的征引,认为回应这些观点不同的人"最好的办法"是从中摘出几段话来相互对照,以便做出符合实际、到位的判断。诚如他在引用考夫曼的评论后所言,既然他能用那么长的篇幅较为"恰当"地描述其所理解的《资本论》的"实际方法",并且抱着"好感"谈论马克思对这种方法的运用,怎么会不知道这正是"辩证方法"呢?马克思还借助对杜林的评论指出,对于这个"极为傲慢无礼""俨然以政治经济学中的革命者自居"的人来说,《资本论》足以将其以凯里的观点为出发点、篇幅约 500 页的《国民经济学说批判基础》和旨在反对黑格尔辩证法的《自然辩证法》——"埋葬"了。杜林的著述不过是在进行欺骗,"一半是出自本意,一半是由于无知"。据此,马克思再度重申:"我的阐述方法不是黑格尔的阐述方法,因为我是唯物主义者,而黑格尔是唯心主义者。黑格尔的辩证法是一切辩证法的基本形式,但是,只有在剥去它的神秘的形式之后才是这样,而这恰好就是我的方法的特点。"②

(二)"增添"、杜撰还是"如实"引用?

除了思想复杂、论证严密和方法科学外,篇幅巨大的《资本论》参考了相

---

① И. И. Кауфман: *Точка зрения политико-эконотической критики у Карла Маркса*, Rezension zu: Капитал.T.1.Спб.1872, In: Вестникъ Европы.С.-петербургъ.1872, T.3.

② 马克思:《致路德维希·库格曼(1868 年 3 月 6 日)》,《马克思恩格斯文集》(第十卷),人民出版社,2009 年,第 280 页。

当多的文献材料和重要论著。而在这些资料中,有一处引文曾遭到怀疑,被视为这部巨著严重的"硬伤"而受到攻击和诋毁。对此,马克思在世时就给予了有力的回应。他去世后这段往事又被重新提起,而恩格斯毅然奋起,坚决捍卫了马克思的声誉,最终使此事以马克思的正确而得以平息和了结。

我们首先来梳理一下这一学术性事件的原委。

马克思在《资本论》第一卷为论述"资本主义积累的一般规律"列举例证时,从时任英国财政大臣威廉·尤尔特·格莱斯顿(William Ewart Gladstone,1809—1898)1863年4月16日在下院的预算演说中引用了一段话,其中的一句是:"财富和实力这种令人陶醉的增长……完全限于有产阶级。"[①]1872年3月7日,在柏林出版的《协和》杂志刊登了路德维希·约瑟夫·布伦坦诺(Ludwig Joseph Brentano,1844—1931)的文章《卡尔·马克思是怎样引证的》[②],声称在作为官方性质的议会文件汇编《汉萨德》中并没有这句话,这也意味着"在格莱斯顿的演说中根木没有这句话。他在演说中说的和这句话正好相反。马克思在形式上和实质上增添了这句话!"[③]

马克思收到这份杂志后,于5月23日写了《答布伦坦诺的文章》,寄给德国社会民主工党中央机关报《人民国家报》[④],该报于6月1日刊出。在文中,马克思举例说,1870年《双周评论》上发表的伦敦大学教授爱德华·斯宾塞·比斯利(Edward Spencer Beesly,1831—1915)的文章《国际工人协会》、

---

① 《马克思恩格斯文集》(第五卷),人民出版社,2009年,第751页。马克思在他于1864年起草的《国际工人协会成立宣言》中也曾引用了这段话。

② 在这场争论中,路德维希·约瑟夫·布伦坦诺没有公开自己的名字,他两篇文章都是匿名发表的。

③ Ludwig Brentano: *Wie Karl Marx citirt*, In Concordia.Berlin.jg.2.Nr.10,März 1872.

④ 因挑起事端、刊发布伦坦诺的文章的《协和》杂志是德国大工业家和"讲坛社会主义者"联盟的机关刊物,该刊拒绝发表马克思的回应文章。

1864 年 T.考特莱·纽比出版社出版的亨利·罗伊（Henry Roy）所著《兑换论 1844 年银行法》一书都引用了这句话，且与"我引的话一字不差"，这充分证明布伦坦诺所谓"这句话"来自马克思本人杜撰的说法恰是他本人"在形式上和实质上撒了谎"！不仅如此，布伦坦诺在文章中还用黑体字标出了格莱斯顿演讲中的另一句话即"英国工人阶级的状况最近二十年来获得了对一切国家和一切时代说来都是异乎寻常的和没有先例的改善"，说马克思的引文中故意将其"隐瞒了"。马克思确实没有引证这句话，原因在于这是一句充满欺骗的"无耻"之言，即便从英国官方报告"令人恐怖的统计"（appalling statistics）中也可以看出，"'完全限于有产阶级的财富和实力的令人陶醉的增长'的条件过去和现在怎样使工人阶级健康损坏、道德堕落和智力衰退"①，二者之间存在着多么尖锐的反差。

马克思思考了导致事情发生的原由，指出包括他在内上述引用格莱斯顿演讲内容的人，不是根据英国财政部正式公布的《汉萨德》，而是从当时伦敦报纸上的报道中摘录的那句话，因为这些报纸在 4 月 17 日均发表了 4 月 16 日的预算演说。写回应文章时马克思还试图从自己 1863 年的笔记本中寻找这段引文和报纸的名称，但是没有找到。于是马克思翻阅了当时能很方便地找到、作为英国财政部机关报的《泰晤士报》，果然在 1863 年 4 月 17 日的第七版第五栏关于预算演说的报道中找到了这段话。那么《汉萨德》中为什么没有这句话呢？事情很清楚了，是格莱斯顿事后对这篇演说进行修改时将其删掉了。因为如果国家的发展导致的只是"财富和实力这样令人陶醉的增长完全限于有产阶级"，无疑会使他这位财政大臣声誉扫地，所以他"有点惊恐"了。如果把《泰晤士报》上登载的格莱斯顿现场演说的内容与他本人事后

---

① 马克思：《国际工人协会成立宣言》，《马克思恩格斯选集》（第三卷），人民出版社，2012 年，第 4 页。

删改过的全文仔细核对一下,就不难对其心理和行为作出评判了。当然,也不是只有格莱斯顿一人这样做,毋宁说这"是英国常见的议会传统"。

席勒诗云:"智者看不见的东西,却瞒不过童稚天真的心灵。"马克思在《资本论》中引用了许多官方材料来评述资本主义制度,"以子之矛,攻子之盾",还没有一个学者能从这些材料中找到一个误证或假证。布伦坦诺们想改变这种状况,为了查明令他们感到存疑的引文,便向他们在伦敦的同道求援,对方便把《汉萨德》上的话抄下来,他们就据此做出判断:马克思"不仅制造了原文,而且也伪造了它的引语"。于是他们就向全世界大声叫喊道:请看"卡尔·马克思是怎样引证的!"在马克思看来,这种做法就是资本者、工厂主所擅长的"做生意的办法",但"不管他们对于伪造商品多么在行,但是要鉴别文字商品,他们却一窍不通,就像驴子弹琴一样"。①

马克思的文章刊出后,布伦坦诺并不甘心,于是就此事写了第二篇文章《卡尔·马克思是怎样辩护的》,分为两部分于 7 月 4、11 日在《协和》上发表。②事后,《人民国家报》编辑阿道夫·赫普纳(Adolf Hepner,1846—1923)通过恩格斯将文章寄给马克思,鉴于当时同"讲坛社会主义"论战的急迫性,他要求尽快予以回答,于是马克思写了《答布伦坦诺的第二篇文章》,发表在 8 月 7 日的《人民国家报》上。

我们且看这一轮他们是如何过招的。布伦坦诺根据马克思首次回应文章的线索,从伦敦函购了《兑换论》这本他过去未曾见过的书,确认了马克思所说的事实。但他在第二篇文章中还是做了自圆其说的狡辩,声称"我们说

---

① 马克思:《答布伦坦诺的文章》,《马克思恩格斯全集》(第 18 卷),人民出版社,1964 年,第 101 页。

② 恩格斯在第三版《序言》中对此的叙述不准确,他将布伦坦诺 7 月 4、11 日发表在《协和》杂志上的文章说成是"两篇"了,实际上它们是题为《卡尔·马克思是怎样辩护的》的同一篇文章的两部分。

马克思给格莱斯顿的演说增添了那句可疑的话，这无论在形式上或者在实质上都并没有断言，他自己也编造了它"①。由于马克思"引证的话和《兑换论》第 134 页上引证的话完全一样"，"增添"的那句话如果不是马克思"编造"的，那么就有可能是他从《兑换论》上抄来的，据此不能排除这句话是《兑换论》作者"编造"的，因为这本书出版在《资本论》之前。在马克思看来，布伦坦诺的辩解就像一个奸商向人们推销绦带，说每盘绦带有 30 埃勒②，而实际上只有 20 埃勒，这样只能说他"增添了"10 埃勒，而他不能据此认为他纯粹是没有影子地在"编造"。这反映了在布伦坦诺的思维中概念的混乱到了什么程度。

布伦坦诺还进一步认定，《资本论》中与那句话相关的评论，"在这本书（指《兑换论》）中也已经有了"。这再次表明，它们是一个来源——马克思是从这本书中抄录的，而不是各自独立的引证。但事实上，马克思的评论是与格莱斯顿演说中另一句话联系在一起的，即针对"富人虽然更富了，穷人至少也不那么穷了。不过我不敢断定贫富两极已经缩小"的说法，马克思指出："多么拙劣的诡辩! 如果说工人阶级仍然'穷'，只是随着他们给有产阶级创造的'财富和实力的令人陶醉的增长'而变得'不那么穷'了，那也就是说，工人阶级相对地还是像原来一样穷。如果说穷的极端程度没有缩小，那么，穷的极端程度就增大了，因为富的极端程度已经增大。"③而这样的"评论"在《兑换论》中无论在什么地方都没有，所以马克思说布伦坦诺"纯粹是撒谎"。

布伦坦诺还举证说，《兑换论》引用的法国作家尼古拉·布瓦洛－德普雷

---

① Ludwig Joseph Brentano: *Wie Karl Marx sich vertheidigt*.I,In:Concordia.Berlin.Jg.2.Nr.27,4.Juli 1872.

② 埃勒(Elle)是德国旧制长度单位。

③ 马克思:《资本论》(第一卷),《马克思恩格斯文集》(第五卷),人民出版社,2009 年,第 751 页。

奥（Nicolas Boileau-Despréaux，1636—1711）《讽刺诗集》中的文句在《资本论》中也出现了，而《兑换论》使用的伦敦孤儿院（London Orphan sylum）关于生活资料涨价的材料，马克思引用时"为了证明这些材料的可靠性"没有指出引自这本书，而是指材料来自孤儿院。而事实上，在《资本论》中，马克思只是直截了当地指出，《兑换论》的作者"用布瓦洛的下面的文句来说明1863年和1864年格莱斯顿的预算演说中不断出现的显著的矛盾"①。至于孤儿院的材料，《兑换论》根本没有提供任何出处，是马克思自己独立查阅资料找到的。

布伦坦诺还注意到马克思文章中谈到的比斯利在《双周评论》上发表的那篇文章，说作者自况"是根据马克思本人提供给他的材料写成的"②。这说明就那句话的引用来说，他与马克思也是同一个来源，即比斯利不是从格莱斯顿的演说中引用的，而来自马克思起草的《国际工人协会成立宣言》（以下简称《宣言》），还有论者据此推测比斯利也是这部《宣言》的作者之一。然而事实是，马克思向比斯利提供的全部材料只同"第一国际"的历史有关，没有一个字提到《宣言》的内容，比斯利更不可能参与《宣言》的起草。布伦坦诺等人的这些指控使用的是一种偷梁换柱的手法（quid pro quo）。

这里还涉及如何理解格莱斯顿断言他"几乎会怀着忧虑和悲痛的心情来看待财富和实力这样令人陶醉的增长，如果我相信，这种增长仅限于有产阶级"的话中"有产阶级"的内涵。这个词的英文表述是"classes who are in easy circumstances"，这一语句在德文中没有确切的词来表达，意味着"确实有钱的人"、有产阶级中"真正富裕的部分"，还有论者甚至直接把真正的中

---

① 《马克思恩格斯文集》（第五卷），人民出版社，2009年，第752页注释。

② Edward Spencer Beesly：*The International Working Men's Association*，In：The Fortnightly Review.London.1.November 1870.

等阶级叫作"the uneasy class"，与此近似的说法是"不太富裕的阶级"（The middle or uneasy class）、"中等阶级或不太富裕的阶级"等。布伦坦诺在文章中不是把"classes who are in easy circumstances"译成"富裕的阶级"，而是译成"处于优良条件下的阶级"，意思是虽然占有财产始终被看成是有产阶级具有的"优良条件"，但并不意味着他们全都是"富裕的"。这也暴露出布伦坦诺虽然对这个词汇的翻译与马克思有异议，但却承认了马克思引用的格莱斯顿演讲中所描绘的资本主义时代"财富和实力这样令人陶醉的增长"，至此也就否认了这句话既是《泰晤士报》1863 年 4 月 17 日的报道也是马克思强加给格莱斯顿的说法。

布伦坦诺还认为，在《宣言》中，"马克思引证《泰晤士报》的话到此为止"，而没有引用格莱斯顿以下的话："资本的增长对工人也有间接的好处……富人虽然更富了，穷人也不那么穷了。……最近二十年来英国工人的状况平均说来获得了异乎寻常的改善，我们甚至可以宣布说，这种改善是历史上一切国家和一切时代中都几乎没有先例的。"格莱斯顿是在对资本家财富的增长作了一番歌颂之后转而谈工人阶级的，不过，他在此处根本没有说，工人阶级从"财富和实力令人陶醉的增长"中获得了自己的一份。而马克思更关注这一点，因为格莱斯顿的这种讲法同确定的事实之间有明显的矛盾。事实上，在格莱斯顿之前，他的所有前任在自己的预算演说中除了描写资本家财富增长外，总要"非常幸运地"加上几句关于工人阶级状况有了改善的话。但是这里的问题在于，格莱斯顿所谓工人阶级状况"异乎寻常的"改善与"财富和实力令人陶醉的增长完全限于有产阶级"这点是不成比例的，甚至是根本矛盾的。作为资本维护者的格莱斯顿和辩护人的布伦坦诺都认为，工人们改善自己状况的最有效的办法和最重要的目的是使自己的剥削者能更大地发财，而只有站在工人阶级立场上的马克思对其中的秘密看得最清楚,他用得着引用格莱斯顿关于工人生活得到改善的鬼话吗?

布伦坦诺的文章还认为,《泰晤士报》的报道与《汉萨德》记录之间在本质上是一致的,是没有矛盾的,"《泰晤士报》的报道只是以比较扼要的形式叙述了《汉萨德》速记记录中确切引用的话"①。在马克思看来,这种看法把布伦坦诺及刊登他文章的《协和》杂志"无耻的庸俗或庸俗的无耻"最充分地暴露出来了。马克思特别分栏将《泰晤士报》的报道和《汉萨德》中的记录具体罗列出来,特意做了一下对照。从中我们不难看出,在《汉萨德》版中演讲的内容有的被歪曲了,特别是加了一大堆夸张的、含义不明的词汇和保留条件,而有的地方则被删除了,其中包括了"财富和实力这样令人陶醉的增长……我刚刚描述过的增长……完全限于有产阶级"这句话。马克思又抄录了自由贸易论者主办的《晨星报》和激进派资产阶级主办的《晨报》1863 年 4 月 17 日关于格莱斯顿前一天预算演说内容的报道,无一例外都有这句话。这也再一次表明,格莱斯顿是事后在官方出版物《汉萨德》中删去了这句话,而不是如布伦坦诺所认为的"马克思在形式上和实质上增添了这句话"。辨析至此,马克思也就不想再在上面浪费时间了,因此决定从此停止同这些人的争论和交流。

(三)一场持续了 20 年之久的闹剧的结束

马克思第二篇文章发表后,布伦坦诺不再回应,这件事似乎就此终结甚至被人遗忘了。只是有一两次传来几句不知来自何方因而显得有点"神秘

---

① Ludwig Joseph Brentano: *Wie Karl Marx sich vertheidigt*.Ⅱ,In:Concordia.Berlin.Jg.2.Nr.28,11. Juli 1872.

的"谣言,说马克思在《资本论》中"犯了写作上的大罪,但无论怎样仔细追究,都得不到任何确实的结果"。

没有想到的是,马克思去世 8 个月后的 1883 年 11 月 29 日,《泰晤士报》上登载了剑桥大学三一学院塞德利·泰勒(Sedley Taylor)致该报编辑部的一封信,重提此事。信中作者把当年布伦坦诺就《资本论》引文一事挑起事端——马克思予以回应——布伦坦诺复答——马克思做总结的整个过程描述成:布伦坦诺揭露马克思在《宣言》中引用格莱斯顿演说时"充满恶意"——马克思进行辩护——布伦坦诺进行反击——马克思被打垮——布伦坦诺证明《泰晤士报》和《汉萨德》的报道彼此一致——马克思借口没有时间而拒绝继续进行论战。

泰勒是"讲坛社会主义"的拥护者,也曾参与鼓动工人参与资本分红的"合作"运动。在恩格斯看来,他这封信的效应在于,一方面它让人们明白了当年马克思与布伦坦诺的争论结束后传来的那几次谣言是由剑桥大学散布的,另一方面布伦坦诺由于在《协和》杂志发表文章时用的是匿名而隐藏的身份通过这封信公开暴露了,且还被泰勒描绘成在与马克思的论战中取得了"辉煌的胜利"。与布伦坦诺不同的是,泰勒在这封信里再也不提什么马克思"增添"和"编造",而只说是"狡猾的断章取义"了。然而他所谓"打垮了卡尔·马克思" 的叙述, 一如文艺复兴时期的意大利诗人洛·阿里欧斯托(Lodovico Ariosto,1474—1533)作品中的人物,在格斗中只是虚张声势地乱打一气,却不能打中对手,不妨将其称为"阿里欧斯托式的战斗描写",这种攻击根本无损于马克思的形象。

这次恩格斯并没有直接出手,而由马克思的女儿爱琳娜·马克思在《今日》月刊（1884 年 2 月）上发表了《答赛德利·泰勒先生》一文予以回应。[①]她力争把辩论归结到原先布伦坦诺与马克思争论的焦点上——是不是马克思"增添"了那句话。但泰勒却认为，"格莱斯顿先生的演说中是否有这句话完全是次要问题，主要的是，引用这句话的意图是要传达格莱斯顿的意思，还是要歪曲他的意思"[②]。最可笑的是，按照布伦坦诺的批判"惯例"，关于格莱斯顿演说材料应当从《汉萨德》引证，而不能依据原始的、"必然很粗糙"的《泰晤士报》的报道，但十余年后要继续布伦坦诺对马克思指正的泰勒，却固执地不从《汉萨德》而是从《泰晤士报》上引证，并且还要在该报上发表自己的文章。遗憾的是，《汉萨德》上根本就没有这句话，既然如此，所谓"传达"还是"歪曲"不就无从判断了吗？

因此，爱琳娜·马克思没有费很大力气就驳倒了泰勒的所谓论据和说法。但泰勒和布伦坦诺一样，不甘心一个回合就结束战斗，于是在同年 3 月给《今日》杂志编辑部写信，对爱琳娜·马克思作出回应。但是重披战袍的泰勒陷入了双重尴尬的境地：如果他读过且熟悉 1872 年的论战文章，那么他就是在"撒谎"，因为他不但"增添"了原来没有的东西，而且"否定"了原来已有的东西；如果他没有读过当年的论战文章，那么他现在更没有资格开口了。他试图在"讲坛社会主义"同道的基础上更进一步，但却不敢再支持布伦坦诺对马克思"增添"引文的控告了。于是，他不再说马克思"增添"了，而是说马克思删掉了一句重要的话。其实他的功课没有做好，这句话就被引用在《宣言》里，在被布伦坦诺认为"增添"的话的前面。至于格莱斯顿演说中所包含的"矛盾"，马克思在《资本论》中已经明确揭示出来了，就是前面我们引用

---

① 她的文章写好后曾寄给《泰晤士报》，但该报拒绝刊登。

② Sedley Taylor: *To the Editor of The Times*, In: *The Times*. London. Nr.30990, 29. November 1883.

过的那句话:"1863 年和 1864 年格莱斯顿的预算演说中不断出现的显著的矛盾!"①对此,爱琳娜·马克思作了答辩,她的结论是:"马克思既没有删掉任何值得一提的东西,也绝对没有'增添'任何东西。他只是把格莱斯顿在演说中确实说过、而又用某种方法从《汉萨德》的报道中抹掉的一句话重新恢复,使它不致被人们遗忘。"②

至此,泰勒能再说什么、做什么呢?他也觉得此事到此该有结论了。当然,关于《资本论》一段引文"讲坛社会主义"所策划的这场持续了 20 年之久的闹剧,也不是没有一点效用和意义。这种效用和意义就在于,通过双方的辨析,"任何人也不敢再怀疑马克思写作上的认真态度了"③。

这段学术性事件引人思考的地方在于:引用官员的讲话是以官方事后公布的定稿为标准,还是以演讲人现场发表的讲话为依据?在这一问题上,马克思与布伦坦诺、泰勒等人的意见显然是完全相左的,后者认为"以定稿为准"是人人必须遵循的批评的"惯例",而马克思则深刻地看出,出于特定的考量,"定稿"增加、删除和修改了很多东西,演讲稿已经失去了真实。而所谓批评的"惯例"也只是符合柏林上层人士、"有教养的"阶层、富裕阶级和狭隘的普鲁士忠顺臣民的利益、口味和见识。

此外,马克思面对无耻者的蓄意诋毁和纠缠,在据理力争的同时深刻洞悉其真实意图,进而表现出的凛然正气和蔑视姿态也令人击节。比如,他在

---

① 马克思:《资本论》(第一卷),《马克思恩格斯文集》(第五卷),人民出版社,2009 年,第 752 页注释。

② 转引自恩格斯:《〈资本论〉第四版序言》,《马克思恩格斯文集》(第五卷),人民出版社,2009 年,第 44 页。

③ 恩格斯:《〈资本论〉第四版序言》,《马克思恩格斯文集》(第五卷),人民出版社,2009 年,第 44 页。

"告别"布伦坦诺的时候，还特别向这位"博学之士""请教"了一个需要"考证"的问题：什么人、在什么著述中向对手说过下面这么一句"有分量的话"——"你永远永远是一头驴子？"（Asinus manebis in secula seculorum）

六、马克思为什么没有完成《资本论》的定稿工作?

——纪念《资本论》第一卷出版 150 周年

作为马克思代表作的《资本论》并不像人们通常所认为的是一本完整的著作,而是一个庞大的手稿群。马克思在 1865 年已经写出了《资本论》三卷四册的大部分初稿,但从 1867 年第一卷出版直到 1883 年去世,在长达 16 年的时间里他并没有完成这一著述的整理和定稿工作。这究竟是为什么呢? 本章试图通过对马克思 1867—1883 年间的活动、思想及其意义溯源回答这一问题。围绕《资本论》的后续整理和写作、西欧工人运动的参与及波折、资本主义"史前史"的求解、对俄国社会未来走向的设想以及"我只知道我自己不是'马克思主义者'"的警示等内容,本章认为,在这一阶段马克思的工作和思想呈现出非常复杂的状况,较之以往具有更为宽广的视野、清醒的自我反省和深入的现实考量。这一分析思路是理解马克思思想的复杂性和丰富性的重要维度,也有助于总结 20 世纪马克思主义的命运,探索它在 21 世纪的发展。

《资本论》是马克思的代表作，但严格说来，它并不是一本业已完成了的书，而是一个庞大的手稿群。非常值得深思的是，在初稿已经大致写出的情况下，马克思直到去世最终也没有完成这一著述的整理和定稿工作！这种情况该怎么解释呢？是时间太短显得过于仓促而来不及做完吗？实际情况并非如此：在 1865 年前《资本论》三卷四册的大部分初稿基本写出，1865—1867 年间马克思从中整理出第一卷，而从 1867 年 9 月第一卷德文第一版出版到他 1883 年 3 月去世，时间跨度几近 16 年！是马克思的健康状况不佳耽误了工作吗？确实有这方面的因素，特别是在其生命历程的最后几年，更是多种疾病缠身，但是即便如此，我们却又看到另一种相反的现象：这一时期马克思的写作量非常庞大，举凡著作手稿、摘录笔记、工人组织的文件、大量书信等等，真可以说是卷帙浩繁，而且视界极为宽广，涉及乃至开拓了很多他以前很少触及的领域和议题。此外，其他方面的说法，诸如梅林认为是因马克思晚年生命处于"慢性死亡状态"而导致思维能力下降、近来网上有文议论是"马克思低估了自己习惯性的严重的拖延症"，等等，都是解释不通的无征之论。

这样，我们就只能到 1867—1883 年间马克思的理论、实践活动乃至生活状态中去寻求答案了。留存下来大量的文献表明，这一阶段他的工作和思想发展呈现出一个非常复杂的状态，至少有五条线索交错进行。

（一）围绕《资本论》而展开的工作

这包括第一卷多种版本的修订，第二、三卷断断续续的写作和新的文献的发掘、补充，以及鉴于 19 世纪 70 年代以后资本世界出现的新变化引发的思考所导致的整理工作停顿。

1867 年 9 月，着重研究"资本的生产过程"的《资本论》第一卷德文第一版出版后，马克思就不让重印这一版本了，而是立即开始了修改工作。1872 年 7 月，马克思推出了该卷的德文第二版第一分册，并于次年 5 月在出版商的催促下以一卷本的方式完整推出该版本。此前他还与《资本论》的第一个外文译本——俄文版的数个翻译者之间进行了多年通信和交流，应约补写了大量注释和重写了部分章节，并发表了很多重要意见。马克思更是花比较大的精力加工、改写并参与翻译了法文版，使其于 1872—1875 年间以 9 辑 44 个分册的形式陆续推出。需要强调的是，马克思的这些修改不仅在字词、段落上有非常多的改动，更涉及该卷布局谋篇的调整（如恩格斯、库格曼等在审阅德文第一版校样后提出的章节、标题划分和"外部结构"等问题）、表述方式的重新处理（如阐发"价值形式"部分的过分"黑格尔化"特征）和新的内容的补充，更有对"资本的生产过程"所涉及的其他方面的反复探究和对既有论断的审慎态度。用马克思评论法文版的话说，这些不同的版本都具有"独立的科学价值"。仅就章节安排和结构、内容上的差别而言，迄今为止，绝大多数语种的翻译和研究者的阐释都是以马克思逝世后恩格斯于 1890 年整理、出版的德文第四版为底本，但实际上德文第一版只有 6 章，而德文第二版修正为 7 篇 25 章，法文版扩展为 8 篇 33 章，而恩格斯修订的德文第四版则确定为 7 篇 25 章。

按照马克思此前业已确定的框架，《资本论》第二卷探讨的是"资本的流通过程"。从 1863 年下半年开始到 1883 年 3 月马克思逝世，在长达 20 年的时间里，马克思先后为第二卷写过 8 个手稿，其中两个涉及全书的完整内容，6 个是个别章节或片断的修改稿，此外还有许多较短的计划稿和零星观点的札记也属于第二卷的内容。8 个手稿中只有第一手稿写于 1864 年下半年至 1865 年春天，是其制定"资本流通理论"并进行完整地叙述的尝试，而其他 7 个手稿都写于 1867 年之后，最后一个手稿写于 1880—1881 年间，是把第二卷第 1 篇整理付印的誊清稿。此外，在现在俄罗斯现代史文献档案馆中还藏有恩格斯整理第二卷时没有利用过的另外 5 个手稿，写于 1868—1877 年①。这些文稿"在文字上没有经过推敲……有些部分作了详细的论述，而另一些同样重要的部分只是作了一些提示。用作例解的事实材料搜集了，可是几乎没有分类，更谈不上加工整理了"②。——这些为后人的整理增添了很多困难。

《资本论》第三卷是马克思为这部巨著撰写的"理论部分的终结"，具体来说，探讨的是资本生产的"总过程和各种形式"。对这部分内容的思考和写作也贯穿了马克思撰写政治经济学著述的大部分历程，"1857—1858 年手稿"《资本章》的第 3 篇《资本是结果实的东西》、"1861—1863 年手稿"中的《Ⅲ、资本和利润》都属于该卷的内容，只是大约从 1864 年夏末到 1865 年底马克思才把主要精力集中在这一卷的写作上，完成了涉及该卷重要内容的一个初稿。根据已经出版的《马克思恩格斯全集》"历史考证版"（MEGA2）已经出版的部分提供的材料，第一卷出版后，马克思为第三卷做了如下工作：1867 年 6、9、10 月和 1868 年春撰写了第 1 章的四个草稿；1867 年 4—5 月、10—11 月，1868 年秋冬，1871 年 2—3 月，1873 年底至 1874 年初，1875 年 10—11 月，1877 年 3 月至 1882 年底撰写了一系列关于"剩余价值率和利润率"的札记，等等。这些涉及第三卷内容的手稿更具"草稿"性质，有的"不但没有现成的草稿，甚至没有一个可以按照其轮廓来加以充实的纲要，只不过

---

① 关于这方面具体情况参看拙著《清理与超越——重读马克思文本的意旨、基础和方法》，北京大学出版社，2005 年，第 163~166 页。

② 恩格斯:《〈资本论〉第二卷序言》，《马克思恩格斯文集》（第六卷），人民出版社，2009 年，第 3 页。

是开了一个头,不少地方只是一堆未经整理的笔记、评述和摘录的资料",这使恩格斯整理起来更费踌躇。

在对《资本论》三卷手稿进行修改的同时,马克思开始深入到对《资本论》理论结构的再反思。我们知道,到 1867 年马克思关于《资本论》的框架已经形成一个确定的构想,即"三卷四册"结构,这是他从 1843 年开始殚精竭虑探索的结果。经过了由"两卷本著作"—"三本书计划"—"五个分篇"—"六册计划"—"九项内容"—"两大部分"—"三卷四册结构"的曲折变迁,后来马克思和恩格斯又将其修正为四卷内容(即"理论部分"与"理论史部分"并列,前者三卷,后者一卷)。但认真梳理这种序列变化及其每一环节所关涉的内容就可以看出,就对"资产阶级经济制度"的"考察"来说,"六册计划"涉及的内容最完备、逻辑上("顺序")也顺畅,即包括了"资本、土地所有制、雇佣劳动;国家、对外贸易、世界市场"。后来鉴于《资本论》内容的纷杂和叙述上的困难,马克思决定按照"1861—1863 年手稿"所确定的以"资本一般"的视角和方法着重探讨"六册计划"中的第一个内容——"资本",即以"生产""流通"及"总过程和各种形式"来勾勒资本运行的逻辑,这确实使讨论更为集中而深入,但很显然这样处理也大大缩减了对象和论域。所以我认为,即使在框架已然确定的情况下,善于自我反省的马克思对此也不是没有困扰的:具体说来,虽然可以改变乃至放弃"六册计划"的写作,但它所涉及的具体内容却是不可能放弃和回避的,那么这些内容究竟该如何处理?是在现有框架所涉及的议题讨论、写作完成之后再专门进行探讨,还是要把它们插入三卷的论述和分析之中?

大量文献表明,1867 年之后的马克思显然对其他各册内容也是非常关注的,他花费很多时间研究各国的土地关系和所有制形式的变迁,翻阅大量官方"蓝皮书""征税委员会报告""省农民事务厅意见汇编"等关于经济发展的文献,研究金融市场和银行业的发展、财政状况和财政政策、价格波动、货币、信贷学说和货币流通史,等等。特别需要说明的是,马克思这一时期的大部分"摘录、笔记和(阅读过的书目边页上中的)批注"数量极为庞大,专门刊登这些文献的 MEGA2 在 20 世纪 70 年代重新启动时,原计划总规模为 163 卷,其中这部分内容接近 70 卷,1991 年后调整了出版计划,全书最终缩减为 114 卷,而剔除的部分主要就是这一类文献。在 2017 年 5 月马克思 1857—1858 年"危机笔记"出版后,剩余的绝大部分都是这一阶段的笔记,当它们全部刊出的时候,我们将从中领略到马克思关于"六册计划"所关涉的内容更多的思考和处理。

如果说以上涉及的还只是理论思考和写作的问题,那么更为重要的一点,造成马克思某种程度上的"忧虑"是 19 世纪 70 年代之后资本世界出现的新变化超出了《资本论》第一卷中的某些判断和第二、三卷内容的原有设计。诚如 1879 年 4 月他在致函丹尼尔逊解释延期出版第二卷的理由时所言,虽然承认这种情况是"现行的制度"的"严厉"所致,"并没有使我感到惊奇"和"气愤",但最重要的在于,"目前的工业危机还没有达到顶峰之前,我决不出版第二卷",因为"这一次的现象十分特殊,在很多方面都和以往不同……在英国的危机发生以前,在美国、南美洲、德国和奥地利等地就出现如此严重的、至今几乎已经持续五年之久的危机,这还是从来没有过的事"。鉴于以往《资本论》内容的设计是以英国为典型进行资料搜集、逻辑分析和理论判断的,因此马克思感到"必须注意目前事件的进展,直到它们完全成熟,然后才能把它们'消费到生产上',我的意思是'理论上'"来,特别在长期关注的西欧之外,"我不仅从俄国而且也从美国等地得到了大批资料,这些资料使我幸运地得到一个能够继续进行我的研究的'借口',而不是最后结束这项研究以便发表"。①

以上的梳理表明,鉴于马克思晚年没有整理、出版《资本论》定稿而断言他最终放弃了这一著述写作的结论是站不住脚的。但可以认为,围绕《资本论》持续不断的努力以及伴随其间对理论和现实状况的进一步思考,确实延缓了马克思写作的进程和成果的完整呈现。

(二)西欧工人运动的参与及波折

1867 年后,马克思很重要的一项活动是参与和思考西欧工人运动,这包括受托起草国际工人协会的文件、发表对"巴黎公社"事件的评论以及与德国社会民主党之间复杂关系的变迁。

国际工人协会(International Workingmen's Association,后称"第一国际")是于 1864 年建立的世界性工人组织, 马克思并不是其具体操持者和领导人,但他受托起草了《成立宣言》《临时章程》、总委员会总结和关于继承权的报告、关于普法战争的宣言和《社会主义民主同盟和国际工人协会》等重要文件,并在 1865—1869 年召开的多次代表大会上被选为总委员会委员。正因为如此,恩格斯将这段经历视为马克思"最杰出的成就",甚至做过这样的比喻——"摩尔的一生,要是没有国际,便成为挖去了钻石的钻石戒指"。但认真梳理这段历史,再看一下他详尽的年谱,就会发现,马克思与国际工人协会的关系并不像后来列宁之于俄国十月革命、毛泽东之于中国革命。1867年后他参与国际工人协会的工作是与《资本论》及其他著述的写作、其他领

---

① 马克思:《致尼古拉·弗兰策维奇·丹尼尔逊信(1879 年 4 月 10 日)》,《马克思恩格斯文集》(第十卷),人民出版社,2009 年,第 431~433 页。

域的探索交错进行的，即是说，这一组织的工作并不是他的"全职"，甚至毋宁说他始终处于一种"业余"状态。同一时期，他还担负着多项其他工作和繁重的写作任务；即便在这一方面，很多情况下马克思也只是指导者、建议者、预见者、评判者和反思者，而不是实施者、执行者、决策者、行动者和总结者。做出这样的判断绝不会降低马克思在国际工人协会中的地位和作用，而是呈现一种事实，同时更是为了客观地估量这一工作与他当时更挂心的《资本论》写作之间的关系。

研读这一时期马克思起草的文献，我们也可以看出，他在理论意旨与实际行动之间、战略目标与具体策略之间、历史发展的大趋势与现实条件和可能之间所做出的权衡、坚守和变通，其中不乏矛盾、困惑和错位。国际工人协会是鉴于资产阶级国际联合的趋势和各个国家出现的程度不同的民主化浪潮而成立的，旨在通过建立更为强大的无产阶级的世界联合来反抗资产阶级。马克思一方面看到，"史无前例的""工业的发展和贸易的扩大"形成的"不容争辩的事实"是"工人群众的贫困"并"没有减轻"；但另一方面他不得不考虑到不同国家工人队伍的发展条件极不相同，必然会造成世界范围内合作的复杂性，于是马克思采用了"实质上坚决，形式上温和"的方式，要求尽可能"能使一切党派都满意"，而"不致把英国工联派，法国、比利时、意大利和西班牙的蒲鲁东派以及德国的拉萨尔派拒之于门外"。此外，马克思特别看重工人阶级的"精神发展"，指望将来通过各国各派工人的思想交流和讨论，形成一个可以共同接受的理论纲领。这说明，马克思在实践与理论、原则与策略之间的思考和处理上态度是审慎的，而不是极端化的。

较之于国际工人协会成员的"纯粹性"，1871年发生的"巴黎公社"事件则要复杂得多。就实际进程看，它不是源于国际间的联合，而是基于法国与普鲁士之间的战争；其中显现的并不只是无产阶级对抗资产阶级的斗争，而是混杂着皇权帝国(拿破仑三世)与共和体制(第三共和国)、资产阶级与市民阶层(特别是工人阶级和下层中产阶级)、国家统一与地方自治等之间的矛盾、冲突和较量,掺和着激进主义、改良主义、左翼社会主义和无政府主义等不同的方向和因素。马克思对这一事件给予了极大的关注,并作了客观的估量和精深的分析。很显然,历时两个月的巴黎公社,并不是有计划行动的产物,也非得力于什么个人或具有明确纲领的组织的领导,不过是"在特殊条件下的一个城市的起义,而且公社中的大多数人根本不是社会主义者,也不可能是社会主义者"①。但同时马克思也看到,公社所采取的一些特殊措施确实"表明通过人民自己实现的人民管理制的发展方向",即作为一种地方自治的组织形式,摆脱帝国的直接统治,在地方层面采用直接民主的组织原则,以体现现代共和制的精神;作为国家政权组织原则的代议民主制,不再是由专业化的官员来治理公共事务的原来意义上的国家;而作为旧制度的超越形式,打碎高度集权的国家政权,确立现代共和制的基本原则:普选制和"向下负责"制。所以马克思指出,决不应把公社看作教条主义的模式或未来革命政府的方案,它是"高度灵活的政治形式"。

如果说,国际工人协会的成立是出于各国无产阶级国际联合的考虑,那么,在巴黎公社之后出现的新的历史境遇表明,工人运动面临的直接任务是在民族国家的基础上建立各自的工人政党,这样,国际的组织形式已经过时,相反,它的继续存在会成为工人运动发展的一种桎梏,所以必须让其退到后台而过渡到新的组织形式。马克思看到了这一趋势,在他的建议下,国际工人协会于 1876 年正式宣布解散。

---

① 马克思:《致费迪南德·多梅拉·纽文胡斯信 (1881 年 2 月 22 日)》,《马克思恩格斯文集》(第十卷),人民出版社,2009 年,第 459 页。

这期间更复杂而耐人寻味的,还有马克思与德国社会民主党之间的关系。

早在 1863 年,拉萨尔就在莱比锡创立了全德工人联合会,次年其决斗身亡后,这一派别的活动更趋活跃。1869 年由李卜克内西和倍倍尔在爱森纳赫成立了德国社会民主工党,成为德国工人运动中另一个重要政党,两派之间并驾齐驱又相互较劲。1871 年普法战争结束后,德国成为统一的民族国家,两个政党也开始谋求合并。李卜克内西主持起草了合并纲领,并于 1875 年 2 月在哥达召开的代表大会上获得通过,史称"哥达纲领"。对此,马克思的态度是,一方面认为通过合并改变德国工人运动的分裂状态是必要的,对工人阶级有利;另一方面他又指出合并要有原则,而目前的纲领草案是一个"极其糟糕、会使党精神堕落的纲领",主要是其中拉萨尔主义的东西太多了。为此马克思于 4 月底至 5 月初写了《德国社会民主党纲领批注》,逐条辨析了一系列观点,后来被通称为《哥达纲领批判》。

必须指出的是,其中有些观点与《资本论》是密切相关的。诸如,认为"劳动不是一切财富的源泉",自然界如土地、矿山等也是财富源泉,劳动只有在具备了相应的对象和工具的条件下进行,才能创造出财富;"公平"是有阶级性的,在阶级社会中不存在各阶级都认可的"公平的"分配,在资本主义社会里,资本家将利润、工资看作"公平的"分配,而这些对工人阶级来说都是不公平的分配,因为资本家占有的利润是工人创造的剩余价值的转化形式,既然"公平的分配"是不存在的,那么"平等的权力"也就难以得到维护;劳动力在使用过程中能创造出比他自身的价值更大的价值来,资本家付给工人的工资是劳动力的价值,而那个超过工资的更大的剩余价值,被资本家无偿占有了;提出共产主义社会发展的两个阶段的原理,在共产主义第一阶段,生产力迅速发展但发展还不够充分,只能实行按劳分配,而在共产主义高级阶段,生产力高度发展,社会财富的源泉充分涌流,三大差别最终消除,社会实行"各尽所能,按需分配"。

马克思的分析确实击中了要害,为了达成合并的目的,爱森纳赫派的让步和妥协使《哥达纲领》在某种程度上就成了一个"理论拼盘"。但现在看来,作为马克思、恩格斯的学生,德国社会民主党领导人与马克思之间的分歧其实只在于其出发点和策略上的不同,前者的目标是政治上的统一,以适应当时德国的政治环境和工人运动现实发展的要求,而马克思则追求理论上的纯洁性。而且可以看出,马克思对这种差别的界域也是很了然于胸的,以至于他的态度和行为并不完全一致:他决绝地表达了批评意见,但却不让公开发表这份文献。不管怎样,马克思的思想最终在修订后的《哥达纲领》中得到了体现,当然,拉萨尔的思想依然留下了深刻的烙印。也许可以这么认为,这种不同观点的表达,恰恰是德国社会民主党宽容性和多元化的历史传统的一种体现。

特里尔马克思故居博物馆提供的资料表明,由于他与德国社会民主党之间的这种复杂关系,"马克思生命历程的最后十年,不再专注于政治活动和工人运动,而是致力于历史和人类学的研究"[①]。我深信,马克思花费了时间、精力甚至情感所投入的这段经历,对于他没有完成《资本论》肯定是有影响的。

(三)资本主义"史前史"的求解

现在,我们已经很难用单一的学科门类和表述方式来界定《资本论》的所属,它既是经济学作品,也是哲学和社会学论著;既着重于原理阐发,也处处显示出历史的铺陈和论证。在原来"六册计划"的构想中,"土地所有制"是

---

① Museum Karl-Marx-Haus Trier, Karl Marx(1818-1883): Leben-Werk-Wirkung bis zur Gegenwart Ausstellung im Geburtshaus in Trier, 2013, S.69-70.

排在"资本"之后紧接着要探究的内容,在按照"资本一般"形成新的写作结构之后,马克思实际上并未忘却这样的安排。19世纪70年代中叶以后,他开始集中关注土地所有制问题,与其保持频繁学术交往的马克西姆·马克西莫维奇·科瓦列夫斯基于1879年出版了《公社土地占有制,其解体的原因、进程和结果》,马克思立即对该书进行了详细地摘录和评论;之后,在科瓦列夫斯基的引介下,马克思又接触到路易斯·亨利·摩尔根于1877年发表的《古代社会》一书,并对书中的重要观点进行了摘录,写下98页摘录、106条批注,其中既有马克思自己的概括,也有对摩尔根主要观点的进一步阐述,马克思还批评并修正了摩尔根的部分观点,调整并改造了全书的结构;接着,马克思又运用改造过的摩尔根学说摘录批评了约翰·巴德·菲尔的《印度和锡兰的雅利安人村社》、亨利·萨姆纳·梅恩的《古代法制史讲演录》和约翰·拉伯克的《文明的起源和人的原始状态》等著作。这些内容后来被称为"人类学笔记"。其实,它们只是劳伦斯·克拉德于1972年从马克思晚年留下来的八开笔记本约30000页中选择了208页编成的,就是说,只占马克思摘录、笔记中很小的部分。

在此前后,马克思还利用施洛塞尔18卷本的《世界史》、博塔《意大利人民史》、科贝特《英国和爱尔兰的新教改革史》、休谟的《英国史》、马基雅维利的《佛罗伦萨史》、卡拉姆津的《俄罗斯国家史》、塞居尔的《俄国和彼得大帝史》、格林的《英国人民史》等材料,按照编年顺序摘录了从公元前91年到1648年世界各地特别是欧洲各国的政治历史事件,写下了篇幅巨大的"历史学笔记",主要涉及罗马帝国初期奴隶制渐次衰落到西欧封建制度的形成、城市势力的增长和商品经济的发展使封建制度动摇、西欧近百年的发展史以及在资本主义萌芽过程中重大的历史事件和矛盾冲突、"三十年战争"对欧洲近代民族国家形成的影响等主题。

在《资本论》的整理、写作颇为紧张和困难、晚年身体状况严重恶化的情况下,拓展这样新的领域和撰写如此大容量的笔记,意欲何为呢? 我们看到,两部笔记,特别是"历史学笔记"多是史料摘录和事件罗列,马克思本人的用意和思想并没有充分而明确地表达出来。但不难看出,在对现代社会错综复杂的结构和境况分析遇阻的情况下, 马克思试图通过对资本主义史前史的溯源和探究中, 尝试从欧洲历史上的重大事件和不同国家的具体发展过程中寻求索解现代社会的形成过程、结构要素及其逻辑关系。

我们知道, 马克思提出的历史唯物主义非常重视经济因素在历史发展中的首要作用和在社会结构中的基础地位,《资本论》第一卷基本上就是以此为准则借助英国的典型案例来阐释和分析资产阶级社会的形成及其本质特征的。但随着晚年视野的拓展,马克思注意到,即使仅从英国的情况来看,15 世纪以前资本的原始积累也并不单纯是经济活动,绝对王权、重商主义、圈地运动等历史事件已经折射出资本主义背后复杂的政治因素。

即使是有关经济因素,马克思晚年的突破还在于,他注意到英国之外其他更多国家在走向资本主义道路过程中例外的情形。"历史学笔记"第一册中马克思对罗马帝国、意大利历史的详细梳理表明,罗马的城市繁荣和商业发展没有催生资本主义,被剥夺了小块土地的自由农民没有变成雇佣工人,意大利农奴制瓦解之后产生的资本主义萌芽没有确立资产阶级所有制的统治地位。这促使马克思进一步反思商业和货币流通的发展为什么不能产生资本积累? 劳动者与土地的分离为什么没有产生自由劳动力? 兴起的资本主义萌芽为什么会再度被小农生产方式吞噬? 等等。此外,马克思在"历史学笔记"第三册中特别考察了新航路开辟、殖民掠夺、世界市场形成等历史事件,这对于从经济层面讨论资本主义产生及其在全球范围内的扩展是一项重大的视域拓展。

对于西欧现代社会的形成和发展来说,宗教始终是不可或缺的因素。过去由于脱离具体文本语境而对"宗教是人民的鸦片"所做的抽象阐释及其流行,马克思作为一个无神论者和反宗教斗士的形象被无限地夸大了。实际上他的思想与宗教之间的关系至为复杂,在晚年笔记中表现得也非常明显。宗教问题是贯穿"历史学笔记"四册内容的一大重点,第一册笔记中的九次十字军东征,第二册笔记中的比萨宗教会议、康斯坦茨宗教会议、巴塞尔宗教会议、胡斯战争,第三册笔记中的路德宗教改革、闵采尔农民战争,第四册笔记中围绕宗教分歧展开的欧洲三十年战争等都是基督教史和欧洲历史上的重大事件。从这些摘录可以看出,马克思认为宗教是塑造欧洲历史,进而是理解资本主义起源的重要视角。宗教在欧洲历史进程中形成了思想统一性,而它的现代转换促成了欧洲社会观念的整体变迁—— 一种以物质财富或资本为核心的生活方式和社会原则快速而有力地击碎了传统社会,从而开启了欧洲的现代化历程。

我们看到,马克思晚年笔记中对那些复杂材料的梳理不是把历史发展看成某种抽象的"历史哲学"的基本原则和公式的运用,不是对以往成型的重要观点和"经典表述"的再度重申和举例验证,而是以大量实证材料探究了各个国家在资本主义起源、演变过程中"经济—政治—宗教"具体状况所导致的复杂性和多样性,这促成了马克思对历史唯物主义框架的重新思考和突破,某种程度上也是对作为《资本论》这部"政治经济学批判"著述的形而上学(哲学)基础的反省、深化和重构。

(四)对俄国社会未来走向的设想

在求解资本主义史前史的同时,马克思在 1867—1883 年间还把视野扩展到西欧之外的东方,特别是俄国。他既论述了俄国农村公社的历史命运,也思考了俄国资本主义发展的未来前景。以往他对社会主义的思考主要以欧美先进的资本主义国家为背景,他所表述的社会主义目标和特征也无不以资本主义高度发展和资产阶级的存在及其对它的否定为前提,现在一个村社制度刚刚解体、资本主义根本没有充分发展的东方大国向何处去的问题,摆在了他的面前。

前文说过,《资本论》第一个外文译本是俄文版,1872 年 4 月出版之后在俄国知识分子中"极受欢迎",对于俄国革命者和有识之士思考土地问题、农村公社的状况及其前景这些 "在俄国是多么为人注意""特别是为我们社会主义党所注意"的问题提供了重要的参考价值。1881 年 2 月 16 日,俄国早期社会主义运动女活动家查苏利奇写信给马克思, 介绍了这方面的情况,指出:"最近我们经常可以听到这样的见解,认为农村公社是一种古老的形式,历史、科学社会主义——总之,一切不容争辩的东西——,使农村公社注定要灭亡。鼓吹这一点的人都自称是你的真正的学生,'马克思主义者'。"为此, 查苏利奇提出:"如果你能说明你对我国农村公社可能的命运以及关于世界各国由于历史的必然性都应经过资本主义生产各阶段的理论的看法,那么,这将使我们获得极大的帮助。"①她期待马克思写出一篇较长的文章,或者一本小册子,实在不行写一封信来回答其提出的问题。

我们知道,马克思是一个社会规律论者,历史唯物主义揭示出基于生产力与生产关系、经济基础与上层建筑之间的矛盾运动,历史发展呈现出一个不同形态"建构—更选—再建构—再更选……"渐次上升的运动过程,这就

---

① 维·伊·查苏利奇:《致卡尔·马克思信(1881 年 2 月 16 日)》,转引自《马克思恩格斯全集》(第 19 卷),人民出版社,1963 年,第 268 页。

是社会发展的必然性、统一性。然而马克思之规律论又是一个"弱"规律论，而不是"强"规律论，因为深得辩证法精髓的马克思很早就注意到，社会形态是一个复杂的"有机体系统"，社会发展中"现实的人"具有主体作用，必然性通过偶然性得以显现，社会规律具有"似"（"相似"而"不是"）自然规律的特征。我理解，"查苏利奇之问"的核心要义就在于触及了社会发展中的"跨越"与"不可跨越"的难题。

在撰写给查苏利奇的回信时，马克思详细研究了俄国农村公社的历史、现状和特点，分析了俄国农村公社的二重性和两种可能的前途：或者是它所包含的私有制因素战胜集体因素，或者是后者战胜前者，这一切都取决于它所处的历史环境。很明显，与西欧相比，俄国是一个庞大而又落后的东方帝国，也是世界上唯一较为完整地保留了村社和土地公有制的国家。1861年废除农奴制的改革，1877年爆发的俄土战争使国内外各种社会冲突空前激化。在这种形势下，马克思认为，俄国的农村公社"目前处在这样的历史环境中：它和资本主义生产的同时存在为它提供了集体劳动的一切条件。它有可能不通过资本主义制度的卡夫丁峡谷，而占有资本主义制度所创造的一切积极的成果"。"要挽救俄国公社，就必须有俄国革命。"[1]"如果革命在适当的时刻发生，如果它能把自己的一切力量集中起来以保证农村公社的自由发展，那么，农村公社就会很快地变为俄国社会新生的因素，变为优于其他还处在资本主义制度奴役下的国家的因素。"[2]这也意味着在社会运动中"跨越"发展是可能的。

① 马克思：《给维·伊·查苏利奇的复信（初稿）》，《马克思恩格斯选集》（第三卷），人民出版社，2012年，第828~829页。

② 马克思：《给维·伊·查苏利奇的复信（初稿）》，《马克思恩格斯选集》（第三卷），人民出版社，2012年，第832页。

但是关键之点还在于，为了将俄国的村社土地公有制提高到共产主义所有制的水平，还需要有一系列具体条件：其一，必须吸收资本主义的一切肯定成就。当在社会制度上跨越资本主义的同时，必须在生产上吸取同时代资本主义的先进成果，以充实共产主义的物质基础。其二，必须采取一切可能的措施，帮助公社复兴。特别是在俄国公社面临巨大的灾难，处于极不正常的状态，受到日益发展起来的资本主义关系明显威胁时，"首先必须排除从各方面向它袭来的破坏性影响，然后保证它具备自然发展的正常条件"。其三，必须有俄国内部自我改革和革命，否则就只能听凭它无可挽救地死亡下去。其四，必须有欧洲革命的引发和支持。光指望俄国内部条件，革命难以发生，而没有革命，跨越资本主义就将成为不可能。在这种情况下，马克思把希望寄托于欧洲革命和俄国革命的相互引发和推动。很明显，不具备这些条件甚至这些条件不充分，社会发展中的"跨越"或者不可能实现，或者也会削弱其成果，这些条件是"不可跨越"的。

必须指出的是，马克思的上述思考还只是一些原则和构想，并不是很成熟的看法和明确的意见。他接到查苏利奇的回信后，很费踌躇，先后写了四个草稿，前三个草稿都很长，而正式发出的复信却非常之短。他反省说，以往"在《资本论》中所作的分析，既没有提供肯定俄国农村公社有生命力的论据，也没有提供否定农村公社有生命力的论据，但是，我根据自己找到的原始材料对此进行的专门研究使我深信：这种农村公社是俄国社会新生的支点；可是要使它能发挥这种作用，首先必须排除从各方面向它袭来的破坏性影响，然后保证它具备自然发展的正常条件"。①这些话真实地透露出他的纠结。这也表明，马克思晚年并不存在一个研究重点由西方向东方的转移，更

---

① 马克思：《给维·伊·查苏利奇的复信》，《马克思恩格斯选集》（第三卷），人民出版社，2012年，第840页。

不可能形成一个与《资本论》所建构的西方发展道路不同的"东方社会理论"。虽然他从 1870 年开始大量接触俄国文献、与俄国学者和革命家交往，还自学了俄语并且编写过《我藏书中的俄文书目》，但他的主要目的还是研究土地制度和资本主义的起源，他对俄国社会的了解和分析仍不能与对西方情况的熟悉相提并论。

所以我们必须客观而审慎地看待马克思在 1867—1883 年间关于东方社会的思考，并将这一思想、活动与 20 世纪社会主义的理论、实践之间进行合理的比较与勾连。

（五）"我只知道我自己不是'马克思主义者'"的警示

在交错进行上述多样活动和思考的同时，马克思比以往任何时候都自觉地思考了其学说未来的命运。在当时，更为年轻的资本主义的批判者、社会主义运动的活动家成长起来了，他们中的大多数至少在表面上都尊重马克思及其学说，给予了形形色色的阐释、传播和发挥，使马克思主义的影响渐次扩大。但马克思是一个异常清醒的思想家，他一方面欣慰于自己毕生所从事的事业后继有人，悉心地予以支持、帮助和指导；但另一方面，敏锐地觉察出自己的思想、苦心在当时已经不能被忠实理解和准确转换，而是出现了很多误读、偏差和曲解，为此他很焦虑，频频发出沉郁的慨叹："tout ce que je sais c'est que moi,je ne suis pas marxiste"——"我只知道我自己不是'马克思主义者'"。这句振聋发聩的话该如何理解呢？谨根据我所掌握的文献特做如下的分析，即马克思提醒后继者不能把他的学说理解和演变为：

作为"超历史"的"万能钥匙"的马克思主义。1877 年，马克思在《给〈祖国纪事〉杂志编辑部的信》中，谴责了米海洛夫斯基把他"关于西欧资本主义起

源的历史概述彻底变成一般发展道路的历史哲学理论，一切民族，不管它们
所处的历史环境如何，都注定要走这条道路"，认为"他这样做，会给我过多
的荣誉，同时也会给我过多的侮辱"。接着就举了《资本论》中的几处论述来
详加分析，指出他的学说不是"一把万能钥匙"，不是"一般历史哲学理论"。①

"当作标签贴到各种事物上去"的马克思主义。现在流传下来非常明确
地披露马克思上述慨叹的文献来自恩格斯 1890 年的几封书信。在 8 月 5 日
致康·施米特的信中他指出，马克思特别反感把"唯物主义""唯物史观""当
作标签"，只看重马克思主义哲学"依赖于物质存在的条件"而"排斥思想领
域反过来对物质存在方式起作用"，把唯物史观解读为"经济决定论"，使"唯
物主义"这个词成为"只是一个套语"，"一把这个标签贴上去，就以为问题已
经解决了"。②而在 8 月 27 日致保尔·拉法格的信中再次痛斥这样的"马克思
主义"者，设想"马克思大概会把海涅对自己模仿者说的话转送给这些先生
们：'我播下的是龙种，而收获的是跳蚤。'"③

作为政治斗争工具的马克思主义。德国社会民主党围绕合并而展开了
旷日持久的斗争，而且两派之间都声称其主张符合"正统的"马克思主义。虽
然不能协调他们之间的矛盾，但马克思敏锐地觉察出，他的学说有被利用的
危险。1878 年，在给奥古斯特·倍倍尔、威廉·李卜克内西和威廉·白拉克等人
的信中，他说自己不担心身后其思想被湮没，而是要特别警惕他的学说以后
会沦为政党政治斗争的工具和占统治地位的"国家哲学"，认为那样会"窒息

① 马克思：《给〈祖国纪事〉杂志编辑部的信》，《马克思恩格斯选集》（第三卷），人民出版社，2012 年，第 730 页。
② 恩格斯：《致康拉德·施米特信（1890 年 8 月 5 日）》，《马克思恩格斯文集》（第十卷），人民出版社，2009 年，第 586 页。
③ 恩格斯：《致保尔·拉法格信（1890 年 8 月 27 日）》，《马克思恩格斯文集》（第十卷），人民出版社，2009 年，第 590 页。

精神创造的本质"，并且举例说黑格尔哲学就是这样衰落的。

垄断思想解释权的马克思主义。同样针对拉萨尔、倍倍尔、李卜克内西等在德国社会民主党内展开的纷争，马克思还发出这样的痛心之语："你们应该明白：把马克思主义垄断化并使它成为一种国家宗教，就意味着卡尔·马克思精神的死亡，而这种精神正是他毕生研究和生活的灵魂之所在。"①这里必须强调指出，马克思的这种说法有特殊考量和具体语境，所以也不能无限地延伸、引用和肆意发挥，但他生前对将其理论和方法做简单化、极端化、"顶峰论"的理解的倾向保持高度的警觉并且所做出的严厉批评，真正显示了他的高瞻远瞩，确实发人深省。

1867—1883 年间马克思众多的社会活动和驳杂的思想图景，透露了身患多种疾病、并且被视为"处于慢性死亡状态"的他反而较以往具有更为宽广的研究视野、清醒的自我反省和深入的现实考量。从思想史研究角度看，这一时期马克思的理论和实践探索在继承早年思想逻辑（特别是《资本论》对现代社会理解）的基础上，更加凸显了他与 20 世纪东西方社会历史（特别是资本主义与社会主义关系运演）具有多元、复杂而深刻的关联。长期以来，由于不注重对这一阶段文献的整体把握和具体文本细节的解读，造成了对包括《资本论》在内的马克思思想的理解存在不同程度的偏差乃至误读。回到马克思的原始著述中探寻《资本论》没有定稿的原因，不仅有助于理解马克思思想的复杂性、丰富性，也有助于总结 20 世纪马克思主义的命运和探索它在 21 世纪的发展。

---

① Museum Karl-Marx-Haus Trier, Karl Marx(1818-1883): Leben-Werk-Wirkung bis zur Gegenwart Ausstellung im Geburtshaus in Trier, 2013, S.75.

七、马克思的"突围"

——重思马克思对古典经济学思想图景和演变脉络的理解

　　《资本论》的核心问题是在对资本的探究中如何完成对古典经济学的突围和超越。按照马克思著述提供的线索,本章对古典经济学的思想图景和演变脉络重新进行了清理,依次探究了"古典政治经济学"的演变与功过、"庸俗经济学"何以"庸俗化"以及德国历史学派经济学的理论困境,最后反思了过去学界对马克思与古典经济学之间关系的理解,认为古典经济学为马克思展开政治经济学研究提供了背景、议题和参照,经济学家们基于时代问题和国情状况而生发的思考和主张,为他在《资本论》中的"突围"和超越提供了资源和借鉴,从这个意义上说,没有古典经济学也就没有马克思的政治经济学。

近年来,在国内马克思主义哲学研究中,《资本论》受到普遍重视。但就现有的成果看,不在少数的研究者并不以《资本论》原始手稿和文献具体内容的细致解读和逻辑清理为立论基础和前提,而只是满足于寻找诸如政治哲学、空间理论等"新颖"的视角和方法、杜撰所谓"资本逻辑"与"生产逻辑"的对立、以"水循环"作比喻讨论第二卷所涉及的资本流通等,或者单纯以《资本论》为由头和议题随意对其当代性和现实意义进行演绎、发挥。这样的结果是,尽管产生了大量论文和著作,形成了所谓研究"热点",但对于作为马克思代表作的《资本论》文本的研究来说,很多成果显得过于外在、隔膜和疏离,因而也很难谈得上会产生多少实质性的推进。

而如果回到马克思所撰写的有关《资本论》庞大的手稿、笔记和通信,就会发现,这部著述的核心问题是在对资本的探究中如何完成对古典经济学的突围和超越。所谓哲学层面的"革命性的变革"和"政治立场上的转变",如果不具体化到对资本运动环节、过程和机制的讨论是得不到落实、体现和进一步推进的。正是基于此,本文拟严格按照马克思著述提供的线索,对古典经济学的思想图景和演变脉络进行进一步清理。我不再把这些经济学家视为一个统一的整体,而是深入其思想体系中梳理其观点和主张、辨析马克思是怎样理解和把握他们的思想以及如何发挥其影响的。马克思关于他们的研究当然不是平均用力的,所以我会根据实际情况调整叙述重点和层次。从《资本论》及其手稿看,马克思关注到的是三类情形:

(一)"古典政治经济学"的演变与功过

马克思把古典政治经济学(Klassische politische Ökonomie)界定为资本主义产生时期"阶级斗争不发展"阶段的资产阶级经济学。它产生于 17 世纪下半叶,完成于 19 世纪初。如果从马克思思想发展的"巴黎时期"(1843 年 10 月到 1845 年 1 月)算起,到他从庞大的《资本论》初稿中整理出第一卷的时候(1867 年),他浸润在这一派别中清理其中每个重要人物及其著述、把握其思想的发展过程和理论体系已经近三十年。马克思极为详细地勾勒出古典经济学的发展图景,即在英国从威廉·配第(William Petty,1623—1687)开始,中经亚当·斯密(Adam Smith,1723—1790)的发展,到大卫·李嘉图(David Ricardo,1772—1823)结束;而在法国,从布阿吉尔贝尔(Boisguillebert,1646—1714)开始,中经弗朗斯瓦·魁奈(Francois Quesnay,1694—1774),到西斯蒙第(Jean-Charles-Léonard Simonde de Sismondi,1773—1842)结束。

威廉·配第被马克思称为"政治经济学之父,在某种程度上也可以说是统计学的创始人"①。他基于生产过程来考察资本主义的经济发展,摆脱了从流通过程进行研究的重商主义思路,把经济学关注的重点从流通领域转换到生产领域,着力探究社会生产关系的内部联系,从而在经济分析上取得了开创性的成就。在财富观上,配第提出"劳动是财富之父,土地是财富之母"②的著名论断,把劳动时间看作衡量价值的尺度和基础,对商品的价值量作了清楚的说明,为劳动价值论提供了最初的论证。配第还独创性地应用算术方法研究社会的经济问题,通过具体数据对比各国的经济力量,探究复杂经济现象背后的共同规律。此外,他还通过分析"法定工资"的自然基础,建立了自己的工资理论,同时最先提出"级差地租"的概念,建立了其独特的地租学说。在经济政策上,配第非常重视对外贸易在资本主义发展中的作用和地

---

① 马克思:《资本论》(第一卷),《马克思恩格斯文集》(第五卷),人民出版社,2009 年,第 314 页。

② 这是马克思在《资本论》中的转述[《资本论》(第一卷),《马克思恩格斯文集》(第五卷),人民出版社,2009 年,第 56~57 页]。配第是在《赋税论》第十章中提出这一命题的,原始的表述是:"土地为财富之母,而劳动则为财富之父和能动的要素。"(威廉·配第:《赋税论》,陈冬野译,《配第经济著作选集》,商务印书馆,2014 年,第 63 页。)

位，将其看作国家获取财富和权力的主要方式，主张如果进口显著超过出口，则应限制外国商品进口。基于此，他提出"应该尽力生产那些能够从海外赚取并带回货币的商品"①。他还把重商主义的商业及殖民扩张思想具体化，以爱尔兰为个案，形成了一套系统的殖民理论，对英国崛起成为世界"第一帝国"产生了直接的影响。配第的重要著述如《赋税论》《政治算术》《货币略论》《爱尔兰的政治解剖》等都是马克思认真研读、摘录和引用的文献。

从配第开始的一百年间，英国经济学一直在不断地推进，洛克、诺思、马西、休谟、斯图亚特等都做出了贡献，到"在亚·斯密那里，政治经济学已发展为某种整体，它包括的范围在一定程度上已经形成"②。斯密改变了他之前几乎所有的经济学家都着眼于经济政策和急于对市场进行干预的思路，从弄清市场经济是如何运行的这个复杂问题入手，提出遵循自行调节的自然秩序即自由市场机制。在他看来，每个个人"通常既不打算促进公共的利益，也不知道他自己是在什么程度上促进那种利益……他所盘算的也只是他自己的利益。在这场合，像在其他许多场合一样，他受着一只看不见的手的指导，去尽力达到一个并非他本意想要达到的目的。也并不因为事非出于本意，就对社会有害。他追求自己的利益，往往使他能比在真正出于本意的情况下更有效地促进社会的利益"③。——这就是经济学说史上著名的"看不见的手"的主张的出处。据此，斯密既否定重商主义坚持的只有对外贸易才是财富的唯一源泉的观点，也抛弃了重农主义认为只有农业才创造财富的偏见，指出任何部门的劳动都能创造财富，并详细地研究了财富的来源、增加财富的方

---

① 威廉·配第：《献给英明人士》，陈冬野译，《配第经济著作选集》，商务印书馆，2014年，第116~117页。

② 马克思：《1861—1863年经济学手稿》，《马克思恩格斯全集》（第34卷），人民出版社，2008年，第182页。

③ 亚当·斯密：《国富论》（下卷），郭大力、王亚南译，商务印书馆，2014年，第30页。

式以及促进和阻碍财富增长的原因。正是基于此,马克思对于斯密给予了极高的评价,对其代表作《国民财富的性质和原因的研究》的各种版本(两卷集、三卷集、四卷集、五卷集)和《道德情操论》都做了详尽的研究。

之后,大卫·李嘉图继承和发展了斯密的理论,他"从商品的价值量决定于劳动时间这个规定出发,然后研究其他经济关系是否同这个价值规定相矛盾,或者说,它们在多大的程度上使这个价值规定发生变形"[①]。李嘉图认为,决定价值的劳动是社会必要劳动,决定商品价值的不仅有活劳动,还有投在生产资料中的劳动,全部价值由劳动产生,并在三个阶级间分配:工资由工人的必要生活资料的价值决定,利润是工资以上的余额,地租是工资和利润以上的余额。由此,李嘉图说明了工资与利润、利润与地租的矛盾,从而实际上揭示了无产阶级与资产阶级、资产阶级与地主阶级之间的对立。此外,他还论述了货币流通量的规律,提出对外贸易中的"比较成本学说"等。最为重要的是,李嘉图继承并发展了斯密的自由主义经济理论,认为限制政府的活动范围、减轻税收负担是增长经济的最好办法。李嘉图的研究使经济学"方法的历史合理性"及其"在经济学史上的科学性"得到了大大加强,其代表作《政治经济学及赋税原理》是马克思写作《资本论》上最重要的参考文献之一。正是基于此,他的学说不仅标志着古典经济学的最后完成,在现实中也同时得到了资产阶级和无产阶级经济学者的共同赞赏,在后来的追随者以及被称之为"李嘉图社会主义"的思潮里得到了广泛的传播。

遵循"盛极而衰"的自然法则,古典经济学自此开始走下坡路。当作为李嘉图学说通俗化的解说者约翰·穆勒提出"在价值法则中已没有什么要留给

[①] 马克思:《1861—1863年经济学手稿》,《马克思恩格斯全集》(第34卷),人民出版社,2008年,第182页。

现在的著述家或任何未来的著述家去澄清"①的时候,古典经济学对劳动价值论的认识和阐释走到了尽头。

英国之外,法国也是古典经济学的滥觞之地。法国不同于英国,它是一个以农业为主的国家。为此,作为法国经济学的开创者,布阿吉尔贝尔特别强调农业在整个国民经济中的基础地位和重要性,认为农业才是财富的真正源泉,"只有衣食等物品,才应当称为财富"②,"一切的财富都是来源于土地的耕种","耕种者的繁荣昌盛是一切其他等级的财富的必要基础"。③当重商主义政策的推行使农业经济遭到严重破坏的时候,布阿吉尔贝尔通过对大量农村诉讼案件的审理,从现实出发提出劳动决定价值的观点,把商品的价值归结为一般劳动时间,同时坚决反对重商主义的国家干预政策,提倡自由竞争,认为货币本身不是财富,反对积累金银财富。这些观点为法国古典经济学奠定了基础。马克思对此也给予了关注,在《巴黎手稿》《资本论》中都引用过布阿吉尔贝尔所著《法国详情》的材料和观点。

魁奈在布阿吉尔贝尔的基础上针对法国农业面临的困难发表了一系列著述,进而影响了周围许多人,形成了"重农学派",左右了当时法国的经济政策。魁奈认为,财富并不来自流通领域,而是通过物质资料的生产创造的,交换的原则是等价交换。在他看来,只有能使物质财富在数量上增加的农业部门才是生产部门,而工业和商业部门都不属于此,因为工业仅仅把农产品作为原料进行加工,即改变物质财富的外部形态,至于商业则只是使财富在地点上发生转移。魁奈根据社会成员对生产产品作用的不同将其划分为三

① 约翰·穆勒:《政治经济学原理》(上卷),赵荣潜等译,商务印书馆,1991年,第491页。
② 布阿吉尔贝尔:《论财富、货币和赋税的性质》,伍纯武译,《布阿吉尔贝尔选集》,商务印书馆,1984年,第128页。
③ 布阿吉尔贝尔:《谷物论》,伍纯武译,《布阿吉尔贝尔选集》,商务印书馆,1984年,第209页。

个阶级:生产阶级、土地所有者阶级和不生产阶级。他把投在农业上的资本看作唯一的生产资本。在《经济表》中对资本再生产和流通规律进行了探索,因此在经济学史上这一著述具有开拓性的意义。对此,马克思做出了如下的评价:"魁奈的《经济表》用几根粗线条表明,国民生产的具有一定价值的年产品怎样通过流通进行分配,才能在其他条件不变的情况下,使它的简单再生产即原有规模的再生产进行下去。上一年度的收获,理所当然地构成生产期间的起点。无数单个的流通行为,从一开始就被概括成为它们的具有社会特征的大量运动,——几个巨大的、职能上确定的、经济的社会阶级之间的流通。"①

　　古典经济学发展过程中在同一派别内也出现了质疑者,诚如马克思所说,"还在李嘉图活着的时候,就有一个和他对立的人西斯蒙第批判资产阶级的经济科学了"②。西斯蒙第被视为"经济浪漫主义"的奠基人。他经历复杂,早期辗转欧洲多国求学、生活和工作,还曾宣传过斯密的学说。但法国大革命后小生产者的破产分化和英国的经济危机使他成为英国古典经济学的激烈反对者。他从小生产者的立场出发,批评英国经济学以财富为研究对象,忽视了人的享受,认为经济自由主义给社会带来灾难,主张依靠国家政策调节社会经济生活。他强调消费先于生产、生产服从消费,反对李嘉图为生产而生产的思想。西斯蒙第还指出,资本家为利润拼命扩大生产,但小生产的破产和社会分配不公使广大民众收入不足,收入不足又使消费不足,因而一部分产品的价值不能实现而必然产生经济危机。他最早论述了资本主义生产过剩危机的必然性,这是其经济思想最重要的贡献。但他将危机主要

---

① 马克思:《资本论》(第二卷),《马克思恩格斯文集》(第六卷),人民出版社,2009年,第398页。

② 马克思:《〈资本论〉第一卷第二版跋》,《马克思恩格斯文集》(第五卷),人民出版社,2009年,第16页。

归结为生活资料消费不足，所以实际上他也并未真正认识到导致危机的根本原因。他赞美中世纪行会手工业和宗法式农业的原则和规范，但他的改革建议实际上未超出小生产者的眼界，从而形成的只是小资产阶级式的"经济浪漫主义"的思想体系。概括地看，西斯蒙第的经济学说分析和揭露了资本主义的各种矛盾，特别是他第一次提出和论证了经济危机的必然后果，由此使他成为法国古典经济学的完成者。

马克思浸润于古典政治经济学之中几十年，他充分认识到其重要贡献在于劳动价值论的提出和坚守，以及不同程度地觉察到现代经济中蕴含的"阶级利益的对立、工资和利润的对立、利润和地租的对立"。然而马克思也逐渐认识到古典政治经济学本身的局限，发现即便其中作为集大成者的李嘉图，虽然把这种"对立当做他的研究的出发点"，但由于"他天真地把这种对立看做社会的自然规律。这样，资产阶级的经济科学也就达到了它的不可逾越的界限"[①]。诚如马克思 1851 年 4 月在给恩格斯的一封信中所说，整个古典经济学"开始使我感到厌烦了。实际上，这门科学从亚·斯密和大·李嘉图时代起就没有什么进展，虽然在个别的常常是极其精巧的研究方面作了不少事情"[②]。这意味着马克思将在古典经济学的基础上建构关于资本主义生产方式及其运动规律的更为科学的政治经济学。

---

① 马克思：《〈资本论〉第一卷第二版跋》，《马克思恩格斯文集》（第五卷），人民出版社，2009 年，第 16 页。

② 马克思：《致恩格斯信（1851 年 4 月 2 日）》，《马克思恩格斯全集》（第 27 卷），人民出版社，1972 年，第 246 页。

（二）"庸俗经济学"（Vulgärökonomie）何以是"庸俗化"（Vulgarisierung）的？

"从 1820 年到 1830 年,在英国,政治经济学方面的科学活动极为活跃。这是李嘉图的理论庸俗化和传播的时期"[①],代表人物有让·巴蒂斯特·萨伊（Jean-Baptiste Say,1767—1832）、托马斯·罗伯特·马尔萨斯（Thomas Robert Malthus,1766—1834）以及后来的詹姆斯·穆勒（James Mill,1773—1836）和约翰·雷姆赛·麦克库洛赫（John Ramsay McCulloch,1789—1864）,他们以斯密和李嘉图的信徒自居,以"注释"或"通俗化"的形式,把斯密著作中的"庸俗"成分分离出来并加以发展,形成被马克思称为"庸俗经济学"的理论和主张。

萨伊重新规定了经济学的研究对象,将其限定于财富的生产、分配和消费。在方法论上,他提倡抛弃价值判断、从事实出发,即以实证方法来研究现实经济问题。其经济学思想的核心理念是"供给创造其自身的需求",认为资本主义生产的循环流程可以自动地处于充分就业的均衡状态,而产品生产本身能创造自己的需求。正是由于市场的自我调节作用,所以不可能产生遍及国民经济所有部门、普遍性的生产过剩,只能在国民经济的个别部门出现供求失衡的现象,而且即便这样也是暂时的。货币仅仅是流通的媒介,商品的买和卖不会脱节。在一个完全自由的市场经济中,由于供给会创造自己的需求,因而社会的总需求始终等于总供给。就现实来说,他认为,资本、土地如同劳动一样能提供生产性服务,创造效用,具有创造价值进而创造收入的能力。因此,工资、利润、地租各有其来源,这就形成了劳动－工资、资本－利润、土地－地租的对应关系,亦即"三位一体"公式。这样,萨伊就否定了斯密

---

① 马克思:《〈资本论〉第一卷第二版跋》,《马克思恩格斯文集》(第五卷),人民出版社,2009 年,第 16 页。

关于利润、利息和地租是劳动所创造的价值的扣除部分的观点,认为企业家的"智力和才能"理应得到较高的报酬,而工人的技能也是一种"资本积累",也会获得像企业家那样的报酬,即"劳动利润"。

萨伊的上述思想在当时就引起了相当大的争议。李嘉图称他为"大陆著作家中首先正确认识并运用斯密原理的人",其功绩"大于所有其他大陆著作家的全部功绩"。①马克思鉴于他否定劳动价值论、不在资本主义经济体系内和运行过程中思考和阐释经济问题,所以将其视为"庸俗经济学"的创始人。而在现代,凯恩斯经济学的建立也是从批判萨伊开始的,但20世纪80年代的美国供给学派又将其学说奉为真理。

英国圈地运动的完成,使无地的农民被迫流入城市;而产业革命之后,工厂制度的建立和机器的广泛使用,又排挤了大量工人,致使贫困和失业成为当时社会最突出的现象。马尔萨斯思考了其中的原因,他没有把社会中的贫穷和罪恶的原因归结为社会经济和政治制度,而是认为是人口规律发挥作用的结果。在他看来,在人类社会的发展中有一条自然而永恒的规律,即人口与生活资料的增长速度不对称、不匹配,人口按几何级数增长,而生活资料按算术级数增加,生活资料的增加永远赶不上人口的增长。具体到资本主义制度,这条规律体现为收入水平取决于人口的多寡。他认为,一国的生活资料是一定的,如果人口增加超过了生活资料的增长,人数超过劳动市场需求的比例,就会使其收入下降和生活状况恶化,进而导致人口减少。而收入低廉,人数众多,人们为维持自己的收入,就必须加倍地努力工作,从而促进生产的发展。直到后来,生活资料和人口保持同一比例,于是人们的生活获得改善,收入又提高,对人口限制又会放松,人们的生活会再度恶化。收入

---

① 大卫·李嘉图:《政治经济学及赋税原理》,郭大力、王亚南译,商务印书馆,2013年,第4页。

水平就是这样随人口的增减而上下波动的。所以,在他看来,人口规律表明私有制度具有永恒性,是不会被推翻的。基于此,他反对旨在批判和推翻资本主义的社会改革思路和方案,认为如果废除财产私有制,实行婚姻自由,改善和提高人们的生活,势必刺激人口增加,最终使建立起来的平等社会制度趋于瓦解。只有保持财产私有制以及个人担负起养育自己孩子的责任,才能使人们自制,不至于生殖过多。为此,在现实经济政策方面,马尔萨斯竭力反对当时英国实行的"济贫法",认为这一法律导致不能独立维持家庭的人也能结婚、生育,实质上是"供养贫民以创造贫民"。在他看来,贫民产生的原因是其自身的贫困,救济的手段在其身上,而不在于别人,政府和社会对此也完全无能为力。

显然,马尔萨斯对人口变化与生产力发展所造成的压力之间关系的解释是把因果次序倒置了。他把生产力低下归咎于过剩的人口,但实际上这是动荡的资本主义经济发展所致,危机、失业、贫困等都是资本主义制度的产物。与其观点相反,"马克思否认人口规律在任何时候在任何地方都是一样的。相反地,他断言每个发展阶段有它自己的人口规律"①,恩格斯更称马尔萨斯的理论"是迄今存在过的体系中最粗陋最野蛮的体系,是一种彻底否定关于仁爱和世界公民的一切美好言词的绝望体系"②。

李嘉图之后,"第一个系统地阐述李嘉图理论的人"是詹姆斯·穆勒。尽管"他力求做到的,是形式上的逻辑一贯性",但"他的阐述只是一个相当抽

---

① 伊·考夫曼:《卡尔·马克思的政治经济学批判的观点》,转引自《〈资本论〉第一卷第二版跋》,《马克思恩格斯文集》(第五卷),人民出版社,2009年,第21页。

② 恩格斯:《国民经济学批判大纲》,《马克思恩格斯文集》(第一卷),人民出版社,2009年,第58页。

象的轮廓"①，更要命的是，在对李嘉图学说进行通俗化解释的同时，他也将其思想庸俗化了。

处在经济学发展关节点上的李嘉图体系存在两个自身无法克服的困难，即价值规律与劳动和资本相交换的矛盾、同等量资本获取等量利润的矛盾。詹姆斯·穆勒对此做了辩护和说明。关于第一个矛盾，他解释说，当我们谈及资本和劳动这两个生产手段时，诚然意味着劳动者对生产作出了贡献，但很显然，资本家的作用更是不可或缺，正因为如此，生产出来的商品就要以一定的比例归属于这两个阶级。但在现实中发生的情况是，双方中的一方在生产完成以前购买了另一方的份额，这样最后生产出来的全部商品就应该属于购买另一方份额的一方。我们知道，资本家确实是在雇佣工人劳动时，通过支付工资而购买了他们的劳动份额，所以劳动产品就应该归资本家所有。詹姆斯·穆勒的这种解释避开了由于使劳动本身直接与资本相对立而产生的难点。但由此也可以看出，他完全不理解，在劳动和资本交换中，劳动者出卖的不是普通商品而是劳动力，它的使用所创造的价值比它自身所包含的价值要更大。詹姆斯·穆勒的说明所产生的后果是，工人不复是劳动力的出卖者，而成了用其劳动力生产的商品份额的出卖者，即成了简单商品的出卖者，这样他不仅混淆了以工资为收入形式的劳动者与商品出卖者的角色，更重要的是掩盖了资本家所获得的利润即剩余价值的来源。

人们经常援引新葡萄酒和旧葡萄酒价格上的差别来讨论李嘉图体系中的第二个矛盾，意指生产新、旧葡萄酒所耗费的劳动时间是相同的，但后者却比前者昂贵得多。这种情形该怎么解释？詹姆斯·穆勒根据李嘉图关于"资

---

① 马克思：《1861—1863年经济学手稿》，《马克思恩格斯全集》（第35卷），人民出版社，2013年，第88~89页。

本是蓄积的劳动"的说法,认为劳动虽然没有直接运用于旧葡萄酒,但它通过其他商品(劳动产品)附加在了旧葡萄酒上。这里所谓其他商品即指资本。也就是说,在旧葡萄酒窖藏过程中,虽然"用手直接去做的劳动"已经结束,但在当初生产新葡萄酒时所耗费的劳动仍然"劳动"着。这样,穆勒就通过"直接的形式"用劳动量的价值规律来阐明这一现象,也就是说,他意欲用一种"武断的假定",即在不进行劳动的生产期间内仍然为劳动付酬,以此贯彻由劳动量决定价值的观点,使其在形式上得到"始终如一"的证明。

马克思对詹姆斯·穆勒的解释做了深入的讨论,认为其错误在于混同了价值和生产价格。旧葡萄酒和新葡萄酒尽管价值相同,但由于窖藏的关系,旧酒的生产价格就会高于新酒的生产价格。这涉及的是剩余价值在生产不同商品的各资本间均衡化的问题。如果用于一部门的资本,在直接榨取劳动上处于不利地位,例如它的有机构成较高,或者它在流通过程中停滞的时间较长,或者它必须在生产过程留滞一个较长时间,其他各部门生产的剩余价值将有一部分转移出来,使处于不利地位部门的资本能得到平均利润份额。由于窖藏葡萄酒的资本家必须在较长时间的生产过程中留滞其资本,所以就必然为其资本不能经历劳动过程而增殖的时间要求补偿。马克思指出:"只要理解剩余价值和利润的关系,其次理解利润平均化为一般利润率,这种现象是十分简单的。"①

麦克库洛赫与约翰·穆勒同是李嘉图学派的成员,也力图对李嘉图学说进行简明化的解释。他用真实价值和相对价值的不一致来解释利润,证明劳动和资本的交换与劳动价值论并不矛盾,指出不仅积累劳动产生价值,动物和自然力也都创造价值,平均利润与劳动价值不是对立的。麦克库洛赫这样

---

① 马克思:《1861—1863年经济学手稿》,《马克思恩格斯全集》(第35卷),人民出版社,2013年,第91页。

来解决李嘉图体系中的第一个矛盾：工人以工资形式得到的物化劳动恰好等于他在交换时以直接劳动形式还给资本家的劳动，所以资本和劳动的交换是等价交换。但利润的现实存在只得用让渡利润来加以解释。对于李嘉图体系的第二个矛盾，麦克库洛赫的解释是，劳动包括人的活动、动物的活动、机器的活动和自然力的作用，这四项共同创造着价值。旧葡萄酒之所以比新葡萄酒贵，是因为酒在窖藏期间，自然力在发挥作用。他举例说，英国有品质优良的羊毛、丰富的煤炭、技术高超的工人、灵巧的机器以及工业所需要的一切工具，生产的布匹很便宜；而葡萄牙的土地和气候特别有利于栽培和生长葡萄，具有生产葡萄酒的便利条件。很显然，在英国生产布匹并且用布匹换取葡萄牙生产的葡萄酒，比在英国本土上生产葡萄并酿酒能够得到更多的葡萄酒供应。同样，在葡萄牙方面，生产葡萄酒换取英国的布匹比自己生产布匹更符合大自然的意志。

可以看出，麦克库洛赫的解释比约翰·穆勒走得更远，最终导致的后果是李嘉图体系的彻底解体。李嘉图去世后，作为其学说坚定的信仰者和继承者，他和约翰·穆勒怀着深厚感情担当起为其辩护的责任。但是基于信仰而不是科学的辩护注定缺乏逻辑和力量，而放弃了科学方法实际上就是选择了失败。

到"1830年，最终决定一切的危机发生了"[1]，随着李嘉图学派的解体，这一领域的研究进入了"庸俗经济学"阶段。代表人物有纳索·威廉·西尼耳（Nassau William Senior，1790—1864）、弗雷德里克·巴师夏（Claude Fredenic Bastiat，1801—1850）、亨利·查尔斯·凯里（Henry Charles Carey，1793—1879）、

---

① 马克思：《〈资本论〉第一卷第二版跋》，《马克思恩格斯文集》（第五卷），人民出版社，2009年，第17页。

约翰·穆勒(John Stuart Mill,1806—1873)等人。①他们抛弃对古典学派所作的"注释"或"通俗化"解说,竭力寻找为资本主义辩护的新方法。在这一阶段,资产阶级经济学的庸俗化程度进一步强化了。

西尼耳致力于把经济学改造成为"纯粹"理论,只以财富为研究对象,其基本命题和内容包括:每个人都希望以尽可能少的牺牲取得更多的财富;人的社会本能限制人的生理本能,进而限制人口增长;工业生产力不断提高;农业报酬呈递减态势。他对劳动和资本作了主观主义的解释,认为价值由效用、供给有限性和可转移性三个因素构成,其中效用是直接或间接产生快乐和避免痛苦的能力。如果说,劳动是工人放弃自己安乐和休息所作的牺牲,工资是对工人牺牲的报酬,那么资本则是资本家在生产活动中为提供生产资料而牺牲了的个人消费,是对自己欲望所作的节制和牺牲,利润就是对资本家"节欲"的报酬。当然,这种"牺牲"和"节欲"都是主观的,是无法计量的。于是西尼耳用价格替换了价值,认为在竞争条件下,供求关系决定价格,会接近劳动和资本所构成的生产费用。他还提出"最后一小时"的理论来分析利润获得的艰难,进而为资本家辩护。按照当时的法律规定,英国工人每天的劳动时间最长不得超过 11.5 小时,西尼耳认为,只有在最后 1 小时才能生产出纯利润,如果减少 1 小时,纯利润就会消失,如果减少 1.5 小时,总利润就会消失。因此,他主张,工人劳动时间绝对不能缩短为 10 小时,否则资本家将无利可图。正因为如此,马克思将其称为"纯粹的现状辩护论者,从而作为庸俗经济学家"②。

巴师夏是自由贸易思想的热情宣传者,同时也是市场经济的提倡者。他

---

① 德国历史学派经济学也属于这一阶段,我们下节分析。

② 马克思:《1861—1863 年经济学手稿》,《马克思恩格斯全集》(第 36 卷),人民出版社,2015 年,第 295 页。

赞美实行市场经济的社会是一种"和谐的"社会,认为这种社会组织建立在人类本性的普遍规律之上。因为社会就是交换,而交换是相互提供服务,两种互相交换的服务决定价值。所谓价值(即服务的尺度)就是服务提供者所作的努力的紧张程度和服务接受者所节省的努力的紧张程度。为此,他把服务交换看作统治人类社会的"最高规律",否认资本主义存在剥削和阶级对立,认为劳资双方的利害关系是"一致"的、"和谐"的,要求以信任的眼光来对待资本家。劳动提供服务,其报酬为工资;资本牺牲即时的满足、延迟享乐,其报酬为利息。他认为资本家和工人之间存在着"合作"的关系,并由此得出劳资"合作成果"在分配方面的一条重要"规律":随着社会进步,资本增加、利息下降,但社会总产品会继续增加;社会总产品中分配给资本的部分,其绝对量也会增加,但相对量会减少;而社会总产品分配给劳动的部分,其绝对量和相对量都会增加。他断言,社会一切阶级将会无止境地接近于不断提高的水平,人们的状况会不断地得到改善,并趋向于平等化。至于政府的行为,应限制于保证秩序、安全和公正,如果越出这一界限,就是对人类意识和劳动的侵犯,简言之,就是对人类自由的侵犯。由此不难看出,巴师夏力图回避甚至消除英国古典政治经济学中那些不合他口味的思想,特别是李嘉图学说中关于工资与利润的对立的观点,正是基于此,马克思称他为"庸俗经济学辩护论的最浅薄的因而也是最成功的代表"[①]。

随着资本的世界运动中美国作为新的现象悄然兴起,古典经济学的发展中也开始增添"美国篇章",这就是凯里的出现。诚如马克思所说,他"确实制造出自己独特的、直接在美国土壤上生长的、没有其他杂质的产品。他的

---

① 马克思:《〈资本论〉第一卷第二版跋》,《马克思恩格斯文集》(第五卷),人民出版社,2009 年,第 18 页。

学说……是纯粹美国佬的学说"①。美国经济学与欧洲有天然的关联,同巴师夏一样,凯里也以宣传阶级利益调和著称。在他生活的年代,社会主义思潮已经在欧洲兴起;在美国,由于资本主义迅速发展,劳资之间的矛盾也比较突出。凯里力图调和、消除这些社会矛盾和对立,认为李嘉图学说的症结就在于制造和强化了阶级对立和仇恨。他否定劳动价值论,认为价值是人们控制自然难易的尺度,它取决于在现有的科学技术条件下所需要的再生产费用。生产方式的进步,使劳动能力得以提高,从而减少了同一商品再生产所需的费用,进而交换原来已生产出来的商品所需要的价值也会减少。他把劳动者所得到的工资和资本家所得到的利润归结为再生产费用,认为随着社会的进步和生产力的发展,生产资料原有的价值会随着劳动再生产生产资料的力量增加而渐减,从而利润、利息和地租在减少;但劳动生产力提高,却增加了劳动者的收入,工资无论在相对还是绝对意义上都会增加。随着社会的发展,社会各阶级会日趋平等;如果脑力劳动代替了体力劳动,则平等趋势将会更为显著。他宣称这就是支配劳动产品分配的"伟大规律"。

事实上,在资本主义条件下,劳动生产率提高,只是促使劳动力的价值降低,使工人的收入在国民收入中所占的比例逐步降低,而资本家的剩余价值收入在国民收入中所占的比例却不断提高。凯里"只是想用各种博爱的词句来人为地加快美国工业资产阶级的英国式的发展。这是英国和美国之间的博爱的乌托邦式的竞争手法",他不明白,"一种东西只是另一种东西的补充。资本主义联合会靠完全无视人的生命来无止境地增加财富!"②

约翰·穆勒是詹姆斯·穆勒的儿子,他把实证主义思想与经验主义传统

---

① 马克思:《关于凯里》,《马克思恩格斯全集》(第44卷),人民出版社,1982年,第200页。
② 马克思:《关于凯里》,《马克思恩格斯全集》(第44卷),人民出版社,1982年,第203页。

相结合,又在功利主义哲学尤其是自由学说上多有创建。在经济学探究中,他认为工资是由劳动的供给和需求决定的,劳动的供给即是工人人数,劳动的需求即是购买工人劳动的资本,古典经济学家将其称为"工资基金"。通常认为工资基金总是由维持工人所需最低生活费用决定的,因而是一个固定的量,约翰·穆勒则进一步指出,从长远来看,工资的多少主要取决于工人人数,即人口。基于此,他认为政府实行的最低工资或补贴行为,都是没有实际效用的,并不能真正改善工资环境,控制人口才是改善工人生活水平的主要办法。约翰·穆勒重复萨伊"供给创造其自身的需求"的说法,否定商品供给的一般过剩;认为财富的增长并不是无限的,在进步的尽头就是"稳定状态",财富的增长只不过是延缓了这一状态的来临。如果生产技术不进一步改良或者资本不再从富裕的国家流向未开发的国家,由于利润率的降低,富裕国家很快就会达到"稳定状态"。他提出国际价值法则,认为"一国的生产物总是按照该国的全部输出品适足抵偿该国的全部输入品所必需的价值,与其他国家的生产物相交换"①。

综观以上经济学家的思想,可以看出,其共同点在于把资本主义经济发展中所形成的市场规则和惯例,具体经营中的观念、诀窍和计谋等,用经济学术语系统地表述出来,停留于经济现象的表面讨论问题,起到了为资本主义经济制度进行辩护的效果。诚如马克思所说:"庸俗经济学无非是对实际的生产当事人的日常观念进行教学式的、或多或少教义式的翻译,把这些观念安排在某种有条理的秩序中。"②"庸俗经济学所做的事情,实际上不过是对于局限在资产阶级生产关系中的生产当事人的观念,当作教义来加以解释、

---

① 约翰·穆勒:《政治经济学原理——及其在社会哲学上的若干应用》(下卷),胡企林、朱泱译,商务印书馆,1991年,第137页。

② 马克思:《资本论》(第三卷),《马克思恩格斯文集》(第七卷),人民出版社,2009年,第941页。

系统化和辩护。"①

这里还想甄别一下马克思所使用的 Vulgärökonomie 一词的中文翻译。通常把 Vulgär 译为"庸俗",在中文语境中,这纯粹是一个贬义词,而在德语中它包括"不涉及本质的""不科学的""简单化的""肤浅的""家喻户晓的"等含义,而作为其词源的拉丁文 vulgo,在《高卢战记》和《编年史》中指多数人、大众化、民间化等,显然贬义的程度较中文都要轻。

(三)德国历史学派经济学的理论困境

在欧洲社会生产力发展中,德国处于落后状态,也正因为如此,资本主义生产方式统治下工人所处的悲惨境况还没有像英国那样充分暴露和展示出来,也就是说,从表面上看,当时德国社会中的阶级对立的状况"远不是那样坏"。面对这种情形,不在少数的德国观察家和经济学家总是囿于狭隘的视界、站在本国的角度暗自庆幸,或者"伪善地耸耸肩膀"或者"乐观地自我安慰",对此,马克思援引古罗马诗人贺拉斯在《讽刺诗集》中的一句话不客气地送给这些人:"这正是说的阁下的事情!"

正是由于上述原因,同样处于欧洲,政治经济学对于德国来说却"一直是外来的科学"。正如经济史学家古斯塔夫·冯·居利希 (Gustav von Gülich, 1791—1847)在五卷本《关于当代主要商业国家的商业、工业和农业的历史叙述》中所分析的,德国存在着"妨碍资本主义生产方式发展、因而也妨碍现代资产阶级社会建立的历史条件"②。这就意味着,如果说政治经济学是与资

---

① 马克思:《资本论》(第三卷),《马克思恩格斯文集》(第七卷),人民出版社,2009年,第925页。

② Gustav von Gülich:Geschichtliche Darstellung des Handels, der Gewerbe und des Ackerbaus der bedeutendsten handeltreibenden Staaten unserer Zeit. B. 1 Jena 1830—1845,S.135.

本主义相伴而生的,那么它在德国"缺乏生长的土壤"。英法等国的政治经济学著述当然可以被引进甚至翻译成德文,但"别国的现实在理论上的表现"在德国教授那里却"变成了教条集成,被他们用包围着他们的小资产阶级世界的精神去解释,就是说,被曲解"。他人的理论与自己国家情况的错位,使他们在科学上产生了无能为力之感,"他们必须在一个实际上不熟悉的领域内充当先生",迫不得已只能"用博通文史的美装,或用无关材料的混合物来加以掩饰"。①

席卷欧洲的 1848 年革命将德国带入了"一体化"进程,"资本主义生产在德国迅速地发展起来"。但是所处的境况已经不再允许德国人"在资产阶级的视野之内进行不偏不倚的研究了",因为"德国无产阶级比德国资产阶级在理论上已经有了更明确的阶级意识。因此,当资产阶级政治经济学作为一门科学看来在德国有可能产生的时候,它又成为不可能了"。②

德国历史学派经济学就是在这样的情况下登场的。它反映和代表了德国资产阶级在经济上面临着的复杂任务、矛盾心态和双重主张。一方面要致力于发展本国的资本主义,认为需要动用国家的力量,在国内实行统一的市场规则并展开自由贸易;另一方面为了改变德国在世界体系中的落后局面、抗击来自英法等强国的激烈竞争,反对持自由放任的观点和主张,要求在国际贸易中实行关税保护。这样,德国历史学派在对经济学的理解和阐发中,一方面强调带有民族特性和历史境遇、具有复杂心理和道德观念的具体的人是经济学研究的出发点和中心,另一方面又将诸如历史、伦理、法律、心

---

① 马克思:《〈资本论〉第一卷第二版跋》,《马克思恩格斯文集》(第五卷),人民出版社,2009 年,第 15 页。
② 马克思:《〈资本论〉第一卷第二版跋》,《马克思恩格斯文集》(第五卷),人民出版社,2009 年,第 18 页。

理、政治、风俗习惯等都包括在所谓经济科学的范畴之内,在其论著中充斥着大量的历史资料,而将对经济学元理论的探究置于次要地位。这一点在从弗里德里希·李斯特(Friedrich List,1789—1846)到威廉·罗雪尔(Wilhelm Georg Friedrich Roscher,1817—1894)再到布鲁诺·希尔德布兰德(Bruno Hildebrand,1812—1878)和卡尔·古斯塔夫·阿道夫·克尼斯(Karl Gustav Adolf Knise,1821—1898)等人的论述中不同程度地体现出来。

李斯特是德国历史学派的先驱。他站在德国的立场上展开对古典经济学的批判,指责斯密等人单纯的"交换价值"理论忽略生产力的发展、基于"世界主义"和"个人主义"的主张看不到经济生活中国民有机体的重要性、抽象演绎的自然主义方法排斥从历史实际情况出发的实证的历史主义原则、自由放任的经济政策轻视国家在经济发展中的作用。为此,他将其发展观凝练为"生产力理论""工业优先理论"和"国家干预理论"三个部分。在其名著《政治经济学的国民体系》中,李斯特首先回顾了西欧各国历史,指出存在着不同的经济发展道路。接着,他针对古典经济学的价值理论,提出了独特的生产力理论, 指出:"财富的生产力比之财富本身, 不晓得要重要多少倍;它不但可以使已有的和已经增加的财富获得保障,而且可以使已经消失的财富获得补偿。"①李斯特还探讨了如何促进生产力发展的方式,提出重视弘扬民族精神的传承和创新, 强调教育和科技的作用以及产业部门间的协调发展,并在此基础上提出优先发展工业的具体主张,认为工业可以促进形成新的民族精神、完善国家经济结构尤其是保持和提升农业等传统产业部门。很显然,他的这些思考主要是针对当时德国仍以农业为主、工业落后的状况而生发出的。如果说,"生产力理论"和"工业优先论"只是李斯特经济学

---

① 李斯特:《政治经济学的国民体系》,陈万煦译,商务印书馆,2017 年,第 133 页。

的铺垫,其最终落脚点则在于对国家作用的强调上。他认为后进的德国只有在强有力的国家力量的扶持下,才能实现强国之梦。而保护关税是他以此开出的强国良方,认为这是当时德国可采取的提高生产力最有效的手段。

罗雪尔是历史学派经济学的创始人。这位自称"经济学领域的修昔底德"于 1843 年出版了《历史方法的国民经济学讲义大纲》,被称为"历史学派的宣言"。他强调,国民经济学既不是单纯的致富术,也不想树立什么经济理想,目的仅在于记述各国国民在经济上的想法、要求、感受、努力、后果、目的和方式等。他认为人类的经济动机,既有利己心,也有公德心,所以应该尊重国民经济的自然法则。而在方法论上,凡是研究国家经济的人,不能只满足于观察和分析现代的经济关系,对于以前的各个阶段也必须予以重视。当然,从许多复杂的现象中找出合乎规律性的本质的东西是困难的,因此只能将我们所知道的各个国家从经济上进行比较研究,而且近代各国在各方面都是相互紧密联系的,如果不观察各个国家而想去考察本国的或一国的状况,那将是不可能的。

历史的方法绝不轻率地赞赏或非难某一特定的制度,因为从来没有过一种制度对一切国家,在所有发展阶段都是有效的或纯粹是有害的。他还认为,国民经济的生活和动植物界一样,要经历四个发展阶段,即幼年、青年、成年和老年时期,而每个国家的进化都受三种主要经济因素支配,即自然、劳动和资本。虽然"资本"在人类社会的幼年时期就已存在,但在那个时期,"自然"占最重要的地位。在成年时期,即中世纪中期以后,"劳动"在各个国家变成了更为重要的因素,因此都市发达了,行会制度产生了,"劳动"也就开始受"资本"的奴役,于是在作为土地所有者的封建领主和奴隶之间出现了一个中间阶级。到了老年时期,"资本"最占优势,土地因资本而无止境地增值。在工业中,机械力代替了人力,国民财富从此有了快速的增长,国家就进入了最繁荣的时代。他主张国家采取所谓"人工治疗"进行干预："1.如果自然的痊愈力太弱时,就加强它;2.如果自然的冲击力太强时,就缓和它;3.如果它的方向不对时,就纠正它。"他认为如果这样做,"从国民保健学的观点看,成熟期会很快恢复,以后可以保持一个平静的状态"①。这就是他所谓"历史的生理学的方法"。

在马克思看来,罗雪尔强调要从整体出发看待国民经济,注意经济与其他社会生活的联系,掌握各国国民经济的特点,这是其思想可取之处。但他代表了当时德国统治阶级的利益及其意识形态的主张,其经济学理论和历史学派观点充满了妥协和折衷主义的内容,成为德国大学教科书和文官考试的范本和参考书,广为普及,起到了为德国资本主义反对工人运动进行辩护的功能。正因为如此,马克思将其称为庸俗经济学的"教授形式"。②

和罗雪尔一样,希尔德布兰德也是从历史主义和国家学出发进入经济学研究的。在分别于1848年和1863年出版的《现在和将来的国民经济学》(第一卷)和《国民经济学的当前任务》中,他基于对过去经济学说发展过程的分析来探究"现在和未来的经济学",旨在采用历史语言学的方法将经济学改造成为各国国民经济发展的科学,并且重点强调了德意志固有的所谓"民族精神"。在他看来,妨害德国政治和经济统一和发展的原因以及实行社会福利的最大障碍的根本原因在于贫困。基于此,他认为经济学的任务就在于通过认识国民生活的经济方面来解决贫困问题。他提出经济发展要经历实物经济、货币经济和信用经济三个阶段,他把信用经济阶段理想化,将其视为道德高尚、公正、平等的世界,认为贫困者可以借助信用的力量而获得

---

① 威廉·罗雪尔:《历史方法的国民经济学讲义大纲》,朱绍文译,商务印书馆,2014年,第5页。
② 马克思:《1861—1863年经济学手稿》,《马克思恩格斯全集》(第35卷),人民出版社,2013年,第361页。

资本,进而摆脱和解决贫困。希尔德布兰德还介绍和剖析过恩格斯、蒲鲁东的经济学说,表达了他既不同于古典经济学又不同于社会主义的立场。

克尼斯也指责以斯密为代表的古典经济学是一种"世界主义""永恒主义"和"绝对主义"的理论,忽视了各国国民经济发展的差异。在1853年出版的《历史方法论的政治经济学》中,称他自己的经济学则坚持相对性原理,研究的是国民经济生活的发展,研究的是经济学的特殊课题。他也不认同李斯特、罗雪尔和希尔德布兰德等人关于历史发展阶段的假设,强调必须通过类比方法去探索国民经济现象的规律。他反对用单一的公式来规定经济生活发展的因果关系,认为各国国民经济不存在共同的发展规律,而各自有其特殊的具体的发展进程。经济学既不是精神科学,也不是自然科学,而是以第三种社会现象为研究对象的科学,只与人类的或某一国家或民族的历史中某个时代相联系。它在一定的时间、空间和特定的国家或民族等条件的制约下产生,同时又随其变化而变化。经济学要从历史的生活中探求其理论基础,其结论只有用历史的方法来引导解决。经济学的一般规律,不外是历史表现的说明和真理进化的表现。经济学理论的"绝对主义"只能适用于某一特定历史阶段,因为它本身就是时代的产物,因此不能将某一时代的经济理论看作完整无缺的,是最后的东西。为此,克尼斯强调研究经济现象、经济生活必须与其他各种文化现象结合,而不能孤立、抽象地进行,他注重对历史的统计和考察,认为归纳法才是经济学的重要方法,其统计思想为德国统计学的发展开辟了方向,在其影响下发展成为"社会统计学派"。

如果说古典经济学以劳动价值论的提出和对价值规律的强调赢得马克思的赞赏,相形之下,历史学派的这些经济学家在他眼里成了"德国资产阶级的博学的和不学无术的代言人",他们的出现使经济学"无私的研究让位于豢养的文丐的争斗，不偏不倚的科学探讨让位于辩护士的坏心恶意"。①这是德国的处境以及由这种处境逼迫出来的"作为"。而时代的发展"要求有科学地位、不愿单纯充当统治阶级的诡辩家和献媚者的人，力图使资本的政治经济学同这时已不容忽视的无产阶级的要求调和起来"，"在排除了'资产阶级'经济学在德国取得任何独创的成就的可能性"的同时展开"对它进行批判"，且代表着"推翻资本主义生产方式和最后消灭阶级"②的立场，这就是马克思主义的政治经济学建构。

（四）为什么要重新理解马克思与古典经济学之间的关系？

当按照《资本论》及其手稿提供的线索和逻辑，将古典经济学的思想图景和演变脉络以及马克思的评论重新做了一番清理之后，最后我们反思一下过去国内学界对马克思与古典经济学之间关系的理解。必须说，长期以来我们习惯于用这个抽象的概念——"古典经济学"把马克思之前和同时代众多经济学家复杂的思想笼而统之地进行观照，致使所揭示的内容撇开了他们的个性化特征、具体思路和主张，所以存在粗疏性的特点和简单化的倾向。而其中把过多的精力用在了鉴别众多经济学家及其著述对待劳动价值论、剩余价值来源等问题的看法以及阶级立场上的站位，认为对此表示赞同或者思路有所接近的马克思就予以吸收，表示反对甚至态度不明的就被马克思抛弃，而他们复杂的探索过程中对具体经济现象的分析、运行机制和过

---

① 马克思：《〈资本论〉第一卷第二版跋》，《马克思恩格斯文集》（第五卷），人民出版社，2009年，第17页。

② 马克思：《〈资本论〉第一卷第二版跋》，《马克思恩格斯文集》（第五卷），人民出版社，2009年，第18页。

程的揭示和经济政策的主张等大多被忽略了。这正像我们以前看待马克思哲学与德国古典哲学乃至整个哲学史的关系的思路一样,只注重从后者中抓取诸如"唯物主义""辩证法"之类的概念和思路,而撇开、遮蔽了更为复杂的思想、逻辑和体系。这些年马克思主义哲学研究中范式转换、视野拓展、文本细读所取得的纵深推进,显现出原来的理解是多么狭隘、外在和肤浅!

幸运的是,马克思当年在研读古典经济学家们的著述时做了详尽的摘录,我们从其留存下来的篇幅巨大的笔记中不难看出,他基本是从研究方式、理论体系、论证逻辑、与时代问题和历史变迁的关联等方面总体上把握这些先贤和同时代人的思想的,其中确实有极为凝练甚至尖刻的评价和定位,但绝不仅仅以是否集中在一两个观点上的鲜明表态作为评判标准。马克思的政治经济学当然有唯物主义辩证方法的支撑、无产阶级和劳苦大众获得解放的价值诉求,但如果不进入资本主义经济的具体运行机制和环节中,只靠外在的谴责和批判、激进的行动和举措,实际上是无济于事的。而从马克思最终并未放弃的《资本论》"六册计划"(特别是后三册"对外贸易""国家""世界市场")的构思看,古典经济学的探索给予他的启示是很深刻和多方面的。就像我们过去用"唯心主义"把哲学史上高度重视精神、观念作用的人物和派别归为一类而弃之如敝屣,实际上抛弃了很多很有价值的思想。殊不知,恰恰这些"唯心主义"哲学形态,既是马克思"批判"和质疑的对象,也是构成马克思超越"旧唯物主义"、实现"新哲学"建构的有益因素和成分。同样地,古典经济学为马克思展开政治经济学研究提供了背景、议题和参照,经济学家们基于时代问题和国情状况而生发的思考和主张,为他在《资本论》中的"突围"和超越提供了资源和借鉴,从这个意义上说,没有古典经济学也就没有马克思的政治经济学。

八、"政治算术"范式与资本社会的"内部联系"

——重新理解威廉·配第的经济思想及其对马克思的影响

马克思是世界上最早、最全面、最系统地展开经济学说史研究并留下完整著述的思想家之一。与 20 世纪大多数论者以斯密为"古典经济学"开端的理解不同,马克思将时间往前推移了 100 年,认为配第才是"现代政治经济学的创始人"。作为一个"资产阶级化的新贵族",配第在其 65 载曲折的生命历程中,通过大量著述和经济活动,借助对货币、土地和劳动的分析阐述了其财富思想,更开创了观照和把握复杂社会的"政治算术"范式,并对"资产阶级生产关系的内部联系"及其结构进行了初步的探索。配第的思想在其去世 160 年后获得马克思最深刻的理解和高度评价。马克思在探究资本主义最新发展和历史变迁的同时,将这一期间包括数学在内的科学进展及其方法引入对现代经济现象及其规律和结构的实质分析中,创作了《资本论》等杰作。这种清理工作对于我们深化马克思主义政治经济学的研究及其当代价值的彰显具有重要意义。

马克思的政治经济学研究与西方"古典经济学"之间存在深刻的内在关联,学界过去对此有比较多的讨论。但是如果基于对原始文本的悉心研读,站在新的时代境遇下予以观照,就会发现这一课题仍有相当大的探究空间。比如,关于"古典经济学"的阶段划分,在 20 世纪有几种代表性的界定,但无论是主张从亚当·斯密到马歇尔以及庇古的"凯恩斯说",还是明确划定1790—1879 年间经济学发展的"熊彼特说",乃至具体指陈"以斯密《国民财富的性质和原因的研究》出版始,到马歇尔《经济学原理》出版止"的当代《西方经济学》教科书流行的解释,都有一个共同点,即把斯密作为"古典经济学"的开端。马克思可以说是世界上最早、最全面、最系统地展开经济学说史研究并留下完整著述的思想家之一,漫长的《资本论》及其手稿的写作在一定程度上也是他思考、清理和超越古典经济学过程的记录。与上述 20 世纪的诸种界说不同,马克思关注的视野更为展宽,他不仅最先提出了"古典经济学"的概念,更将其起源追溯到斯密之前 100 年,即认为"古典政治经济学在英国从威廉·配第开始"①。

在西方经济学说研究史上,这是独树一帜的见解。那么马克思是基于什么做出这一判定的? 换言之,配第是在什么意义上成为"现代政治经济学的创始人"②的? 苏联和国内政治经济学研究界主要是基于配第思想中与马克思所主张的"劳动价值论"的关联而做出的推断,但诸如像约瑟夫·熊彼特这样西方重要的经济思想史研究者却持相反的看法,认为配第的学说"并不是对价值现象的解释,更不是一种劳动价值论"③。对此又该做怎样的解释呢? 本文拟重

---

① 马克思:《政治经济学批判第一分册》,《马克思恩格斯全集》(第 31 卷),人民出版社,1998年,第 445 页。

② 马克思:《反杜林论·〈批判史〉论述》,《马克思恩格斯文集》(第九卷),人民出版社,2009 年,第 244 页。

③ 约瑟夫·熊彼特:《经济分析史》(第 1 卷),商务印书馆,1991 年,第 322 页。

新回到配第和马克思的文本,在对其具体内容解读的基础上作出新的评判。

（一）"资产阶级化的新贵族"及其财富思想

众所周知,资本主义统治方式脱胎于封建主义体制,但两种社会形态的转型是一个艰难的过程,充满了坎坷和矛盾,出现过前进、停滞乃至逆转。在英国,17 世纪上半叶是这两种制度转换过程中最剧烈和焦灼的时期。一方面,随着农业、手工业和对外贸易的快速发展,资本主义生产获得很大的发展,另一方面,封建专制主义政治制度却构成资本主义生产方式进一步推进的严重阻障。庞大的政府、军队设置以及君主和官吏奢华的生活都需要不菲的支出,维护传统政治体制、对外发动战争更耗费着大量金钱。要应付这些巨大的开支就需要大量征税,而沉重的赋税必然妨碍工商业的发展,进而同正在兴起的市民阶层发生了尖锐的矛盾。1640 年,英国爆发了资产阶级革命,但革命很快遭到挫败,封建王朝得以复辟。当然,此刻要完全恢复到从前的状态也不可能了。统治阶层不得不面对现实,承认封建土地关系业已变革的情势,开始推行有利于资本主义发展的政策。到 17 世纪中叶,资本主义生产关系在英国获得一定程度的发展,一些思想家开始探寻新的社会经济生活的内在联系,从理论上论证并在实践上推动比封建主义更为优越的资本主义生产方式。配第就是以"资产阶级化的新贵族"的身份登上英国学术和政治舞台的。他以自己的理论思考和实践方略,为统治者出谋划策,对制度改革提出建议,力图使国家政策有利于资本主义经济的发展和新兴资产阶级影响的扩大,进而掀开了英国古典经济学的序幕。

1623 年 5 月 26 日威廉·配第(William Petty)出生于英国汉普郡伦姆赛一个小纺织作坊主家庭。当他于 1687 年 12 月 16 日辞世时,已经拥有英国皇家学会(Royal Society)12 位创始人之一的学术影响、被斯图亚特王朝国王查理二世授封的爵士荣誉,以及爱尔兰国会议员的政治地位。配第 65 载人生历程颇具传奇色彩。少年时做过船舱服务员、神学院学生和海军水手,后入荷兰莱顿大学、牛津大学学习并获医学博士学位,毕业后入职牛津大学,担任解剖学教授,还在伦敦格雷欣学院讲授音乐。配第早期在巴黎做过哲学家托马斯·霍布斯(Thomas Hobbes,1588—1679)的秘书,在牛津工作期间又与同道创办了著名的英国皇家学会。从平民子弟到大学教授本是"鲤鱼跳龙门"般的变迁,但配第并未就此感到满足进而止步。相反,他的社会交往面不断扩展,并有机会结识高层要人。学识上的博学多才和政治上拥护资产阶级革命的坚定立场,使配第最终受到克伦威尔政府的赏识。于是他离开牛津,出任驻爱尔兰英国占领军总司令的私人医生,后来又被任命为土地总监。由于担任这两项职务期间,配第成功地控制住肆虐的疫情、勘察了爱尔兰土地并绘制成地图,他在政坛荣极一时,获多项崇高荣誉。

此外,配第还是一位生意人和"投资商",本来他的薪水就很丰厚,但他更善于寻找机会扩大自己的财富。到晚年,他拥有 27 万英亩土地,还创办过渔场、冶铁等企业。最后,必须提及配第的政策研究和理论著述。他从 25 岁(1648 年)出版第一本著述《威廉·配第就提升知识某些特殊部分的学习给哈特利布先生的建议》①起,一直笔耕不辍。即便在随军出使爱尔兰、行政工作极其繁忙时期也是如此,据说,他离开爱尔兰返回英国时,著作手稿竟装满了 53 大箱。②尤其是在晚年,配第离开政坛回到学术界,研究和著述时间更为集中,广泛涉足从政治经济学、解剖学到自然科学和数学等不同领域。其

---

① Petty, William: *The Economic Writings of Sir William Petty*, edited by Charles Henry Hull, Cambridge University Press, 1899, vol 2, p.633, Bibliography of the Printed Writings of Sir William Petty.

② 陈冬野:《威廉·配第》,商务印书馆,1964 年,第 23 页。

一生的代表性著作有《赋税论》《献给英明人士》《爱尔兰的政治解剖》《政治算术》《货币略论》和《政治算术论文集》等。据此,古典经济学初创时期的思想成就得以呈现出来。

配第曲折的人生经历和宽广的研究领域会给人们留下一个"多面手"乃至"万金油"的印象。然而这只是一种表面现象。在那个转型、变动的时代,从底层到高层,从学界到政坛,从英国到世界的历练,使他能在宏大的背景下思考重大的社会问题,把握时代的症结,寻找有效的探究复杂社会的方式。配第一生的知识积累、关注重点和研究兴趣所在,既大体符合汉语"经济"的原始意旨——"经邦济世,强国富民",更践行了有关"经济学是一门研究财富的学问"[1]的界说。配第始终致力于国民财富的获得、管理和处置等内容,并形成一种独特的"财富观"。

这里谨将他这方面的思考概括如下:

1.货币:社会财富的"一般代表"及其流通

在配第思想发展的早期,他与重商主义者一样把货币看作财富的现实形态,是一个国家富裕程度和实力大小的测量器。在写作于 1662—1676 年的《政治算术》中,他指出:"产业巨大和终极的成果,不是一般财富的充裕,而是金、银和珠宝的富足……一个国家生产金、银、珠宝,或者经营会使本国积累金、银、珠宝的产业,比经营任何别的产业都有利。"[2]基于此,配第把增加金银当作一切经济活动的直接目的。到晚年,在写于 1682 年的《货币略论》中,他的观点有所变化,认为货币尽管是社会财富的一般代表,但却不是财富的唯一形态,只是社会财富的一个组成部分而已。因此,也不能单纯以

---

① 阿尔弗雷德·马歇尔:《经济学原理》,商务印书馆,2019 年,第 15 页。

② 配第:《政治算术》,《配第经济著作选集》,商务印书馆,2014 年,第 16 页。

货币的多寡来衡量一国的贫富,"因为最有钱的人很少或者根本不把钱放在身边,而是把它变成或者辗转变成很能赚钱的商品;同样地,整个国家也可以这样做"①。

配第特别关注货币的流通问题。他认为,如果社会上货币的流通量减少,将导致失业增长、产业减少等严重社会后果;所以货币流通量与发展生产和减少失业具有内在关联。他专门探讨了货币的发行问题,在当时这被表述为"变更铸币价值",就是国家为提高(或降低)货币的名义价值,将一定重量的白银分割(归并)成更多(少)枚数的重量小(大)的白银,但这些白银在名目上与分割(归并)前的一样,这种提高(降低)了名义价值后的白银就可以换取更多(少)的商品。配第指出,提高或降低货币价值是变相地向依靠固定租金、年俸、津贴等收入维持生活的人征税的方式,是一种对人民影响很坏且不公的课税方法。"它为了使赝品变成真品,不惜不体面地在铸币上面刻上国王的头像,并把实际上不存在的东西说成存在,从而破坏了公共的信义"②,象征着国家趋于衰败。配第认为,货币流通量过多和过少都是不健康的。流通领域的货币太多,会导致单位商品的价格上涨。在商品的生产成本不变的情况下,生产厂商会降低生产量,这样会导致失业人口的增加,产生市场萧条。流通领域的货币量减少,同样也会带来危害。配第还指出,最好用白银来充当货币,而不是用黄金。由于资本主义生产发展还处于不发达阶段,他没有把纸质货币纳入讨论范围。

2.土地:财富存在、获取的自然基础和源泉

配第把土地看作财富存在和获取的自然基础。在他写于 1862 年的另一

---

① 配第:《货币略论》,《配第经济著作选集》,商务印书馆,2014 年,第 129 页。
② 配第:《赋税论》,《配第经济著作选集》,商务印书馆,2014 年,第 89 页。

部重要作品《赋税论》中有一句名言："土地为财富之母,而劳动则为财富之
父和能动的要素。"① (Labour is the Father and active principle of Wealth, as
Lands are the Mother.)需要指出的是,这里的"土地"泛指提供人类生活资料
的自然界和自然资源,而不是指私有制产生之后受到权力支配、由地主或资
本家拥有并由雇农耕种或作为房地产存在的狭义的"田地"。在《资本论》中,
马克思甚至用德文将其表述为 "地球"(Die Arbeit ist sein Vater, wie William
Petty sagt, und die Erde seine Mutter.②)。基于此,有国内学者甚至撰文建议将
其"按意译改译为'大地'",以体现"自然资源本身就是物质财富"的理念。③

　　配第在此基础上讨论了当时重要的财富形式——地租。他把地租看作
产品价值除去生产资料的价值(即种子)和劳动力的价值(即工资)之后的余
额,即全部剩余价值。而生产资料的价值是既定的,那么地租多少就取决于
工资多少。配第关注同等面积的土地因丰腴程度的不同、距离市场远近的差
异而产生的收入差别,最早提出了"级差地租"的概念。此外,他还认为,既然
出租土地可以获得地租,那么借贷货币就应该获得利息。如果不存在安全问
题, 利息至少要等于用借到的货币所能买到的土地产生的地租。如果不安
全,除了获得正常情况下的利息之外,还要加上一种保险费。利息率不能用
法律强制手段来调整,其高低应当由货币的供求来决定。当货币供过于求时
利息则低,反之利息则高。同时,利息率的高低又是由地租的高低所决定的,
地租增加,利息率自然跟着增加。

---

① 配第:《赋税论》,《配第经济著作选集》,商务印书馆,2014 年,第 63 页。

② Karl Marx, *Das Kapital Kritik der politischen Ökonomie* Erster Band. Hamburg 1890, im: Marx-Engels Gesamtausgabe, II/10, Akademik Verlag, Berlin 1991, S.45.

③ 参见张文驹、李裕伟:《威廉·配第两句名言的中译及其解读》,《中国国土资源经济》,2018 年第 6 期。

3.劳动:创造财富的"能动的要素"

配第认为,在财富的创造过程中,较之于作为"母亲"的土地,作为"父亲"的劳动是更积极主动的角色,所以在上述名言的英文表述中,"父亲"不但位置在前,还多加了一个词组"active principle"[1],意在对其能动作用予以特别强调。在他看来,物质财富需要自然基础和前提,所以劳动创造要受自然条件的限制,但社会财富最终是靠劳动获得的。

配第把劳动分为两类:一类是生产金银的劳动,另一类是生产其他普通商品的劳动。但他认为,并不是一切劳动都能直接生产交换价值,其他劳动生产出来的产品,只有在和金银交换后,才能产生交换价值。他把商品价格分为两种,一是政治价格,二是自然价格。政治价格实际上就是市场价格;自然价格就是价值。配第着重研究了自然价格的问题,并把它看作观察其他经济现象的基础。自然价格的高低是由生产它所耗费的劳动决定的,商品交换的依据就是它们所包含的劳动量。劳动量发生变化,商品的自然价格也随之会发生变动。由此配第得出结论:商品的自然价格(即价值)是由生产中耗费掉的劳动量决定的,两种商品劳动量相等,就可以实现交换。

总之,在配第的分析中,生产劳动与货币流通、土地耕作等经济活动一起共同创造着社会的财富。这既是在当时资本主义生产方式刚刚确立的情况下多种因素混合发生作用的真实反映,也与后来马克思在批注《德国工人党纲领》时所指出的"劳动不是一切财富的源泉。自然界同劳动一样也是使用价值的源泉"[2]的看法相符合。

---

[1] Petty, William, *The Economic Writings of Sir William Petty*, edited by Charles Henry Hull, Cambridge University Press, 1899, vol.1, p.68.

[2] 马克思:《德国工人党纲领批注》,《马克思恩格斯文集》(第三卷),人民出版社,2009年,第428页。

（二）"政治算术"的提出、运用及其意义

　　较之于围绕财富问题而展开的分散的思考和论述，配第更明确地提出并集中阐发了一种他自称为"极其不寻常"的社会认识方法——"政治算术"（Political Arithmetick），主张首先从"数字、重量和尺度"（Number，Weight and Measure）诸方面对事物进行数据统计，再对统计数据加以对比和分析，从而形成关于研究对象及其相互关系的理解和结论，最后以此为根据来处理复杂的政治、经济和社会问题。

　　配第能够提出"政治算术"这样一种理解和分析社会状况的范式，也与其个人经历和科学素养有关。他从小喜好数学，并将这一喜好保持了终生。后来学习医学时，配第又特别注重解剖学，坚定地相信观察法，认为医生对待病人应当像对自然界的事物一样进行细致入微的了解。随克伦威尔征战爱尔兰期间，配第主持的土地调查被称为"Down Survey"①，意思是把测量的信息用地图的形式记录下来。为此他自己设计并制作了测量工具，再雇佣步兵去丈量土地，他则给予细致的指导。在科学调查、掌握了大量数据的基础上，配第精心绘制了统摄爱尔兰三分之二国土面积的地图。这不仅是世界上地图学方面具有重大意义的里程碑事件，也促进了人类对自然、社会的定量分析在17世纪下半叶取得惊人的进步。

　　此外，提出这一概念的《政治算术》的撰写有着特殊的背景。当时的英国国内外形势都很严峻。一方面，世界市场和殖民地大都在荷兰、法国控制之下，英国在大国竞争中面临着这两个国家的威胁，特别是海军力量有被紧紧

---

　　① Petty, William, *The Economic Writings of Sir William Petty*, edited by Charles Henry Hull, Cambridge University Press, 1899, vol.1, Introduction, xvi.

赶超的危险。另一方面,国内天灾人祸不断,财政经费拮据,民众就业困难,国力严重衰退。面对这样的局势,从国王到百姓,普遍存在着悲观情绪。但配第认为,产生这种情绪貌似有所依凭,但判断的根据只是一些过于宏观的印象和较为模糊的猜测,并没有具体的实证数据的支撑。因此,准确掌握英国的真实状况及其存在的优势,进而鼓舞国民的信心和士气,就成为有识之士的当务之急。

我们来看配第是怎样运用"政治算术"范式来分析当时的社会状况的。

在完成于 1664 年的《献给英明人士》中,配第对当时英国的存量国民财富和人口价值进行了统计。他将英国的财富细化为土地、房屋、家畜、荒地、金银、货物、商品、家具及银器等多个方面,经过分别统计和总体核算,总计约 2.5 亿英镑。配第又对英国每年的国家收入(租金收入和劳动收入)和总开支(根据总人口和人均年花费)、国王和政府的花费等项目,以及满足这些支出的租税分担方法进行了估算。据此,他认为,国民的租税负担并不沉重,只需缴纳地租的三十六分之一、房租的五十六分之一、人头税六便士就可以了。

配第还通过对人口数据的统计和计算来分析并解决当时的人口以及人们的健康问题。他以伦敦为例,根据对同时代出生的 100 个人情况的调查,分别统计出能活到 10 岁、20 岁、30 岁……的数量;再根据所设定的范围,分别统计在世的 100 人中年龄区间在 1 岁到 10 岁、10 岁到 20 岁……的数量;同时,还要统计同一个人分别处于婴儿、儿童、青年和老年时不同的情况。通过上述数据,配第分析出定量人口模式,来了解和解释当时整个伦敦人口的平均寿命、极端寿命以及发病率和死亡率等问题。此外,他还基于统计数据以及生理学、食品学的知识和原理,确定了区分死亡与老年的具体标准,创制了主要疾病感染者的比例表,并就民众生活的气候要求、个体的睡眠时间和锻炼方式、营养与身高增长、饮食与体重的关系、食物的品种和数量、出生与生育以及疾病与身体变化等具体问题发表了大量看法。正是这种基于数据统计而建立的人口变化模型，才使得较为准确地描摹和反映关于特定区域人的生与死的现实状况和演变规律成为可能。

当然，配第展开以上这些工作最直接的目的，是为当权者判断局势、进行决策提供实证依据和具体方案。所以，在《政治算术》一书中，除了重点关注英国国情，他更通过人口、土地、资源、资本、产业等方面的大量数据，将英国与荷兰、法国的状况进行了比较，进而得出"主要结论"："一个领土小而且人口少的小国，由于它的位置、产业和政策优越，在财富和力量方面，可以同人口远为众多、领土远为辽阔的国家相抗衡。"①在当时，表象上"弱势"的英国在航海和水运方面所具有的便利，成为它在三国竞争中"起着显著而根本的作用"的关键因素。而就海洋状况和海军力量看，法国由于其地理位置上天然而永久的障碍，不论现在或是将来都无法在这些方面超过英国和荷兰。当然，配第注意到，阻碍英国强大的因素也确实存在，诸如领土板块分散、立法机构的独立、各殖民地特殊的状况等。但他认为，这些因素构成的障碍只是暂时的，是能够消除的。

"政治算术"范式支持了配第对英国国情国力增长的分析。他认为，英国确实存在许多弊害，但更应看到许多繁荣和发展的方面。他列举了很多例子，诸如：伦敦的建筑比过去宏大华丽，东印度公司的资本已是原来的两倍，抵押贷款的法定利息正常，建材没有涨价，交易所照样繁忙，海军比以前更加强大，许多土地都经过了改良，食物价格甚为便宜，等等。配第特别指出，通过数据统计和比较看出，英国的国力和财富在最近 40 年中呈现增长态势，如果能够延续下去，军队和国家财政状况的危机就可以得到解决。他做

---

① 配第：《政治算术》，《配第经济著作选集》，商务印书馆，2014 年，第 1 页。

了具体的估算,假如能够将国民全部开支中的十分之一征收到手,那么除了足以支付政府其他一切日常和临时的开支外,还可以维持 10 万步兵、3 万骑兵和 4 万水兵的费用。至于收入情况的进一步改善,则有赖于就业问题的解决。假设为那些游手好闲的人找到现成的、合适的职业,那么在当时的条件下,这些人每年至少可以多赚 200 万镑。配第还对英国的资金运行进行了估算,得出结论是,无论是经营本国产业还是展开世界商业贸易,当时所需的资本是充裕而方便的。

通过以上分析,配第认为尽管当时英国国内外形势是严峻的,但据此产生悲观失望情绪却是不必要的。为此,他通过著述告诉国人,不要消沉、颓丧下去,而要"努力于抗拒自己所面临的灾难"。"作为国家社会的一员,我认为次于对共同事业处于怎样的状况有真实的了解的事情,就是在任何可疑情况下,都应往其最好方面设想。因此,对于有可能使我对公共福利所抱的希望减少的一切因素,我都将细心地加以考察,如果没有有力而又明确的根据,绝不轻易绝望。"[1]配第坚信,假如英国能够提出并执行正确的方针、政策,避其所短,扬其所长,就能富国强兵,以小胜大,在大国竞争中取得最终胜利。

从社会认识论的角度看,配第的"政治算术"不是临时起意的权宜之计或策略应对,而是意味着理解复杂社会方法论上的一次变革。

如何观照和把握社会现象,人类从很早就开始了探索。在西方,被马克思称为古希腊"百科全书式的学者"的亚里士多德曾通过撰写《雅典政制》《政治学》等著述来探讨"城邦政情"(Matters of state),他通过罗列 150 余种"纪要",对当时各城邦的历史、行政、科学、艺术、人口、资源和财富等情况进

---

① 配第:《政治算术·序言》,《配第经济著作选集》,商务印书馆,2014 年,第 4 页。

行了考察和分析。这种方式影响了欧洲一两千年。到 17 世纪中叶,德国"国势学"(Staatenkunde)兴起,主张以文字记述为主要特征来记录和分析各个国家的社会经济状况。诸如,芒斯特(Sebastian Munster,1489—1552)通过《世界志》叙述了当时欧洲主要国家的地理、历史、政治组织、社会制度以及军事力量等;赛肯道夫(Veit Ludwing von Seckendorff,1626—1692)则通过《德意志王国志》成为"国势学派"的先驱;而康令(Hermann Conring,1606—1681)则是"国势学"的代表性人物,他把对国情的一般叙述变为一种系统的学术研究,影响所及,逐步形成以国家为研究对象,通过记载和描述重大事项来形成新知识的"国势学"。

但是以文字记述为特征的"国势学"由于对其关涉的事项以及讨论领域的描述过于宏观、总体和模糊,其缺陷也随着时代的发展愈益显现出来。这促使与德国社会背景、经济水平不同的英国的有识之士另辟蹊径,不再纯粹依靠思辨或理论推演来讨论政治、经济和社会问题。配第意识到这将是一种新的、"极其不寻常的"方法论的变革,并将其凝练为"政治算术"概念且成为这一方法的奠基者,这充分显现出他的真知灼见和创新能力。

从理论上说,与单纯用文字阐述的方式相比,用数字来说明问题具有确定和精准的优点。因为在文字表述中,可能存在词义混淆、语意模糊等问题,这会给解释和理解带来困难。以数字的方式进行比较和说明,数字本身的确定和精准可以克服分析过程的不确定,增强解释力和解释的接受度,最大限度地减少歧义,提高沟通的效率。质言之,"政治算术"既是一种统计方法,更具有实证分析的意味。运用"政治算术"范式确实也使配第的统计和分析在当时独树一帜。正是基于此,后来的熊彼特评论说:"配第总的说来是一位理论家;不过他属于这么一种理论家:对他们来说,科学实际上就是测量。……他们概括出来的规律是数字与推理的联合产物,决不允许把数字与推理分开。"①而在当代,统计学家通常把"城邦政情""政治算术"和"统计分析科学"（Science of statistical analysis）称为"统计学"发展"三阶段",很明显,"政治算术"意义和价值就在于它发挥着承上启下的作用。

当然,与后来经济学所取得的巨大进展特别是数量经济学的成就相比,配第的"政治算术"还处于起步阶段,其朴素性也非常明显。这表现在三方面:其一,由于当时统计方面的科学程度不高,配第用以证明其论点的数据,除来自教会机构的出生和死亡人数统计外,有些根据的是其主观的估计和推测（在他使用数据的地方,经常会出现"据估计""据推测"这样的字眼）,所以用这种方式获得数据,难免会出现草率、牵强乃至错误。其二,配第有时借助政府的控制、操纵和影响力来推广自己的学说和主张,而且其著书立说的主要目的也是为政府出谋划策,这些因素导致他的看法在客观性和科学性方面必然会有很多局限。其三,"政治算术"作为一种数学或者统计方法,仅仅是解释和认识复杂现实的一种工具;要想获得对事物的全面认识,还需要更多的东西,诸如相关知识和技巧以及想象力、逻辑推理等。因此,在认识的整体性上,配第的很多做法也存在缺陷。事实上,配第对此也有所意识,所以在《政治算术》的序言中,他在阐明这一范式的重要意义的同时,也清醒地指出:"以这些因素为依据的原因是不可能谈得透彻的。这种情况无异于掷骰子时不能预言会掷出什么点。"②

(三)资本社会经济要素的"内部联系"及其结构

对于配第来说,"政治算术"范式的提出及运用不仅使他对当时社会各

---

① 约瑟夫·熊彼特:《经济分析史》(第1卷),商务印书馆,1991年,第318页。

② 配第:《政治算术》,《配第经济著作选集》,商务印书馆,2014年,第8页。

个方面的具体状况有了比较充分、清楚的掌握,而且在此基础上,结合提出的经济政策和国家治理方案的建议,他更将这些方面作为一个社会总体中的基本单元和要素统摄起来,构建了它们之间的复杂关系,进而在资本主义生产方式确立初期形成关于社会系统的结构化理解。

我们还是通过梳理配第几部重要著述的具体内容来看他这方面的工作。

《赋税论》全名为《关于税收与捐献的论文》(*A Treatise of Taxes and Contribution*),在序言中,配第自述写此书的"目的只是想借此来清除我脑海中所有的许多令人心烦的想法"①。该书首先分析了公共经费的用途。配第将其概括为6项,即支付国防和军事开支、行政官员俸禄、宗教事务、学校教育、弱势或底层人口的抚养和赡养、公共设施建设诸方面的费用。公共经费的一个显著特点是不断增加的欲求和趋势,但是在国家或地区财力有限的情况下,这些经费的增加又是很困难的。配第指出,政府的职责就在于统筹考量这些复杂因素,区分轻重缓急,权衡利弊得失,设法减少公共经费的支出。对比起来,他认为,在所有意欲增加的开支中,只有民众福利和公共事业经费是最正当的和需要优先考量的。

我们知道,公共经费通常是通过税收来获得的,但在现实中征税却并不容易。所以配第接着对此进行了专门讨论,罗列出10个方面来分析征税困难的原因。诸如:民众认为官员的索取超过其实际需要;不按适当比例对所有人征税,导致其中一些人会因负担租税过多而财富受损;政策方面存在诸多漏洞和不公,甚至即便是对邻居课税,相互之间的数额也不一致;费力征收来的税收被用于毫无实际意义的宴乐活动、场面粉饰;征收来的钱财没有用于公共领域而是分配给官员及其宠爱之人;不了解被征对象的具体情况

---

① 配第:《赋税论》,《配第经济著作选集》,商务印书馆,2014年,第1页。

(诸如人口数量、产业情形和财富状况)进而区别对待,往往使劣势者遭受不必要的痛苦;征税权限模棱两可或者根本模糊不清,导致纳税者"最不情愿"与征税者"采取严厉手段"的情形往往并存;维持完整的行政系统运作和官吏的各种经费,致使人口少较之人口多的地方人均赋税更重;货币数量不足的状况与一切租税都必须用货币缴付的政策之间的矛盾,导致"纳税情况不佳"和社会成本上的"浪费"等。

当然,上述情形会造成赋税过重,但是配第认为,这种状况又是可以通过采取措施得以缓解或消除的。所以他提出了一些对策,从中也体现出一种系统性的思考。配第主张通过划分一部分领土给国王以及分别对地租和房租征税等办法来有效地筹集公共经费。他从性质上把租金分为土地租金、房屋租金和货币租金,认为利息亦即货币租金,是对因出借货币而导致的不方便的补偿。他还注意到一种普遍的现象,即当谷物的需要上涨时,其价格就会上涨,地租和地价也会随之上涨。据此配第探讨了税收的种类。《赋税论》用很大的篇幅对关税、人头税、彩票、罚款、独占税和什一税等一一作了详细的分析,并提出了各种征税筹款的具体方法。

由于处于资本主义生产方式确立不久的阶段,世界性的普遍交往才刚刚起步,国内和国际的征税规则差异很大。在诸多征税项目中,配第特别关注国内消费税的征收。他把财富分为两种,"一种是实际的,另一种是潜在的",认为一个人是否富有要看其在物质生活方面的实际享受而定;如果此人尽管有庞大的财力,但对此并不利用,那他的富有只能说是潜在的或者假想的。所以结论应该是,"每个人都应该按照他所得到和实际享受的多少而纳税"[1]。由此产生的问题是,怎样判断物品是能够消费并被实际享受的。在

---

① 配第:《赋税论》,《配第经济著作选集》,商务印书馆,2014年,第89~90页。

世界普遍交往逐步展开的阶段,消费品的完成度就与国际贸易紧密关联,从而考察不同的征税规则就是必要的。配第认为,对于出口产品由于没有在国内以实物的形式消费,所以不应征收国内消费税;而进口的货物则必须征税。国内消费税要按照富人的实际物质享受来征收,穷人则可以减少或免除,负担比较轻,还可以促进社会勤俭节约风尚的养成。

除了《赋税论》外,在配第的其他著述中也充斥着对当时社会经济要素"内部联系"及其结构的考量。比如,《献给英明人士》在前述对存量国民财富和人口价值进行统计的基础上,还对税收问题再次进行了讨论。配第指出,当时人们缴纳的关税、国内消费税、烟囱税、月税等,已经占其全部资产的十分之一,如果再出现战争,就要支出其全部资产的三分之一。所以在这本只有 22 页的著述中,他提出调整王国的各种支出和收入,协调海陆军和卫戍部队的开支,评估经营全国产业所需货币数量,检讨课税不合理和缴纳巨额税的原因,分析各种租税的附带利益,尝试实行分摊租税政策,调动人民的积极性和使其为国家服务等一系列政策举措。

而在写于 1671—1672 年的《爱尔兰的政治解剖》一书中,配第利用在爱尔兰主持土地测量工作以及社会调查得到的大量统计材料、估算数据,既展示了爱尔兰土地、人口、天气、货币、贸易乃至房屋、烟囱的数目及其价值,又描摹了其宗教、饮食、衣着、语言、习惯等方面状况,还概述了教会、圣俸、政府、军队(国民军和国防军)以及以往发生过的叛乱、合并(爱尔兰和英格兰)、对照(重新划分各郡的比例)和利益纷争等情形。可以说,这本篇幅不大的小册子以简略的笔致较为完整地勾勒了爱尔兰社会的一幅"结构图"。

前文提过的《货币略论》只是一篇将近 7000 字的短文,但内容丰富,持论中肯。配第以一问一答的形式探讨了 32 个具体问题,诸如:已经磨损的金属旧币是否应该回炉和由谁出资重铸?新先令的重量和成色应当怎样?旧币铸成新币出现的损失应当由谁来担负？英国是否会因商人们运出货币而变穷？如果新铸的先令缩小到它现在重量的四分之三,所拥有的货币是否比现在多出三分之一、从而货币也增加三分之一？如果政府强制规定新币与旧币可买同样数量的商品,结果会如何？为什么已经磨损的,轻重不等的旧币不能重新铸造？货币需求怎样估算？等等。表面看来,这些针对当时社会状况而提出的问题有点琐碎,但仔细研读会发现,配第紧紧围绕货币价值与社会财富之间的关系、货币在流通中应有的数量和作用等关键性问题展开分析,在对那些分散的具体问题的探究中所形成的闪烁着思想火花的观点,最终凝结成具有内在关系和总体逻辑的构架,将作为资本主义经济运行中重要领域的"货币"的一般原理得以抽象和概括出来。特别是在回答"虽然英国曾经遇到很大的困难,它却没有玩弄这种欺骗手段,这是否算是它的光荣呢？"这一问题时,配第说:"英国在国内和国际上都保持一种贸易的规则和标准,这是它的明智之处,因而也是它的光荣。"①——这又意味着一种境界提升了。

在生命历程最后的 1682—1687 年,配第将《关于伦敦和巴黎人口、房屋、医院的政治算术论文》《关于人口增长以及伦敦发展的论文》《关于伦敦城市发展的另一篇论文》《都柏林死亡表的进一步思考》《伦敦和罗马城市的观察》5 篇论文先单独发表,后又结集为《政治算术论文集》正式出版。仅从这些论文的标题就可以看出,配第对于欧洲重要城市乃至作为资本主义"生产方式典型地点"的英国当时的复杂经济要素及其结构已经有了既细微又宏观的精深把握了。

---

① 配第:《货币略论》,《配第经济著作选集》,商务印书馆,2014 年,第 127 页。

（四）马克思对配第经济思想的研究、吸收及重大推进

配第的思想在其去世 160 年后获得马克思最深刻的理解和高度评价。他的名字首次出现在 1847 年出版的《哲学的贫困》中，马克思在剖析蒲鲁东关于"土地所有权，地租"的论点时回顾了 17 世纪"英国的（土地）所有者们""唯恐自己的收入减少，就反对农业上的成就"的状况，特别加注要求参看"查理二世时期英国经济学家配第的著作"。①马克思这里指的是配第《政治算术》第一章"土地和房屋的所有权有保障"②部分论述的问题。1851 年 1 月 7 日在给恩格斯的信中，马克思提及《政治算术论文集》中分析过的一个现象："当谷物价格下跌时，国内地租的总额却增加了。"③1857 年 7 月，马克思借评论巴师夏《经济的和谐》一书的机会，勾勒了"现代政治经济学的历史"轨迹，首次指出它"是以李嘉图和西斯蒙第结束的，同样，它在 17 世纪末是以配第和布阿吉尔贝尔开始的"④。在随后写作的手稿"1857—1858 年手稿"《货币章》和《资本章》中，马克思三次提及和引用了《政治算术论文集》中有关金银作为永久的商品与其他"易于损坏、易于变质"的商品存在差异的看法⑤，以及"试图在资本刚一发生时就创立信用"的倾向⑥。在马克思于 1859

---

① 马克思：《哲学的贫困》，《马克思恩格斯文集》（第一卷），人民出版社，2009 年，第 648~649 页。

② 配第：《政治算术》，《配第经济著作选集》，商务印书馆，2014 年，第 22~23 页。

③ 马克思：《致恩格斯信（1851 年 1 月 7 日）》，《马克思恩格斯文集》（第十卷），人民出版社，2009 年，第 64 页。

④ 马克思：《1857—1858 年经济学手稿》，《马克思恩格斯全集》（第 30 卷），人民出版社，1995 年，第 3 页。

⑤ 马克思：《1857—1858 年经济学手稿》，《马克思恩格斯全集》（第 30、31 卷），人民出版社，1995、1998 年。

⑥ 马克思：《1857—1858 年经济学手稿》，《马克思恩格斯全集》（第 31 卷），人民出版社，1998 年，第 67 页。

年公开出版的《政治经济学批判第一分册》中,配第及其著述更是大量被提及,限于篇幅,在此无法一一罗列和叙述这些出处了。值得关注的是,在其中《关于商品分析的历史》一节,马克思不仅再次明确重申"古典政治经济学在英国从威廉·配第开始,到李嘉图结束",而且大段评论了配第的思想、工作乃至生平和为人。①马克思随后撰写的"1861—1863年手稿"中的大部分内容在20世纪初被命名为《剩余价值学说史》出版。在这次大规模的思想史清理和辨析中,配第自然也是一个不可或缺的角色,出现的频率依然很高,多处涉及他与其他古典经济学思想的比较。1867年《资本论》第一卷出版,其中提及配第及其著述竟达17处之多,足见他在马克思心目中的分量。在晚年,马克思参与了恩格斯重要著作《反杜林论》的写作,该书"经济学"编的第十章《〈批判史〉论述》就是马克思起草的。在这一部分,他借对杜林《国民经济学批判史》的剖析再次集中评论了配第的著述和思想,明确将其定位为"现代政治经济学的创始人",认为《赋税论》"对商品的价值量作了十分清楚的和正确的分析",而《货币略论》"按内容和形式说来,这是一部篇幅不大的杰作"和"配第的真正经济学的著作"。②

综合地看,马克思之所以如此看重配第的经济思想,也主要是由于两个方面的原因:用马克思的话说,首先,"政治算术——这是政治经济学作为一门独立科学分离出来的最初形式"③;其次,正是由于配第在当时的条件下

---

① 马克思:《政治经济批判。第一分册》,《马克思恩格斯全集》(第31卷),人民出版社,1998年,第445~447页。

② 马克思:《反杜林论·〈批判史〉论述》,《马克思恩格斯文集》(第九卷),人民出版社,2009年,第244~246页。

③ 马克思:《政治经济学批判。第一分册》,《马克思格斯全集》(第31卷),人民出版社,1998年,第447页。

"研究了资产阶级生产关系的内部联系"①,才最终创作出"十分圆满的、浑然一体的著作"②。而从对马克思思想探索和理论建构的影响及其实际后果看,他不仅受到配第这两方面的深刻启发,更将在配第那里处于起始阶段的思考大大推进到了新的层次和高度。以下我们作出简单的梳理和分析。

配第身后 100 多年,作为数据统计和分析方法的"算术"已经发展成为探究数量、形状及其相互关系的学科——"数学"。当马克思开始正式撰写《资本论》手稿、"制定政治经济学原理时",他愈加感到数学的重要性。在1858 年 1 月 11 日写给恩格斯的信中,他写道:"在制定政治经济学原理时,计算的错误大大地阻碍了我,失望之余,只好重新坐下来把代数迅速地温习一遍。算术我一向很差。不过间接地用代数方法,我很快又会计算正确的。"③这种自我反省使马克思意识到,只有运用数学才能阐释清楚《资本论》中很多相当重要的原理。诸如,在第一卷中,马克思把等式"x 量商品 A = y 量商品 B"④作为出发点,对抽象劳动、社会必要劳动时间、价值量和价值现实等展开分析;根据商品 W 价值的三个组成部分(c、v、m)及其功能和内容,以 $W = c + v + m$ 作为公式明确诠释了"价值"⑤;通过以 $E = m / v$ 来定义剩余价值率(剥削率)并对其变化进行了讨论。⑥而在第二卷中,为了阐释资本主义生产的连

---

① 马克思:《资本论》(第一卷),《马克思恩格斯文集》(第五卷),人民出版社,2009 年,第 99 页。
② 马克思:《反杜林论·〈批判史〉论述》,《马克思恩格斯文集》(第九卷),人民出版社,2009 年,第 246 页。
③ 马克思:《致恩格斯信(1858 年 1 月 11 日)》,《马克思恩格斯全集》(第 29 卷),人民出版社,1972 年,第 247 页。
④ 马克思:《资本论》(第一卷),《马克思恩格斯文集》(第五卷),人民出版社,2009 年,第 62 页。
⑤ 马克思:《资本论》(第一卷),《马克思恩格斯文集》(第五卷),人民出版社,2009 年,第 245 页。
⑥ 马克思:《资本论》(第一卷),《马克思恩格斯文集》(第五卷),人民出版社,2009 年,第 251~253 页。

续性，他运用数学模型把资本运动的一般条件分为劳动时间和流通时间①；又根据大量"比例"和"图式"对再生产过程的正常运行的条件进行了分析。②

在第三卷，马克思按照公式 $p' = m' \dfrac{v}{C} = m' \dfrac{v}{c+v}$ 对利润率 p' 和剩余价值率 E 的关系进行了专门研究，特别指出："当利润和剩余价值在数量上被看做相等时，利润的大小和利润率的大小，就由在每个场合已定或可定的单纯数量的关系来决定。因此，首先要在纯粹数学的范围内进行研究"③，而"利润率是许多变数的函数，如果我们要知道这些变数怎样对利润率发生影响，我们就必须依次研究每个变数单独的影响，不管这种孤立的影响对同一资本来说在经济上是不是可能发生"④；对一般利润率（平均利润率）的形成和商品价值向生产价格的转化等问题，马克思也做了量的规定和论证⑤；并综合这些方面对平均利润率的下降规律进行了分析⑥。

上述在"纯粹数学的范围内"的探索，既使配第所提出的"政治算术"范式的价值在将近 100 年后再度得以彰显，马克思更借助这一期间数学所取得的重要进展，将对探索经济问题还处于简单的"数字统计"和"算术应用"层次的数学，推进到对《资本论》重要内容即现代经济现象及其规律的实质分析之中；既用数学方式从多个特殊的数学模型中导出一般性条件（第二卷），又尝试基于代数方程建构了后来经济学通常所关注的一般模式（第三卷）。更重要的是，马克思为了把各种经济数量的合理性搞清楚，还进行了不

---

① 马克思：《资本论》(第二卷)，《马克思恩格斯文集》(第六卷)，人民出版社，2009 年，第五、十三、十四章。
② 马克思：《资本论》(第二卷)，《马克思恩格斯文集》(第六卷)，人民出版社，2009 年，第六章。
③ 马克思：《资本论》(第三卷)，《马克思恩格斯文集》(第七卷)，人民出版社，2009 年，第58~59页。
④ 马克思：《资本论》(第三卷)，《马克思恩格斯文集》(第七卷)，人民出版社，2009 年，第68页。
⑤ 马克思：《资本论》(第三卷)，《马克思恩格斯文集》(第七卷)，人民出版社，2009 年，第九章。
⑥ 马克思：《资本论》(第三卷)，《马克思恩格斯文集》(第七卷)，人民出版社，2009 年，第三编。

少大胆"假定"，从而成功地把握和阐释了很多基本规律。例如"固定资本"这一抽象假定，不仅恰当地为数学在经济分析中的应用提供了启示，而且表明某些数学性分析达到一定阶段，就可以直接与现实对比，对既有理论进行全面的评价并在此基础上创建新的理论。马克思在大胆的抽象假定的基础上，抓住各种经济数量的合理性，使资本主义经济的基本结构更加明确了。即便各种经济数量之间的相互关系变得复杂起来，《资本论》内容的叙述也不成问题。这就使得好像作为外在"工具""手段"而被应用的数学变得与对象"契合"和交融于一体。这是政治经济学理论"科学化"大大提升的重要体现。

同样地，配第当年以英国、爱尔兰为个案分析复杂社会中一系列具体问题和因素以及处理诸多因素间相互关系的探索，也给马克思留下相当深刻的印象。这一思路是面对纷繁复杂的社会现象，注重探寻其"内部联系"和总体结构。如果说配第只是受到培根、霍布斯经验主义哲学思想的影响，才促发他关注社会现象之间的关联，那么对马克思来说则是很早就形成的习惯。但这些复杂现象到底包括哪些方面、其中什么现象更具代表性，配第并不能从社会的真实状况及其历史演变中把握，而只能从为统治者治国理政出谋划策的角度，抓取自认为最主要、最急迫的问题。应该说，这具有很大的功利性、随意性和朴素性。但100多年后的马克思受过包括德国古典哲学在内的现代思维方式的系统熏陶和历练，在观照社会问题时采用的总体性把握、结构化理解和系统性思考已经成为其内在自觉。比如，在"《莱茵报》时期"，马克思遭逢了一系列现实问题，看到了物质利益对人们思想观念的支配，于是对黑格尔有关政治国家是自由理性的体现和表征的看法产生了疑问，开始思考和探究政治国家的本质、内涵及其作用。他是怎么展开对这一领域"内部关系"的运思的呢？这就必须提及他所做的5本"克罗伊茨纳赫笔记"（*Kreuznacher Hefte*）。仔细研究会发现，马克思通过对24本著作及一系列文

章的摘录，力图透过社会运动史的清理来把握构成欧洲政治体系的要素及
其关系。诸如，第 1、2 本笔记通过对法国、波兰和威尼斯历史以及相关国家
理论著作的摘录，马克思在最后将其内容概括为 16 个议题:(1)三级会议;
(2)农民战争;(3)议会;(4)贵族;(5)官僚政治;(6)立宪议会;(7)所有制及
其结果、市民等级、财产;(8)梅特涅的政策;(9)平等;(10)自由的否决权;
(11)家庭作为最初的国家形式;(12)个人权利与社会权利、收容与解放的形
式;(13)宪法;(14)对外主权;(15)团体与众意的关系、国内主权;(16)行政
权。①第 3、4 本笔记通过对英国、法国、德国和瑞典历史著述的整理，从其内
容中提炼出 5 个议题:(1)等级差别;(2)宪法与行政;(3)代表会议;(4)选举
和人民主权;(5)固定地租。②这样，马克思就通过甄别和梳理欧洲两千多年
历史演变中丰富而庞杂的史料，勾勒出一幅政治国家"内部关系"之网络结
构，而贯穿其中的核心逻辑和线索则是:所有制结构对政治设施和社会关系
的影响、大革命宪法的价值追求、政治统治与普遍理性的背离、财产关
系——资产阶级反封建的枢纽、人民主权及其代议制问题。③正是由于有了
这些扎实的工作基础，马克思才能写出《黑格尔法哲学批判》及其导言等著述。

马克思的探索还在深化。从对政治国家和法哲学的剖析中他发现了"市
民社会"，于是由对社会的"副本"批判转向了"原本"批判，这导致了其研究
兴趣和领域的"政治经济学转向"。篇幅所限，不能对此作过细的梳理，这里
只举对《资本论》关于"资产阶级生产关系的内部联系"的勾勒产生了巨大影

---

① Karl Marx, *Kreuznacher Hefte · Inhaltsverzeichnis zu Heft 2*, im: MEGA² IV\2, Dietz Verlag,
Berlin 1981, S.116–119.

② Karl Marx, Kreuznacher Hefte · Index zu Heft 4, im: MEGA² IV\2, Dietz Verlag, Berlin 1981, S.
221.

③ 参看聂锦芳主编:《重读马克思:文本及其思想》(第二卷),中国人民大学出版社,2018 年,第
四章。

响的"伦敦笔记"(Londoner Hefte)为例来分析。1850 年 9 月至 1853 年 8 月期间，马克思在英国不列颠博物馆阅览室中收集并阅读了涉及面广且为数众多的将近 300 种文献资料(包括专著、官方文件和报刊等)，再次全面系统地攻读政治经济学史和同时代经济学家的著作，留下了关于政治经济学和其他问题大量的摘录、札记和评论，共计 24 个笔记本，连续标注了 1250 个页码，篇幅总计达 100 个印张以上。其中第 1—7 笔记本主要研究货币和货币流通规律；从第 8 笔记本开始转入对经济学一般问题的讨论，其中第 8、9、10、12、13 笔记本关注农业生产和地租问题；第 11 笔记本分析工人状况；第 14、21、22、23 笔记本讨论殖民体系和对外政策等问题；第 15 笔记本梳理自然科学、技术、工艺史和发明史；第 16 笔记本研究银行问题；第 17、18、19、20、24 笔记本更涉及历史、经济学、文学史、文化史、伦理史和妇女问题史等复杂内容。此外，在这段时间内，马克思还写了 3 份单独标出题目、主要清算李嘉图货币流通理论的手稿《金条完成的货币体系》《反思》《货币、信用、危机》。表面看来，《伦敦笔记》篇幅巨大、议题众多且思路庞杂，但遵循马克思的创作过程对其主要议题作整体观照，这一时期他研究工作的问题意识与内在思路还是非常清楚的。我们可将其概括为如下几个方面：(1)货币、信用与危机问题；(2)古典政治经济学的体系与矛盾；(3)雇佣劳动与资本之间全面而复杂的关系；(4)对资产阶级社会结构的变迁过程。①

在以上探索的基础上，马克思在"1857—1858 年手稿"中拟定了他的政治经济学理论架构，分篇如下："(1)一般的抽象的规定，因此它们或多或少属于一切社会形式，不过是在上面所阐述的意义上。(2)形成资产阶级社会

---

① 到目前为止《伦敦笔记》并未出齐，待出版的卷次是 MEGA2 第 4 部分包含第 15—18 笔记本的第 8 卷和包含第 19—24 笔记本的第 9 卷。我们根据以往负责《伦敦笔记》的编辑人员提供的后 10 个笔记本中的部分草稿清单对其内容做出的推测。

内部结构并且成为基本阶级的依据的范畴。资本、雇佣劳动、土地所有制。它们的相互关系。城市和乡村。三大社会阶级。它们之间的交换。流通。信用事业(私人的)。(3)资产阶级社会在国家形式上的概括。就它本身来考察。'非生产'阶级。税。国债。公共信用。人口。殖民地。向国外移民。(4)生产的国际关系。国际分工。国际交换。输出和输入。汇率。(5)世界市场和危机。"①随后在 1859 年《〈政治经济学批判〉序言》中,马克思又将理论结构修改为:"我考察资产阶级经济制度是按照以下的顺序:资本、土地所有制、雇佣劳动;国家、对外贸易、世界市场。在前三项下,我研究现代资产阶级社会分成的三大阶级的经济生活条件;其他三项的相互联系是一目了然的。"②

在"1861—1863 年手稿"中,马克思再次将以前拟定的理论体系加以改变,修改为:(1)导言:商品,货币。(2)货币转化为资本。(3)绝对剩余价值:(a)劳动过程和价值增殖过程;(b)不变资本和可变资本;(c)绝对剩余价值;(d)争取正常工作日的斗争;(e)同一时间的工作日。剩余价值额和剩余价值率。(4)相对剩余价值:(a)简单协作;(b)分工;(c)机器等等。(5)绝对剩余价值和相对剩余价值的结合。雇佣劳动和剩余价值的比例。劳动对资本的形式上的隶属和实际上的隶属。资本的生产性。生产劳动和非生产劳动。(6)剩余价值再转化为资本。原始积累。威克菲尔德的殖民学说。(7)生产过程的结果。(8)剩余价值理论。(9)关于生产劳动和非生产劳动的理论。

后来的《资本论》就是按照"1861—1863 年手稿"中制定的架构而展开的。马克思将其手稿分为两大部分,一部分是"理论部分",另一部分是"理论

---

① 马克思:《1857—1858 年经济学手稿》,《马克思恩格斯全集》(第 30 卷),人民出版社,1995年,第 50 页。

② 马克思:《〈政治经济学批判〉序言》,《马克思恩格斯全集》(第 31 卷),人民出版社,1998 年,第 411 页。

史部分"或"历史批判部分",计划分开出版。马克思在《资本论》第一卷第一版序言中说:"这部著作的第二卷将探讨资本的流通过程(第二册)和总过程的各种形式(第三册),第三卷即最后一卷(第四册)将探讨理论史。"①恩格斯编辑就是按照这个体系将原稿第二册整理改编为《资本论》第二卷,题为"资本的流通过程";将原稿第三册整理改编为《资本论》第三卷,题为"资本主义生产的总过程"。最终形成《资本论》的全部体系共分四大卷,前三卷是关于政治经济学的理论部分,后一卷是关于政治经济学学说史部分。

从1867年9月《资本论》第一卷出版到1883年3月去世是马克思生命历程的最后一个阶段。他的探索也没有停滞,而是呈现出由五条线索交错而成的复杂状态。我将其概括为:(1)围绕《资本论》而展开的修订、整理、新文献的发掘和补充;(2)西欧工人运动的参与及波折;(3)资本主义"史前史"的求解;(4)对俄国社会未来走向的设想;(5)对马克思主义未来命运的思考。在这些工作的基础上,马克思对资本社会的结构及其问题转化的思考又取得了重要进展,包括:(1)资本功能的变迁及其危机呈现的曲折性;(2)国家、民族特性与资本社会的多种类型;(3)资本扩张所遭遇的时间和空间屏障;(4)资本批判与工人运动的实践的复杂关系;(5)资本主义史前史对于理解资本的意义;(6)古代和东方国家社会状况及其发展道路;(7)作为"文明"形态的资本主义。

我们看到,由配第开辟的对"资本主义生产内部关系"及其结构的探究,到马克思那里已经蔚为大观了。这既是资本主义发展到19世纪下半叶呈现出的更为复杂的状况的深刻反映,更是重大的思想理论建构成果,因为"哲

---

① 马克思:《资本论》(第一卷),《马克思恩格斯文集》(第五卷),人民出版社,2009年,第13页。

学的实践本身是理论的"①。

总之,依据配第的著述对其经济思想重新进行清理,并对照马克思在一系列著述中对配第的相关评论以及在《资本论》及其手稿中所达致的理论高度,不难发现,马克思之所以称配第为"现代政治经济学的创始人",除了"土地为财富之母,而劳动则为其父"的传统解释,更重要的是他开创了观照复杂社会的"政治算术"范式,并对"资产阶级生产关系的内部联系"及其结构进行了初步的探索。这种清理工作对于我们深化马克思主义政治经济学的研究及其当代价值的发挥具有重要意义。马克思的政治经济学当然有形而上学基础,在重视影响经济运行的社会环境以及政治因素的同时也关注微观经济运行和具体经济政策等方面的思想和主张,关注经济本身的"内部关系"、系统结构的科学性和规律。

特别是 20 世纪以降,在经济学研究中,统计、数学已经不仅仅是一种外在的手段或工具,而是与所要探究的经济现象内在地联系在一起。如果说马克思是探索这种方式的先驱之一,那么他的思路源自配第"政治算术"的启迪便是确定无疑的了。马克思的政治经济学不是置身于资本主义经济运行之外简单的批判和定性,而是深入其内部通过具体机制和过程的讨论来寻找变革和超越的因素、方式和途径。这就更显现出《资本论》第二、三卷内容的重要性,因为它们是马克思晚期思想与 20 世纪资本主义变迁和经济学变革之间实现勾连、对话的可能性通道。这也是"古典经济学"在经过马克思主义政治经济学的"否定"之后,他们中的一些人及其思想在 20 世纪仍有影响的原因。

---

① 马克思:《德谟克利特的自然哲学和伊壁鸠鲁的自然哲学的差别》,《马克思恩格斯全集》(第1卷),人民出版社,1995 年,第 75 页。

九、恩格斯的资本批判及其当代价值

　　马克思主义是与资本批判和对人的解放之路的探究紧密联系在一起的。作为马克思主义的创始人,恩格斯在七十五年的生命历程中,亲身感受资本时代的"疾苦和病症",悉心清理资本形成的历史过程和现实运动,并通过整理《资本论》手稿完成了对资本逻辑和结构的体系化建构,更借助工人运动有效地探索了超越资本的实践方式。恩格斯去世后,资本世界发生的很多变化在某种意义上可以看作其所展开的一系列工作所产生的后续效应。而20世纪后期以来"消费社会""数字资本主义"的来临,不过是资本所带动的"历史向'世界历史'转变"趋势的最新体现。对此,恩格斯的资本批判依然有效,具有不可超越的现实价值。

马克思主义是与对资本的批判和人的解放之路的探究紧密联系在一起的。作为马克思主义的创始人，恩格斯与马克思共同的难能可贵之处在于——正如德国伍珀塔尔恩格斯博物馆的展览解说词所指出的——"一个不属于劳工阶层的人却想方设法要改变劳工阶层的命运"①。在对资本社会的剖析、对无产阶级处境的揭示及其未来命运的思考中，两人的意旨、思路和观点基本上是一致的；但由于生活经历、知识背景、性格特点和工作重点等方面的差异，他们之间也表现出某些特殊性。可以说，他们以互补的方式共同完成了马克思主义的理论建构。

就恩格斯而言，其资本批判包含了以下的内容和特征。

（一）亲身感受资本时代的"疾苦和病症"

恩格斯 1820 年出生于当时尚未统一的德意志最大的公国——普鲁士著名的工业城市巴门（现德国伍珀塔尔市），中学尚未毕业就去父亲在当地的公司见习，后来又被派往不来梅学习做生意，还作为志愿兵在柏林服役、在科隆—巴黎—布鲁塞尔等地短暂停留，而其最重要的经历则是在英国曼彻斯特长达二十余年的经商活动和生命历程中的最后 25 年定居伦敦从事著述和工人运动，直至 1895 年去世。

在上述每一座"生活驿站"，恩格斯都倾注了最大的心力细致地观察社会的具体状况，切身体验和感受时代的"疾苦和病症"。给他印象最深刻的是不同社会阶层之间悬殊的生活境况。以故乡来说，一方面，"下层等级……普

---

① Engels 2020 · Friedrich Engels Sonderausstellung: Ein Gespenst geht um in Europa, https://www.friedrich-engels-haus.de.

遍处于可怕的贫困境地;梅毒和肺部疾病蔓延到难以置信的地步",工人们"在低矮的房子里劳动,吸进的煤烟和灰尘多于氧气,而且大部分人从 6 岁起就在这样的环境中生活,这就剥夺了他们的全部精力和生活乐趣"。①另一方面,包括自己家人在内的资产者却心安理得地过着舒适而富裕的生活。

英国是资本时代的"典型",在那里有"社会灾难最尖锐、最露骨的表现"。恩格斯"用了 21 个月的时间,通过亲身观察和亲自交往来直接了解英国的无产阶级,了解他们的愿望、他们的痛苦和欢乐,同时又以必要的可靠的材料补充自己的观察"②,进而写成其早期名著《英国工人阶级状况》。这部作品对英国工人阶级的生活状况从"身体、智力和道德"诸方面作了极为细致的描述:在恶劣的环境下生存,"不仅呼吸街上的污浊空气",还被迫挤在一个狭小的空间,像物品一样"被成打地塞在一间屋子里";"穿的衣服是坏的、破烂的或不结实的。给他们吃的食物是劣质的、掺假的和难消化的"。③而为了活下去,这些无产者又不得不从事"强制性的劳动","在大多数劳动部门,工人的活动都局限在琐碎的纯机械性的操作上,一分钟又一分钟地重复着,年年如此"。④在如此恶劣条件下苟且偷生,连最必需的生活资料都不能保障,"他们的衰弱的身体无力抵抗疾病,因而随时都会病倒。所以他们老得快,死得早"⑤。

---

① 恩格斯:《伍珀河谷来信》,《马克思恩格斯全集》(第 2 卷),人民出版社,2005 年,第 44 页。

② 恩格斯:《英国工人阶级状况》,《马克思恩格斯文集》(第一卷),人民出版社,2009 年,第 385 页。

③ 恩格斯:《英国工人阶级状况》,《马克思恩格斯文集》(第一卷),人民出版社,2009 年,第 410~411 页。

④ 恩格斯:《英国工人阶级状况》,《马克思恩格斯全集》(第一卷),人民出版社,2009 年,第 432 页。

⑤ 恩格斯:《英国工人阶级状况》,《马克思恩格斯文集》(第一卷),人民出版社,2009 年,第 418 页。

恩格斯更从精神层面揭示了无产者的境遇。没有一个地方真正实行义务教育，社会上的教育设施与人口数目相比少得可怜，工人阶层中只有少数子弟才勉强有机会上学就读，但即便如此，也只能去质量最差的学校，绝大多数儿童则只能在工厂或家里做工。而对于有工作的人来说，强制劳动的体验是一种最残酷、最带侮辱性的痛苦。工人愈是感到自己是"人"，就愈痛恨自己的工作，因为他充分感觉到这种工作是被迫的，对他自己说来是没有目的的。这种"生活的毫无保障、挣一天吃一天"的状态，引发了社会严重的"堕落"现象，对道德所起的破坏作用甚至比贫穷还要厉害得多。一方面，很多人"都或多或少地患着忧郁症，总是愁眉苦脸，郁郁寡欢"[①]。另一方面，酗酒、纵欲、暴力，根本谈不上什么个人远见和规划，不懂得为了长远利益而牺牲眼前的享乐；蔑视社会正常秩序，最明显、最极端的表现就是犯罪。

占社会成员绝大多数的穷人处于如此恶劣的生存环境、可怕的贫困处境以及不堪的精神、道德状况无疑是时代的病症。而更令人忧虑的是，它们与宗教虔诚主义的愚弄、政治专制主义的统治和资本主义生产方式的运行密切关联着，或者说这些社会因素的交叉作用使危机更为深重。关于后者我们在下节将详细阐述，这里梳理恩格斯对前两个问题的观察。

在当时的欧洲，传统宗教仍有很大的影响，特别是虔诚主义提供给人们理解世界的方式充满了虚妄、蒙昧和"倒错"。在恩格斯故乡的埃尔伯费尔德地区，"对待工人最坏的"是作为"虔诚派教徒"的工厂主们，他们把 2500 个学龄儿童中的 1200 人赶到工厂里做工，这一方面比雇用成年工人节省一半人力成本，却可以施加同样的劳动强度，进而赚取超额利润，而另一方面对

---

① 恩格斯：《英国工人阶级状况》，《马克思恩格斯文集》（第一卷），人民出版社，2009 年，第 418页。

这种"违背天地良心"的残酷做法,他们并没有感到一丝愧疚,相反还"满不在乎",他们自认为"灵魂不致因为使一个儿童变坏堕落就下地狱,特别是这个灵魂如果每个礼拜日到教堂去上两次,那就更心安理得了"①。而那些没有进工厂做工而是"侥幸"上了学的孩子,很多人进入的是教会学校,宗教教育成了他们学习的主要课程。自小头脑里被塞满了各种无法理解的教条和神学上的奥义,激发起他们对其他不同教派的仇恨和对本教狂热的迷信,相反,现代科学知识和理性的道德教育却严重缺乏。

除此而外,专制制度下的等级结构、权力分配及其思想控制更是严重的枷锁,到处是"自以为是的鼠目寸光的人""难以理解的裹足不前的英雄好汉们""开倒车的达官显贵们"。恩格斯将这些人比喻为"笼罩着我们时代的曙光的乌云"。在这样的社会,真理与伪真理的境遇完全"错位"了,真理可贵,但命运多蹇,比较而言,伪真理却往往更为走运,一种"新东西……如果不属于那种圆通的伪真理就要受到压制"。同时,历史真相被歪曲甚至遭虚构,"企图把整整 300 年当作闯入禁区的涉险旅行、当作发热病时的梦呓从世界编年史中一笔勾销","自查理大帝以来登台亮相的各种思想,500 年间不断相互排斥的各种风尚,都企图把自己的消亡了的权利再次强加于现代。中世纪的封建主义和路易十四的专制制度、罗马的教阶制度和上一世纪的虔诚主义,相互争夺消灭自由思想的荣誉!"而这一切"为的是把那些使'朕即国家'这样的制度感到舒适自在的式样强加于我们的时代精神"。最新的文学作品中到处充斥着愚昧和无知,同"现代蒙昧主义者的大喊大叫相呼应"②。恩格斯的这些剖析既细致入微,又入木三分。写下这些文字的时候,他还没

---

① 恩格斯:《伍珀河谷来信》,《马克思恩格斯全集》(第 2 卷),人民出版社,2005 年,第 44~45 页。
② 恩格斯:《时代的倒退征兆》,《马克思恩格斯全集》(第 2 卷),人民出版社,2005 年,第 106~108 页。

有与马克思结识,但对照同一时期《莱茵报》上那些振聋发聩的时评,不难看出,他们对时代病症的揭示如出一辙。

"资本"超越封建时代的专制统治方式而成为"塑造"世界最重要的力量,这本来意味着人类文明的进步。然而它却造就了占人类群体大多数的无产者阶层,使"工人阶级处境悲惨","使文明社会越来越分裂"。恩格斯通过亲身观察并且付诸笔墨,给资本时代画像,写下这样"漂亮的罪孽录"。

必须指出的是,恩格斯的这种体验和理解与其身份、职业是矛盾的。他本身属于资本家阶层,代表着自己企业的利益;但他的人生定位却是"社会主义者",所以他又要竭力为无产者争取权利。这种双重身份,"不仅是分裂的生活方式,而且也是迥异的生活内涵"。在给德国社会民主党内一位同志的信中,他把这称为"一个股票经纪人同时也可以是一个社会主义者"现象,并自我剖析说,自己作为一个工厂的合伙人,属于理应遭到谴责、憎恶、藐视的经纪人阶层,面对工人的贫困状况应该感到抱歉;但"假如我确信明早能在股票交易所里挣到 100 万,然后它们能够为我们的党派在欧洲和美洲的工作提供有力的资金支持时,我就毫不犹豫地去交易所"。①由此看来,赚钱不过是恩格斯为党和人民服务的手段,在最终的立场上,恩格斯是坚定地站在劳工大众一边的。知人论世,他的这种选择真是难能可贵!

(二)清理资本制度形成的历史环节和现实效应

资本时代"工人阶级处境悲惨的原因不应当到这些小的弊病中去寻找,

---

① Engels 2020 · Friedrich Engels Sonderausstellung: Ein Gespenst geht um in Europa, https://www.friedrich-engels-haus.de.

而应当到资本主义制度本身中去寻找"①。很显然,"除了自己的劳动力之外一无所有"的"广大的雇佣工人"的生存状况与作为"全部生产资料和消费资料的所有者"的"一小撮路特希尔德们和万德比尔特们"之间有着不可割裂的内在关联。在古老的汉萨同盟城市不来梅学习出口贸易和外汇交易等商业知识,尤其是在充满"荣耀和阴暗"的矛盾、当时世界上最大的棉纺织基地曼彻斯特经商的经历,让恩格斯思考了"一个根本问题,当工业化的结构源自一种冷酷无情的资本主义形态时,会发生什么? 然后,整个社会又会导致什么后果? "②而这只能到资本制度的历史形成和现实运作中去探究答案。

关于资本制度的形成,有的论者从"人性"的角度予以解释,认为是人的"欲望、自我中心和贪婪"扩展为社会行为而导致的结果;有的从统治方式的变迁中进行考察,认为它深受政治人物治理观念的转变和强国发展战略调整的支配和影响。而恩格斯所从事的纺织业生产和商品贸易为他思考这一问题提供了现实样本和新的思路。即资本制度的建立基于现代工业的发展,而工业生产由传统到现代的嬗变有赖于工厂制度的确立和完善,至于工厂制度,则是由生产工具的改进和变革促成的。

恩格斯是世界上最早梳理现代工业发展进程的思想家之一。在多部著述中, 他极其详尽地清点了具有指标性意义的机器发明及其对纺织业的重要影响,以及由此所确立的工厂制度和生产方式的特征。1764 年詹姆斯·哈格里沃斯发明了珍妮纺纱机,靠人力手摇带动锭子纺纱,比旧式纺纱机的能力提高了 8 倍,大大减少了工人的数量,也降低了纱的价格,为工厂制度的

---

① 恩格斯:《英国工人阶级状况》,《马克思恩格斯文集》(第一卷),人民出版社,2009 年,第368 页。

② Engels 2020·Friedrich Engels Sonderausstellung: Ein Gespenst geht um in Europa,https://www.friedrich-engels-haus.de.

建立奠定了基础。1768 年理查·阿克莱发明了翼锭纺纱机,以全新的原理为根据使用机械动力,成为"18 世纪最重要的机械发明",使工厂制度获得了进一步扩展。1785 年赛米尔·克朗普顿综合珍妮纺纱机和翼锭纺纱机的机械原理发明了走锭精纺机,大约同时理查·阿克莱制造的梳棉机和粗纺机问世,使"工厂制度成为棉纺业中唯一占统治地位的制度"。1787 年卡特赖特发明了机械纺织机,后经过多次改进,1801 年获得实际应用;到 19 世纪初,所有纺织机器都采用了詹姆斯·瓦特于 1764 年发明的蒸汽机作为动力,从而引起了纺织工业的巨大变革。①纺织业领域的这种"范本"所发挥的效应是,机器劳动在英国工业的各主要部门战胜了手工劳动,带来了生产的迅速发展。恩格斯将工厂制度与机器发明和生产发展紧密关联起来考察的思路,为以历史唯物主义方式探究资本起源奠定了科学的理论基础。

生产方式的变革必然极大地影响人的生存境况和命运。工业革命把工具变成了机器,把作坊变成了工厂,从而把中间阶级中的劳动者变成了无产者,使以前的大商人成为工厂主;同时,排挤了人数较少的中间阶级,进而把居民的一切差别转化为无产者与资本家的对立。社会阶层的这种分化、组合和归类促成了整个社会人与人关系的深刻变化,"大资本家和没有任何希望上升到更高的阶级地位的工人代替了以前的师傅和帮工;手工业变成了工厂生产,严格地实行了分工,小的师傅由于没有可能和大企业竞争,被挤到了无产者阶级中去。同时,由于迄今为止的手工业生产被废除,由于小资产阶级被消灭,工人已没有任何可能成为资产者",这样的结果是,"谁要是生

---

① 这里的梳理根据恩格斯的《英国状况 十八世纪》和《英国工人阶级状况》综合而成。两篇著述的描述大体一致,只是所指称的走锭精纺机发明的年代不同,一为 1776 年,一为 1785 年,本文从后者。参看《马克思恩格斯文集》(第一卷),人民出版社,2009 年,第 98、393 页。

为工人,那他除了一辈子当无产者,就再没有别的前途了"。①恩格斯描摹的这一情形在施行现代工厂制度的国家成为相当普遍的现象,正如中国人根据汉字"工"的写法而生发出的对阶层固化所导致的穷人悲惨命运的慨叹——"'工'字不出头"!可以说,工厂制度的施行和完善引起不同阶层的分化,进而导致其迥异的人生命运。

最终,资本制度借助工业生产和商品流通建立起来并重新塑造和改变了世界。就工人个体来说,为取得每天一定数目的工资而把自己的劳动力卖给资本家,在几小时工作之后,他就能把这笔工资的价值再生产出来了。但是他的劳动合同却规定,工人必须再工作好几个小时,才算完成一个工作日。工人用这个附加的几小时劳动生产出来的价值,就是剩余价值。对剩余价值的追求成为资本国家不同企业共同的行为,资本制度由生产向商业、贸易等领域渗透,成为世界最主要的经济方式。它在很大程度上使工业国家的经济关系趋于平衡,以至于恩格斯感到"向德国读者说的和要向美、英两国读者说的几乎没有什么两样了"。更重要的是,资本制度也在不断地"创新"和自我改变。恩格斯写作并出版《英国工人阶级状况》是在 1844—1845 年,而到 1892 年这一著述德文第二版问世时,恩格斯特别注意到,历经近半个世纪资本主义生产方式又获得了新的发展,即越到后来它"越不能采用作为它早期阶段的特征的那些小的哄骗和欺诈手段",特别是在较为发达的国家或城市,"欧洲商业发展最低阶段的代表所玩弄的那些猥琐的骗人伎俩""那些狡猾手段"都"失灵了"。为此,资本家就不得不做出变通,进行"一系列改良措施",使"大工业从表面看来也变得讲道德了"。比如,改善工业化初期那

---

① 恩格斯:《英国工人阶级状况》,《马克思恩格斯文集》(第一卷),人民出版社,2009 年,第 402~403 页。

种令人触目惊心的肮脏的环境和恶劣的居住状况,废除实物工资制,实行十小时工作日法案,缓解劳资矛盾和对立,等等。当然,恩格斯更深刻地指出,"所有这些对正义和仁爱的让步,事实上只是一种手段","其所以如此,并不是出于伦理的狂热,而纯粹是为了不白费时间和辛劳"。①"时间就是金钱"——这才是资本制度亘古不变的法则。

以上的梳理表明,恩格斯由对资本时代"疾苦和病症"的感性体味上升到了理性解剖和深入透视的层面。

(三)完成对资本逻辑和结构的体系化建构

资本批判的复杂性在于,不仅要厘清其形成的历史过程和现实机制,更需要从理论上勾画和建构起资本作为一种独特的社会力量"布展"的逻辑和"抽象 – 具体"体系。这是最为艰难的思想创造。也正因为如此,《资本论》的写作成为马克思毕生最重要的工作。遗憾的是,尽管完成了《资本论》大部分初稿,并于 1867 年出版了第一卷,但直到 1883 年去世,马克思也没有完成第二、三卷的定稿工作,这也就意味着他对资本逻辑和体系结构的揭示并未完整地呈现出来,而这一工作是由恩格斯来完成的。《资本论》第二、三卷分别于 1885、1894 年正式出版时,作者虽然仍单独署着马克思的名字,但就实际情形看,恩格斯并不只是一个单纯的原始手稿笔迹的辨认者和成形章节的编排者,即解决的"只是技术性的"问题;更公允和客观的说法应该是,他也是这两卷所关涉的思想内容和理论体系的阐释者和建构者。

---

① 恩格斯:《〈英国工人阶级状况〉1892 德文第二版序言》,《马克思恩格斯文集》(第一卷),人民出版社,2009 年,第 365~368 页。

我们知道,在资本的整个运动中,流通过程与生产过程是统一的,生产过程必须由流通过程来补充和完成。因此,在《资本论》第一卷对生产过程进行阐释后,第二卷紧接着研究的就是资本的流通和剩余价值的实现过程。用恩格斯的话来说,在三卷结构中,第二卷是第一卷"理论逻辑"的继续,也是第三卷内容的"引言"。第二卷所讨论的资本的形态变化及其循环、资本周转以及社会总资本的再生产和流通,使人们对资本的理解由抽象上升到具体、由宏观进入到微观、由总体深化到细节。而第三卷作为《资本论》理论部分的终篇,则主要揭示和阐明的是资本主义生产总过程的各种具体形式及其相关问题,诸如资本的一般形式向产业资本、商业资本和借贷资本的转化,剩余价值到利润、剩余价值率到利润率、价值到生产价格的变迁,以及商业资本的由来及其特征和货币资本到生息资本的转化,等等。可以设想,如果缺少对第二卷和第三卷所涉及内容的探究,马克思的资本批判既不可能建构起作为"一个艺术整体"的关于资本逻辑及其体系结构的理论大厦,更难以准确地体现和反映 19 世纪中叶至 20 世纪初资本社会的变迁,进而给予深刻的透视。

然而《资本论》第二卷和第三卷如此清晰的思路、翔实的内容和完整的体系框架,在马克思去世时留下的庞大的手稿中根本不是显性存在着的;相反,诚如文献专家所感叹的,"恩格斯在编辑马克思的手稿时面临的是多么令人沮丧的任务"①! 根据《马克思恩格斯全集历史考证版》(Marx-Engels Gesamtausgabe,以下简称 MEGA)第 2 部分"《资本论》及其准备材料"提供的文献,有关第二卷的手稿有 19 份,包括第四卷第 1 册中的 1 份手稿、同卷第

---

① 弗雷德·莫斯利:《马克思〈1864—1865 年经济学手稿〉英文版导言》,载于《政治经济学报》(第 11 卷),格致出版社、上海人民出版社,2018 年,第 5 页。

3 册中的 6 份手稿(其中 3 份专门属于第二卷的内容,另外 3 份既关涉第二卷也关涉第三卷)、第 11 卷中的 10 份手稿和同卷"学术资料"中刊发的 2 条札记。总之,"留下的文稿很多,多半带有片断性质",即使其中存在一些经过校订的文稿,大多数也变得陈旧了。有的理论部分作了详细的论述,但是在文字上没有经过推敲,而另一些同样重要的部分则只是作了一些提示。马克思搜集了用作例解的事实材料,但几乎没有分类,更谈不上系统地加工整理了。有些章的结尾,往往只写下几个不连贯的句子,而且阐述得还不完整。至于第三卷,MEGA 第二部分刊出的手稿有 17 份,包括第 4 卷第 2 册中的 1 份手稿、同卷第 3 册中的 10 份手稿(其中 7 份专门属于第三卷的内容,另外 3 份既关涉第二卷也关涉第三卷)、第 14 卷中的 6 份手稿。而在这些庞杂的材料中,只有一个贯通全卷内容的初稿,而且极不完全。马克思只撰写并从文字上推敲过第三卷每一篇的开头部分,但越往下留存下来的文稿就越是带有草稿性质,还有很多离开论题罗列出的在研究过程中冒出来,其最终位置则需要以后安排的枝节问题。很多表述是按照思想形成时的原始状况写作的,并不是从原理上进行的阐发。

很显然,面对马克思手稿这样的状况,要完成《资本论》的整理和付印工作,使其"既成为一部连贯的、尽可能完整的著作,又成为一部只是作者的而不是编者的著作"①,确实不是一件容易的事情。为此,恩格斯披沙拣金,首先将马克思大量的手稿围绕第二、三卷的内容和主题进行归类、编号,接着对所选手稿进行字迹辨认和誊抄,最后进入艰难的编辑程序——MEGA 编辑曾将恩格斯所做的工作总结成 6 大类 19 项,包括:"改变原文的编排"(划分章节、调整位置、把插入部分编入正文、把脚注变为正文、修改关于结构计划

---

① 恩格斯:《资本论第二卷序言》,《马克思恩格斯文集》(第六卷),人民出版社,2009 年,第 3 页。

的表述);"扩展原文"(内容上的补充、增补新出现的材料);"删除一些段落";"处理重复的地方";"润色原文"(分段、合并段落或增加铺垫语、取消着重号);"订正"(订正内容、统一概念术语、修辞改动、核准计算数字、复核、补充和翻译引文)。①

当然,最重要的还是对马克思有关思想的理解问题。MEGA 第 2 部分第 12 卷"学术资料卷"提供了"构成比较"(Gliederungsvergleich)、"出处一览"(Provenienverzeichnis)和"出入一览"(Verzeichnis der Texabweichungen)三个对照表,罗列和对比了恩格斯刊印稿与马克思原始手稿之间 5000 余处存在差异的地方。那么,怎么看待这些"改动"和"修改"的性质呢?恩格斯有"曲解"乃至"篡改"马克思原意的地方吗?篇幅所限,这里不能对此详细讨论,仅举两个被认为是"重大的修正"的例子简略说明。《资本论》第三卷马克思原稿的标题是"总过程的各种形态"(Die Gestaltungen des Gesammtprozesses),恩格斯的刊印改为 "资本主义生产的总过程"(Gesammtprozess der kapitalistis-chen Produktion)。按照我的理解,这里之所以加修辞"资本主义生产的",一方面是由于马克思的初稿是简略的表述,将其遗漏了,另一方面是恩格斯综合第一卷"资本的生产过程"和第二卷"资本的流通过程"而将这种生产方式定型化为"资本主义的",这充分体现了第三卷所具有的总结的性质。至于有文献专家认为,"形态"一词是第三卷的关键,恩格斯将其删掉是一种"误导性的改变"②,但鉴于突出"总过程"并不意味着抹杀或无视构成这一过程中的"各种形式",所以我认为这种指责是有点过分了。还有,第三卷第 15 章《规

---

① Karl Marx und Friedlich Engels,Manuskripte und redaktionelle Texte zum dritten Buch das "Kapi-tals" 1871 bis 1895.(Apparat),im:*Marx-Engels Gesamtausgabe* II/14,Akademik Verlag 2003,S.407.

② 弗雷德·莫斯利:《马克思〈1864—1865 年经济学手稿〉英文版导言》,载于《政治经济学报》(第 11 卷),格致出版社、上海人民出版社,2018 年,第 6 页。

律的内部矛盾的展开》中"Ⅰ.概论"最后一句话"如果没有相反的趋势总是在
向心力之旁又起离心作用,这个过程很快就会使资本主义生产崩溃"①。在马
克思的原稿中"崩溃"一词用的是 Klappen,恩格斯将其改为 Zusammenbruch
了。②有的论者认为,前者的意义弱于后者,马克思表达的是尚未达到"崩溃"
程度的"动摇",而恩格斯的改动使其含义强化了。而实际上,就是"德国人对
这个短语的理解也不相同",除了认为二者在强弱程度上有所差异外,也有
很多人认为两个短语的意义完全一致。③至于有的论者声称,恩格斯的改动
"鼓舞了第二国际中主张'崩溃论'的理论家(如考茨基)"④,我只能说这样的
引申和发挥是太过于联想了。但不论怎样,以上事例都不足以支撑将二人的
关系由"马克思和恩格斯"修正为"恩格斯对马克思",进而得出"对立论"(di-
chotomy)的判断。

因此,客观的结论应当是,马克思的资本理论"忠实而准确地呈现在恩
格斯编辑的"第二卷和第三卷中,"恩格斯编辑的……应当被看作马克思
的"。⑤可以说,《资本论》这部巨著最终由恩格斯整理完成,这是资本批判史
上划时代的重大事件!这让人再次想起 1867 年在该书第一卷最后一个印张
校对完毕后,马克思在给恩格斯的信中所说的话:"这本书能够完成,完全要
归功于你!没有你为我作的牺牲,我是不可能完成这三卷书的繁重工作的。

---

① 马克思:《资本论》(第三卷),《马克思恩格斯文集》(第七卷),人民出版社,2009 年,第 279 页。

② Karl Marx,Das Kapital Kritik der politischen Ökonomie dritter Band Hamburg 1894.(Text),im: *Marx-Engels Gesamtausgabe* II/15,Akademie Verlag 2004.S.243.

③ 徐洋:《马克思〈资本论〉第三卷主要手稿英译本及相关问题》,载于《政治经济学报》(第 11 卷),格致出版社、上海人民出版社,2018 年,第 50 页。

④ Carl-Erich Vollgraf and Jürgen Jungnickel,*Marx in Marx's Words: On Engels's Edition of the Main Manuscript of Book 3 of Capital*, International Journal of Political Economy,32(1),2002,p.62.

⑤ 弗雷德·莫斯利:《马克思〈1864—1865 年经济学手稿〉英文版导言》,载于《政治经济学报》(第 11 卷),格致出版社、上海人民出版社,2018 年,第 40 页。

我满怀感激的心情拥抱你!"①

(四)探索超越资本的依靠力量和实践方式

恩格斯的资本批判并不是纯粹的理论建构，更需要将其转化为变革资本社会的实践。而拯救资本弊端、变革资本社会的方式只能基于"资产阶级社会本身孕育着的新社会因素"，特别是依赖无产阶级自我解放和自我超越的社会运动。正如马克思、恩格斯在《共产党宣言》中所指出的，"当人们谈到使整个社会革命化的思想时，他们只是表明了一个事实：在旧社会内部已经形成了新社会的因素，旧思想的瓦解是同旧生活条件的瓦解步调一致的"②。

贫困教人去祈祷，更促人去思考和行动。在恩格斯看来，资本制度下的无产者面临着两者择一的选择：或者屈服于命运，做一个社会期待的"好工人"，"忠实地"维护资产者的利益，但是如果这样做，他就沦为"牲口"了；或者起来反抗，尽一切力量推翻不合理的社会政治、经济制度，改变自己的命运，而这只有在反抗资产者的斗争中才能做到。

无产者的解放不仅有改变其物质生活和工作待遇、"设法摆脱这种非人的状况"的考量，更意味着在精神层面他们作为"人"的自我意识的觉醒、坚守和奋斗。正是基于此，恩格斯认为，"工人除了为改善自己的整个生活状况而进行反抗，再也没有任何其他表现自己的人的尊严的余地"了，他们把"全部力量、全部活动都倾注于这一方面"，即"争取良好的比较合乎人的身份的

---

① 马克思：《致恩格斯信》(1867年8月16日)，《马克思恩格斯文集》(第五卷)，人民出版社，2009年，第4页。

② 马克思、恩格斯：《共产党宣言》，《马克思恩格斯选集》(第一卷)，人民出版社，2012年，第420页。

地位",在反抗命运的过程中"表现自己(作为)人的感情","显示出自己最动人、最高贵、最合乎人性的特点"。①

"人的感情和尊严",这是无产者面对资本制度下的残酷遭际,即便"在工作时间也没有失掉的唯一的感觉和唯一的思想"②。前文曾经指出过,恩格斯晚年观察到,为了缓和劳资矛盾,资本家会把自己的企业冒充为"慈善机构",在剥削、压榨之后,再对无产者施以小恩小惠,既使自己伪善的心灵多少获得一丝安慰,又让无产者得到一定的"好处",进而更好地满足自己无止境的贪欲。但这不过是他们"精明"的盘算——实际上还给被剥削者的只是人家应得的百分之一!具有清醒意识的无产者心里很清楚,"这种善行使施者比受者更加人格扫地;这种善行使得被践踏的人受到更大的欺凌,它要求那些失去人的尊严、受到社会排挤的贱民放弃他最后的一点东西,放弃对人的尊严的要求"③。

我们注意到,马克思主义关于无产阶级解放学说中这种"人性"维度和价值追求被有的论者视为马克思、恩格斯早期思想不成熟的体现,认为在形成历史唯物主义世界观之后这一观点就被抛弃了。其实根本不需要做什么学理辨析,只要列举世界观"转变"以后马克思、恩格斯的几段表述,就不难判断清楚在这一问题上他们的思想是一脉相承还是出现了所谓"认识论的断裂"。比如,1847年马克思对此就有更为直白的表述:"对不希望把自己当

① 恩格斯:《英国工人阶级状况》,《马克思恩格斯文集》(第一卷),人民出版社,2009年,第448~449页。

② 恩格斯:《英国工人阶级状况》,《马克思恩格斯全集》(第2卷),人民出版社,1957年,第463页。

③ 恩格斯:《英国工人阶级状况》,《马克思恩格斯文集》(第一卷),人民出版社,2009年,第478页。

愚民看待的无产阶级说来,勇敢、自尊、自豪感和独立感比面包还要重要。"①而在大半年之后问世的《共产党宣言》中,马克思、恩格斯同样指出:"无产阶级,现今社会的最下层,如果不炸毁构成官方社会的整个上层,就不能抬起头来,挺起胸来。"②直到 1888 年,恩格斯仍重申类似的看法:"工人阶级对压迫他们的周围环境所进行的叛逆的反抗,他们为恢复自己做人的地位所作的令人震撼的努力,不管是半自觉的或是自觉的,都属于历史,因而也应当在现实主义领域内占有一席之地。"③

但是有这样的追求和愿望,并不意味着超越资本是一件轻而易举的事,相反它充满艰难和坎坷。为此,马克思、恩格斯特别重视无产阶级革命实践的方式问题。他们超越一般人道主义和自由主义的深刻之处在于,基于对无产阶级改变自身命运、变革资本社会历史经验的总结,认为这种人性的解放不是生命个体的短期行为,而是一场漫长的社会运动。

恩格斯仍从生产方式着手来进行分析。机器大生产把工人聚集在一个厂房里共同劳动,使他们拥挤在城市里,这种特有的劳动和生活的条件也迅速地推动了工人阶级意识的发展。"工厂制度渗入某个劳动部门越深,这个部门的工人参加运动的也就越多;工人和资本家的对立越尖锐,工人中的无产阶级意识也就越发展。"工人们开始感到自己是一个整体,是一个阶级,他们已经意识到自己分散时是软弱的,但联合在一起就是一种力量;他们也意识到了自己受压迫的地位,开始在社会上和政治上发生影响和作用。"他们

---

① 马克思:《"莱茵观察家"的共产主义》,《马克思恩格斯全集》(第 4 卷),人民出版社,1958 年,第 218 页。

② 马克思、恩格斯:《共产党宣言》,《马克思恩格斯选集》(第一卷),人民出版社,2012 年,第 411~412 页。

③ 恩格斯:《致玛格丽特·哈克奈斯信》(1888 年 4 月),《马克思恩格斯选集》(第四卷),人民出版社,2012 年,第 590 页。

构成了同一切有产阶级相对立的、有自己的利益和原则、有自己的世界观的独立的阶级,在他们身上蕴蓄着民族的力量和推进民族发展的才能。"①

恩格斯还详尽地追溯了无产者反抗资产阶级的历史过程。这种抗争早在工业发展后不久就已经开始,最早、最原始和最没有效果的形式是犯罪(比如偷窃)。但无产者很快就发觉,这样做根本是无益的。"罪犯只能一个人单枪匹马地以他们的偷窃行为来反对现存的社会制度;社会却能以全部权力来袭击每一个人并以巨大的优势压倒他。"②而且盗窃是一种最无教养、最不自觉的反抗形式。而工人作为阶级第一次反抗资产阶级是在工业运动初期,即以暴力方式来反对使用机器(捣毁甚至砸碎),后来又发展到破坏厂房和设施。但是这种反抗方式也只是零散的,局限于某个工厂,至多是一个地区,并且仅仅针对现存关系的特定方面。一旦工人达到了眼前的目的,社会权力就以全部力量反制这些变得手无寸铁的"犯罪者",甚至随心所欲地惩罚他们,最终机器还要再度被使用。因此,工人必须找到一种更新的反抗方式,于是能将他们紧密团结起来,显示和发挥更强大力量的工会出现了。工会起初是秘密的,后来工人也幸运地获得了过去只是贵族和资产阶级才有的自由结社的权利,促成了更大范围的工人联合会的发展。这是工人由散漫无力走向阶级联合的开端,是无产者真正的阶级组织。依靠组织的力量与资产阶级进行持续的斗争,个人得以在斗争中受到训练、培育和成长。工会的发展由同一行业、同一城市发展到跨行业、多个城市乃至一个国家,由选举产生的代表与资本家谈判,谈判破裂就组织罢工。当然,期间充满了一连串

---

① 恩格斯:《英国工人阶级状况》,《马克思恩格斯文集》(第一卷),人民出版社,2009年,第475页。

② 恩格斯:《英国工人阶级状况》,《马克思恩格斯文集》(第一卷),人民出版社,2009年,第450页。

的坎坷和失败,间或只有为数不多的胜利和成功,因为工会的所有努力都不能改变工资决定于劳动市场上的供求关系这一经济规律。这样,无产阶级革命需要更高层次的理论自觉,并探索更为有效的实践方式。

资本是一种集中的社会力量,而无产者只拥有自己的劳动力。因此,劳资之间永远不可能在公平的条件下缔结协定,因为在生活资料和劳动资料的所有权同活的劳动相对抗的社会,是谈不上真正的平等和公正的。从更大范围看,世界市场的形成以及随之而来的全球竞争,使资本制度既日趋"成熟"和"稳固",又蕴含着内在的矛盾和普遍性危机,由此导致无产阶级与资产阶级之间的斗争更加复杂而艰难,但也提供了彻底超越资本困境、改变无产者命运的机会和可能。因此,工会的活动应当发展到由无产阶级政党领导的、"把工人阶级的彻底解放作为自己的伟大任务"的世界共产主义者的联合。正是基于此,恩格斯指出:"共产主义不是一种单纯的工人阶级的党派性学说,而是一种最终目的在于把连同资本家在内的整个社会从现存关系的狭小范围中解放出来的理论。"①

然而事情的复杂性在于,理论与实践之间、目标与手段之间、总体与局部之间、长远与短期之间并不是直接对应的,而是犬牙交错,充满了矛盾,致使革命之路远不平坦。恩格斯晚年特别注意到,"在抽象的意义上是正确的"理论,如果直接引入实践之中,"在大多数情况下是无益的,甚至是有害的"。因为无产者的解放不是自身一厢情愿的事情,相反,它有一个强大的反对者。"有产阶级不但自己不感到有任何解放的需要,而且还全力反对工人阶级的自我解放。"②为此,恩格斯特别强调无产阶级自身素质的提高和革命策

---

① 恩格斯:《〈英国工人阶级状况〉1892 德文第二版序言》,《马克思恩格斯文集》(第一卷),人民出版社,2009 年,第 370 页。

② 恩格斯:《〈英国工人阶级状况〉1892 德文第二版序言》,《马克思恩格斯文集》(第一卷),人民出版社,2009 年,第 370 页。

略的调整。

　　在剖析德国工人运动的状况时,恩格斯认为,同欧洲其他国家相比,德国工人有两大优越之处。第一,他们属于最有理论修养的民族,保持了德国那些所谓"有教养的人"几乎完全丧失了的理论感。"如果不是先有德国哲学,特别是黑格尔哲学,那么德国科学社会主义,即过去从来没有过的唯一科学的社会主义,就决不可能创立。"第二,同"理论上的社会主义"站在圣西门、傅立叶和欧文这三个"最伟大的智士"肩上相类似,"实践的工人运动""是站在英国和法国的运动的肩上发展起来的,它能够直接利用英国和法国的运动用很高的代价换来的经验,而在现在避免它们当时往往无法避免的那些错误"。同时,恩格斯要求,无产阶级的革命必须"在其所有三个方面——理论方面、政治方面和实践经济方面(反抗资本家)互相配合,互相联系,有计划地推进"①。

　　鉴于19世纪70年代后资本主义生产方式和各国政治局势的新变化,恩格斯晚年认为不能再用1848年欧洲革命那样的方式来进行社会改造。以英国工人运动为例,就当时的情况来看,"只要他们提出要求,并且明白自己要求的是什么,他们在英国就成为一种决定性的力量","议会选举向两个官方的政党——保守党和自由党——清楚地表明,今后他们对第三个政党即工人政党不能置之不理了……人们在不久的将来会发现英国的工人政党将会完善地组织起来,足以很快地结束那两个轮流执政并以这种方式使资产阶级统治永存的旧政党的跷跷板游戏"。②由于德国的情况与此类似,恩格斯

---

　　① 恩格斯:《〈德国农民战争〉1870年第二版序言的补充》,《马克思恩格斯选集》(第三卷),人民出版社,2012年,第36~37页。

　　② 恩格斯:《〈英国工人阶级状况〉1892年德文第二版序言》,《马克思恩格斯文集》(第一卷),人民出版社,2009年,第379~381页。

亲自帮助社会民主党制定了新的策略,并呼吁各国工人党重视普选权。在他看来,"世界历史的讽刺把一切都颠倒了过来。我们是'革命者'、'颠覆者'",但是我们用合法手段却比用不合法手段和用颠覆的办法获得的成就多得多"①。这是恩格斯 1892—1895 年间写下的文字,它们表达的是什么意思呢?在他心目中,从"1848 年以前到处都起过决定作用的筑垒巷战"到作为"一种崭新的斗争方式""开始发挥作用"的"有成效地利用普选权"到底是一种策略、手段方面的变通,还是如一些论者所声称的,意味着恩格斯晚年"放弃"了对资本主义的批判,甚至"背叛"了无产阶级革命的目标和共产主义理想呢? 其实,恩格斯本人对此就有明确的说明。1894 年 1 月,意大利社会党人、改良主义者朱泽培·卡内帕请求恩格斯在即将出版的《新纪元》周刊上题词,"用几段话来概括未来新时代的精神"。恩格斯经过认真思索,为了与"伟大的佛罗伦萨人"——但丁曾用"一些人统治,另一些人受苦难"来表述的旧纪元相对照,特别选择 1848 年他与马克思合著的《共产党宣言》中的一段话来回复:"代替那存在着阶级和阶级对立的资产阶级旧社会的,将是这样一个联合体,在那里,每个人的自由发展是一切人的自由发展的条件。"②由此看来,这是恩格斯毕生所进行的资本批判和对人的解放之路探索始终如一的目标和方向,诚如他所说,除了这句话,"我再也找不出合适的了"③!

---

① 恩格斯:《卡·马克思〈1848 年至 1850 年的法兰西阶级斗争〉一书导言》,《马克思恩格斯选集》(第四卷),人民出版社,2012 年,第 396 页。

② 马克思、恩格斯:《共产党宣言》,《马克思恩格斯选集》(第一卷),人民出版社,2012 年,第 422 页。

③ 恩格斯:《致朱泽培·卡内帕信(1894 年 1 月 9 日)》,《马克思恩格斯选集》(第四卷),人民出版社,2012 年,第 647 页。

(五)恩格斯资本批判的当代价值

恩格斯晚年对 20 世纪的发展充满期待。在生命历程最后一年(1895)的 1 月 3 日，他"精神饱满地"向老朋友问候新年，并且说:"我还有一个希望——看看新的世纪,到 1901 年元旦我已完全做不了什么,那就可以离开这个世界了。"①

恩格斯去世后,资本主义在 20 世纪发生了很多变化。比如,在所有制形式上,过去单纯的私人占有出现了社会化趋向。特别是二战后,为了缓解国内外尖锐的矛盾,很多资本主义国家生产资料的国有化比例提高,国有经济获得发展,致使资本制度具有了混合经济的特点。股份制在各经济部门普遍实行,成为资本主义主要的经济组织形式。股权分散,内部职工参股,外部资本社会化,持股法人化。经济运行一定程度上也克服了混乱、无序和彼此隔离的状态,法治化程度加强,既强调经济自由和市场竞争,保障企业和个人作为市场主体的权利,又尽可能谋求个人利益与社会利益的一致。在分配方式上,施行社会保障制度,如最低工资法、利润分享制等,有的国家甚至实施"从摇篮到坟墓"的一系列福利政策,提高中下层收入者的生活水平,缩小贫富差距。

那么,怎么看待资本主义这些"积极"的变化与马克思、恩格斯所进行的资本批判之间的关系呢? 这是对他们思想的否定或者证明其观点已经过时了吗? 在我看来,恰恰相反! 在某种意义上,这些状况可以看作恩格斯当年亲身感受资本时代的"疾苦和病症"、清理资本形成的历史过程和现实运动、对

---

① 恩格斯:《致保尔·施土姆普弗信(1895 年 1 月 3 日)》,《马克思恩格斯全集》(第 39 卷),人民出版社,1974 年,第 348 页,译文有改动。

资本逻辑和结构的全面性揭示以及探索超越资本的实践方式等工作所产生的深远的效应。假如没有他给资本时代恶劣的生存状况、悬殊的贫富差距写下"漂亮的罪孽录",资本本身"恶"的一面就得不到扼制和矫正,而其"伟大的文明面"也无法得以彰显和呈现;假如没有他对资本历史发展轨迹或运行逻辑的揭示、对资本社会化扩大的趋势的预见,人类的发展就不可能在一定程度上摆脱自发状态,通过行政、法制和道德等多方面的举措对资本进行调控和规范;至于股份制、福利政策等具体"治理"方案,在《资本论》第三卷中有比较准确的预测和分析。因此,20 世纪资本主义的变化是对马克思、恩格斯资本批判的证实,而不是什么证伪。

更为重要的是,资本主义的上述发展并没有从根本上动摇和改变其基础和本质,在这方面更彰显出恩格斯当年所进行的资本批判的卓越。从长时间段看,资本积累及其矛盾演进在表面上出现缓解、稳定乃至短暂的"繁荣"的背后,非均衡性发展一直是资本主义无法消除的弊端和特点。不同时期经济的波动性变化使资本的发展始终处于"测不准"的状态;发达国家之间、发达国家与发展中国家之间发展的越来越扩大的差距则是资本空间"布展"最明显的标志。这种情况一方面表明资本主义仍具有适应生产社会化趋势而不断调整自身发展的能力,另一方面更意味着资本主义经济方式的性质并未根本改变,资本社会的不稳定性始终存在,"繁荣"之后危机总会加深。

需要关注的是,在对 20 世纪后期以来资本世界出现的新变化做出概括和界定时,"消费社会"和"数字资本主义"的说法和视角非常流行,几乎成为学界定论。不在少数的论者据此认为,相形之下,马克思、恩格斯的资本批判即使有其独特的价值,但也显得更"具有 19 世纪的特征",现在看来已经是"过去式"了。我认为,要对此作出辨析,同样需要将表面现象与深层本质、技术手段与实际后果进行区分。

　　的确,随着生产力的发展和受资本逻辑的推动,从 20 世纪 70 年代起,生产相对过剩,出现了疲软、乏力的状态。为了维持、拉动、刺激生产,消费的意义便大大凸显出来,使资本社会出现了从"以生产为主导的社会"向"以消费为主导的社会"的转化,以往人们关注的是产品的物性特征、物理属性、使用与实用价值,而现在则倾心于商品的符号价值、精神特性与形象价值,不可遏制的消费欲望对社会各阶层的心理结构和生存状态产生了很大的影响,这些都是事实。但问题的实质在于,一方面,生产与消费在现代社会中功能和作用的涨落,并没有彻底消解掉"生产 – 消费"的结构及其二者的关系,更不意味着历史唯物主义所重视的"生产"因素借此"出局",另一方面,消费社会中出现的"物的形式礼拜"、符号象征性的消费以及大众传媒文化的影响等所造成的社会生态平衡的丧失、人的精神的异化等情况,仅仅在"消费"层面上进行现象性的罗列和描述,而不根据马克思主义的社会有机体结构理论,特别是通过恢复"自然—生命—劳动—精神"的"总体性"思维和宏大场域,实际上是透视不清楚的,更不要说实际解决了。所以,那种认为恩格斯的资本批判对于分析"消费社会"是失效的判断,在我看来,是非常肤浅的。

　　进入 21 世纪以来,信息网络技术发达起来并且扩展到全球,对整个世界的生产方式、交往关系乃至政治上层建筑都产生了重要影响。诚如丹·希勒所指出的,"在扩张性市场逻辑的影响下,因特网正在带动政治经济向所谓的数字资本主义转变"①。对此,又该怎样看待呢? 一方面,我们承认,这种技术手段的变革是巨大的,以至于在一定程度上颠覆了传统的时空观,所谓"高山阻隔""千里迢迢""望洋兴叹"等已经不再有意义,而在互联网上出现时间"穿越""回溯""逆流"都有可能。另一方面,我们又看到,这种信息化、网

---

　　① [美]丹·希勒:《数字资本主义》,江西人民出版社,2001,第15~16页。

络化和数字化不仅没有克服资本社会原有的贫富分化，改变资本的本性和实质，反而借助这种方式产生了新的不平等和不公正，这就是"数码鸿沟"（digital divide）。因为数字化极大地提高了资本增殖的机会，加速了掌握信息专业技术与没有信息技术的劳动力之间的分化。少数人和少数国家垄断着互联网的网路、服务器以及主节点，而大多数人和大多数国家只能通过买卖和租赁的方式才能使用它们，要想进入计算机世界，就得付出大量的精力、金钱和时间，"最终，网络强化了已存在于社会关系中的不平等，并把它推向了一个新的高度"。究其实，"数字资本主义"的出现及其后果不过是马克思、恩格斯在《德意志意识形态》《共产党宣言》等著述中所概括的资本所带动的"历史向'世界历史'转变"趋势的最新体现，而他们早就预见，在这种转变中，表面上"一体化"发展的结果是更加森严的"等级"。

最后，更为复杂的问题是，如何看待"无产者"内涵的变化，特别是在当代资本社会极端贫困日益减少、生活水准普遍提高的情况下，"无产阶级"是否已经消失？我们注意到，恩格斯在编辑1888年英文版《共产党宣言》时特意在第一部分"资产者和无产者"的标题下加了一个注，将无产阶级界定为"没有自己的生产资料，因而不得不靠出卖劳动力来维持生活的现代雇佣工人阶级"①，这种经济方式下，"贫困"是该阶层最明显的生活状态。而从恩格斯一系列著述对无产阶级"贫困化"的分析中，我们还可以看出，这种"贫困"既体现在物质生活方面的民不聊生，也包括"作为人的情感、精神、尊严"的异化和丧失。随着生产社会化和劳动协作的发展，除了从事物质劳动的生产工人，脑力劳动者人数不断增加，为此，恩格斯又提出"脑力劳动无产阶级""大学生无产者"等概念。1893年12月，在致国际社会主义者大学生代表大

---

① 马克思、恩格斯：《共产党宣言》，《马克思恩格斯选集》（第一卷），人民出版社，2012年，第400页。

会的信中,他希望"大学生们愈益意识到,从他们的行列中应该产生出脑力劳动无产阶级,它的使命是在即将来临的革命中同自己从事体力劳动的工人兄弟在一个队伍里肩并肩地发挥重要作用"①。将"无产者"这些复杂的类型和多重内涵统摄在一起,就是马克思在《资本论》所指称"总体工人",诚如他所说:"随着劳动过程的协作性质本身的发展,生产劳动和它的承担者即生产工人的概念也就必然扩大。为了从事生产劳动,现在不一定要亲自动手;只要成为总体工人的一个器官,完成他所属的某一种职能就够了。"②

从马克思、恩格斯有关"无产阶级"的丰富思想出发观照 20 世纪以降资本主义国家的状况,需要明确的是,物质生活条件的改善乃至无产者权利在一定程度的保障,仅仅是一个方面,而以更为隐形的手段和花样翻新的方式对人的尊严的践踏、蔑视等情形依然大量存在,至于"掏空认知力"、使人的心灵"无产阶级化"更成为互联网、数字化时代突出的现象。诚如刚刚去世的贝尔纳·斯蒂格勒所说:"建立在数字踪迹的自主—自动生产之上的、由使用这些踪迹的自动主义所主导的超级工业社会正在经历理论知识的无产阶级化。"③无产阶级是与资本社会相伴而生的,并且承担着变革这种社会制度的使命。因此,只要资本仍然是塑造世界的重要力量和方式,无产阶级就不会消失,但革命之路依然艰难而漫长。在此意义上,马克思、恩格斯的资本批判依然是不可超越的!

---

① 恩格斯:《致国际社会主义者大学生代表大会》,《马克思恩格斯选集》(第四卷),人民出版社,2012 年,第 301 页。

② 马克思:《资本论》,《马克思恩格斯文集》(第五卷),人民出版社,2009 年,第 582 页。

③ [法]贝尔纳·斯蒂格勒:《南京课程:在人类纪时代阅读马克思和恩格斯》,南京大学大学出版社,2019 年,第 47 页。

十、《资本论》哲学思想研究的学术史清理

在当代新的境遇下重新研究《资本论》的哲学思想，一个前提条件是进行《资本论》哲学思想研究的学术史梳理和清理。大而言之，可以把《资本论》第一卷发表近一个半世纪以来对其哲学思想的研究分为如下类型：战友和学生的阐释和宣传，政治领袖的理解和推动，《资本论》研究中的"苏联模式"，西方马克思主义的"嫁接"和东欧"新马克思主义"的"发现"，"马克思学"的旨归和MEGA版的编纂原则。对于《资本论》哲学思想研究而言，我们的工作仍然任重而道远。经典是需要反复研读的，即所谓常读常新；但这种反复的阅读和阐释应该构成一个前后连续、渐次提升的序列或阶梯，以保证人类思维不断向前发展，而不是随着时代和思潮的转换而"忽左忽右""可左可右"。

在当代新的境遇下重新研究《资本论》的哲学思想,一个前提条件是对其学术史进行认真的梳理和反思。当然,必须指出的是,由于《资本论》是一部涉及领域和学科非常广泛、思想复杂而深邃的手稿群,写作时间漫长,所引发的争论更是旷日持久,因此要完全撇开对其他领域的文献、著述的分析是不可能的;而那些不深入文本内部、缺乏理性分析的情绪化的极端言说和外在评论,则不在我们的关注之列。大而言之,可以把《资本论》第一卷发表近一个半世纪以来对其哲学思想的研究概括地分为如下类型。

(一)战友和学生的阐释和宣传

这指的是由于与马克思的特殊关系(有过直接或间接的交往)而对《资本论》及其手稿的写作背景、经过、观点有不同程度的实际了解和把握,拥有为后来的研究者不可能具有的条件、优先解释权和权威性,这当然首先是指作为马克思主义创立者之一的恩格斯,也包括马克思的亲属以及马克思、恩格斯的战友和学生所做的阐释、宣传和研究工作。

不言而喻,恩格斯是马克思文本和思想最权威的解释者,他将自己的整个余生都用来处理自己伟大朋友的遗著。他非常清楚自己无可替代的作用,有极为庞大的设想和计划;特别是在马克思去世后,他感到马克思主义理论(包括哲学)的完善化和系统化是个相当急迫的任务,因此在整理和出版《资本论》第二、三卷和再版第一卷的同时,他在一系列著述中开始了这一艰巨的工作。换句话说,他对《资本论》哲学思想的理解和把握与他通过《反杜林论》《路德维希·费尔巴哈与德国古典哲学的终结》《家庭、私有制和国家的起源》《自然辩证法》等著述和晚年大量通信中所阐发的哲学思想是一致的。相当多的马克思主义接受者是通过恩格斯的论述来了解马克思哲学的。这里核心的问题是,恩格斯是否把马克思的哲学思想完整地呈现出来了? 大半个世纪以来,在如何看待恩格斯所做的这些工作问题上,两种评论形同冰炭,有的论者把马克思和恩格斯看作一体的,认为他们之间在哲学上不存在任何差别,也不允许人们比较他们的异同;与此相左的观点则认为,马克思主义从马克思到恩格斯的发展在哲学上是一种倒退,即恩格斯把马克思主义退回到费尔巴哈一般唯物主义的水平上去了。

公允地看,我认为,第一,现在没有证据证明恩格斯是有意偏离,更不用说歪曲、篡改《资本论》中的思想;相反,他在接受亡友的遗嘱编辑整理其遗著的时候,是极为慎重,甚至可以说是诚惶诚恐的,他曾经致信给人说:"在编辑出版时,我最关心的是要编成一个尽可能真实的版本,即尽可能用马克思自己的话来表述马克思得出的各种新成果……像马克思这样的人有权要求人们听到他自己的原话,让他的科学发现完完全全按照他自己的叙述传给后世。"[①]第二,我们又必须说,从 1883 年马克思辞世到 1895 年这 12 年中,恩格斯对马克思哲学思想的阐释又是在特定的环境和条件下进行的,这就意味着他只能结合自己的工作, 突出那些有现实针对性或他认为非常急迫的部分给予强调,或者从马克思主义学说的完整性去考虑、补充或完善那些马克思生前涉足甚少或论述不够的部分,梳理或系统化那些分散的环节,而不可能面面俱到,也许有些甚为重要的方面,他认为只是常识而没有予以足够重视。第三,退一步说,即便恩格斯准确地理解了马克思的文本,完整地表述了马克思的思想,在接受者那里也未必就能形成一一对应的反馈,完全被理解或接受,更不用说,恩格斯的阐释是有所侧重的了。

---

① 恩格斯:《〈资本论〉第三册增补》,《马克思恩格斯文集》(第七卷), 人民出版社,2009 年,第 1005 页。

马克思、恩格斯之后对其思想作出传播、宣传、阐释的是他们的一批学生。狄慈根在对思辨唯心主义的批判中就哲学的基本问题、哲学思维的特点和哲学的党性功能作了阐发;梅林则着重阐明了历史唯物主义对哲学社会功能的规定,并在众多的哲学史论著的写作中表述了他所理解的马克思主义的哲学史方法;考茨基则在对资本主义矛盾的分析与对机会主义的批判中力求体现哲学的批判性、本质论;拉法格从认识论上阐明思想观念的起源从而说明哲学观念的发展;拉布里奥拉在对社会有机体系统、对社会意识形态独立性的说明中再三强调了马克思、恩格斯在哲学问题理解上的全面性、整体性;普列汉诺夫更算是颇有"体系意识"的理论家,他的活动涉及马克思主义的方方面面,并试图使自己的理解系统化、条理化,正是在他的著述中首次出现了把"辩证唯物主义"和"历史唯物主义"联系在一起的提法,出现了本体论、辩证法、认识论和唯物史观的分割,当然他阐述得最多的还是唯物史观问题。在这些阐述中他们对马克思的原始文献做了较为通俗、详尽的阐释,扩大了马克思著述(包括《资本论》)的影响。然而无论就对思想体系的全面性分析,还是对马克思主义哲学在有关哲学探究的对象、哲学把握世界的方式和哲学的社会功能等方面内涵的理解,他们都没有达到马克思、恩格斯的水准。

(二)政治领袖的理解和推动

这指的是由于职业和身份的特殊性质(工人运动的组织者、无产阶级革命的政治家)而在现实斗争中突出《资本论》中那些与当时社会问题特别关联的思想和观点,极大地推进了马克思主义哲学对现实的解释力和影响力。这包括德国社会民主党对《资本论》文稿的保存、刊布,列宁、斯大林等政治领袖的理解和推动等。

恩格斯去世后，马克思的手稿和书信由爱琳娜和德国社会民主党共同保管，没几年爱琳娜也去世了，它们便全部落入德国社会民主党手里。由于革命策略上的严重分歧，过去苏联出版的马克思主义史和国际共产主义运动史的著述中对德国社会民主党保存马克思遗稿这段历史颇有非议，特别指责其领导人"拖延"著述的发表或有意"篡改"马克思的原意，"在政治思想性上和技术上都很差" ①。现在看来这种指责多是不准确的。在 1895 年至 1914 年期间作为马克思遗嘱的主要出版者和发表人，德国社会民主党的领导人公布了马克思的许多手稿，以文集形式再版一些很少为人知道的著作，翻印一些最重要的作品。在俄国十月革命之前这些版本都成了各种外文译本的原始资料，并为各国（包括俄国）的马克思主义者广泛利用。他们出版《新时代》(Neue Zeit)杂志，使其成为发表马克思、恩格斯手稿的主要出版物，从 1895 年至 1913 年在这一杂志上发表了马克思 10 篇著作和相当多的书信。

受到诟病最严重的是考茨基整理出版的《剩余价值理论》。在恩格斯生命的最后几年中，他体力已经严重衰减，整理马克思留下的庞大手稿的任务已经不可能完成，而剩余部分马克思的字迹更为凌乱，这样就急需培养能够辨识马克思手迹的后继者，考茨基就是这样参与到对《资本论》第四卷的整理中来的。应该说，经过恩格斯悉心指导，考茨基本人也花费相当大的精力和心血掌握了马克思手迹的规律和特点。就是如此，考茨基也不敢造次，因此在恩格斯去世近十年后才陆续推出他所整理的《剩余价值理论》。列文指责考茨基任意挪动原文的某些部分，破坏了马克思著作的结构，这是言过其

---

① Л.А.Левин: *Библиография произведений К. Маркса и Ф. Энгельса.* Москва: Государствинное издательство политической литературы, 1948, С.120.

实了。

　　事实是,在马克思留下的手稿中,有些逻辑结构顺序和自己编的页码不符合,考茨基就调整了页码,而且仅限于几处,并特意加上注解予以说明。列文还指责考茨基对原文"做了重大删节",并举例说,在两个地方把马克思的原文删去了大约半个印张,有一章(半个印张)整个被略去,更不用说个别的页码和段落的删节。①事实是这两处是马克思手稿中重复的部分,马克思在先写了第一遍后自己划掉了,后来可能感到还是保留下来好,就重新写了一遍。此外,倍倍尔和伯恩施坦还编辑了《马克思恩格斯通信集》四卷本、《马克思恩格斯书信集》(给左尔格和丹尼尔逊)两卷本等,这些都不应当忘记。

　　列宁对《资本论》的哲学思想作出了非常重要的概括。他指出,从理论形态看,"马克思的哲学和政治经济学结成了一个完整的唯物主义世界观"②。马克思哲学的探索、建构过程与其政治经济学研究紧密相关。因此,要全面考察马克思主义哲学的发展,不仅要研究马克思主义哲学著作,还要研究马克思主义政治经济学著作;不仅要研究马克思主义哲学的演进,还要研究马克思主义政治经济学的发展。就是说,只有深入研究马克思政治经济学批判中的哲学思想, 才能更加客观而全面地理解和把握马克思主义哲学。他指出,如果说唯物史观在 19 世纪 40 年代中期提出时"暂且还只是一个假设","是一个第一次使人们有可能以严格的科学态度对待历史问题和社会问题的假设"③,那么通过 1848 年欧洲革命的检验,特别是"自从《资本论》问世以

---

　　① Л.А.Левин, *Библиография произведений К. Маркса и Ф. Энгельса.* Москва:Государственное издательство политической литературы,1948,С.12.

　　② 列宁:《又一次消灭社会主义》,《列宁全集》(第 25 卷),人民出版社,1988 年,第 39 页。

　　③ 列宁:《什么是"人民之友"以及他们如何攻击社会民主党人》,《列宁选集》(第一卷),人民出版社,1995 年,第 7 页。

来,唯物主义历史观已经不是假设,而是科学地证明了的原理"①了。这是因为,它已经作为科学的世界观和方法论应用于一门具体科学的研究,并得到严格的验证和辉煌的成功。

　　唯物史观不仅体现在对社会生活总体的唯物辩证的把握上,也体现在对社会形态的具体历史的理解上。无论自然主义历史观还是唯心主义历史观,都对社会历史抱有形而上学的态度,总是奢谈什么"一般社会组织""一般发展道路"等。而在《资本论》中,马克思"抛弃了所有这些关于一般社会和一般进步的议论,而对一种社会(资本主义社会)和一种进步(资本主义进步)作了科学的分析"②。列宁认为,《资本论》哲学思维方法的最大特色,不仅在于强调和运用了辩证法,更在于把辩证法、认识论、逻辑学融为一体,创造出具有普遍意义的马克思主义的科学方法论。"在《资本论》中,唯物主义的逻辑、辩证法和认识论③都应用于一门科学。"④谈及《资本论》的内容,他指出,马克思是从分析商品的内在矛盾开始的,在资产阶级社会里"最简单、最普通、最基本、最常见、最平凡、碰到过亿万次的关系"就是"商品交换",可以说,商品是资产阶级社会的"细胞",包含着资产阶级社会的"一切矛盾的萌芽"⑤,包含着资本主义尚未展开的一切主要矛盾。生产关系是社会有机体的"骨骼",马克思"并不以这个骨骼为满足,并不仅以通常意义上的'经济理论'为限;虽然他完全用生产关系来说明该社会形态的构成和发展,但又随

---

　　① 列宁:《什么是"人民之友"以及他们如何攻击社会民主党人》,《列宁选集》(第一卷),人民出版社,1995年,第10页。

　　② 列宁:《什么是"人民之友"以及他们如何攻击社会民主党人》,《列宁选集》(第一卷),人民出版社,1995年,第13页。

　　③ 不必要三个词:它们是同一个东西。

　　④ 列宁:《黑格尔辩证法(逻辑学)的纲要》,《列宁全集》(第55卷),人民出版社,1990年,第290页。

　　⑤ 列宁:《谈谈辩证法问题》,《列宁选集》(第二卷),人民出版社,1995年,第558页。

时随地探究与这种生产关系相适应的上层建筑,使骨骼有血有肉"。从马克思描述的资本主义社会有机体的"骨骼"和"血肉"可以看出:"整个资本主义社会形态是个活生生的形态……"①

列宁的出现是马克思主义发展史上的一个新现象,这就是经典作家的职业和身份发生了变化。马克思、恩格斯虽然注重自己学说的革命性、实践性,也曾参与过共产国际和世界工人阶级的实际运动,但终其一生,就其职业和基本身份来说,始终是学者和理论家。从列宁开始,一直到斯大林、毛泽东和邓小平等,情况不同了,与马克思、恩格斯相比,他们首先是政治家、革命家、社会活动家,他们所思所为更离不开当下的社会现实,这种深切关怀使他们急于探索与寻找到一条社会变革的成功之路。他们的学说与政治活动融为一体,或者说是为政治活动提供论证和服务的。他们的思想家资格不容怀疑,但却是归属政治家类型的思想家。他们的理论显示着一个政治家特有的思路和视角,使马克思主义在他们身上呈现出新特点。他们倾其一生研究自己所处的时代,对时代的鉴定源于对政治经济形势的分析、革命策略的选择和对马克思主义方法论的运用;他们十分注重在普通民众中普及哲学特别是马克思主义哲学的问题,要求"从外部进行灌输",号召党员、干部带头学习马克思的重要著作。这种效果和影响是非常巨大的。

(三)《资本论》研究的"苏联模式"

这指的是由于马克思主义在国家政治生活中的特殊地位而使包括《资本论》在内的经典著作的研究成为一种"国家行为",对其文献材料进行大规

---

① 列宁:《什么是"人民之友"以及他们如何攻击社会民主党人》,《列宁选集》(第一卷),人民出版社,1995年,第9页。

模的系统的收集、整理、考证、翻译、出版和研究,在具体解读和阐发中形成了《资本论》研究的"苏联模式"。

列宁之后马克思主义在苏联特别是斯大林时代成为载入国家宪法的"统一的指导思想和共同的世界观",宣传、出版、普及和研究的规模空前扩大,并且纳入国家发展的计划,具有鲜明的目的性、指令性。篇幅所限,我们仅能罗列如下一些有指标性意义的人物及其著述,比如,马丁·尼古拉斯的《从〈政治经济学批判大纲〉看马克思的研究方法和黑格尔的关系》、莫洛索夫的《1843—1844 年马克思对世界史的研究是唯物史观形成的来源之一》、瑟罗夫的《论十九世纪五十年代初期马克思与制定劳动价值理论有关的经济研究》、伊林柯夫的《马克思〈资本论〉中抽象和具体的辩证法》、缪勒的《通往〈资本论〉的道路——1857—1863 年马克思的资本概念的发展》、苏共中央马克思列宁主义研究院编写的《围绕马克思〈资本论〉所进行的思想斗争史概论·1867—1967》、苏联科学院哲学研究编写的《〈资本论〉哲学与现时代》等等。特别值得一提的是维·维格茨基,他是苏联最著名的《资本论》文献和思想研究专家之一,撰写了大量考证、编纂和研究论著,诸如《马克思列宁主义的牢固基础》《〈政治经济学批判大纲〉中研究方法和叙述方法的交织》《恩格斯论马克思〈资本论〉的创作问题》《卡尔·马克思的一个伟大发现的历史·论〈资本论〉的创作》《〈资本论〉创作史》等等,其对《资本论》哲学思想的阐释在苏联、东欧马克思主义研究领域具有相当大的权威性和代表性。

苏联学者对包括《资本论》在内的马克思主义文献研究取得了很大成就。其一,文献资料的丰富性、全面性无可比拟。《资本论》手稿多数是由苏联首次发表面世,然后才流传开来,翻译成多种文本,并出现了多种多样的诠释。其二,版本与史实考证方面的大量成果具有"经典"性质。苏联学者对此进行艰苦的整理、考证和辨析,取得大量成果,不能否认其中仍然存在着错误的认识和判断,但相当多的迷雾得以廓清,难题得到解答,为后人的研究提供了重要的基础和参照。其三,培育和造就了几代马克思主义文献研究的专家队伍。较之其他国家的马克思主义研究者,甚而扩展至世界整个人文社会科学界,苏联学者的文化素质都是骄人的。其四,形成独特的文本解读和思想分析"模式"。其特点表现在:《资本论》研究具有浓厚的意识形态色彩,往往同社会政治生活直接关联,过分强调其现实作用和意义,夸大其普适性,每当政权制定出新的策略,便从经典文献中寻找依据,从理论上作出论证;过分突出《资本论》的"论战"色彩和至尊地位,强调斗争性而抹杀同一性,以"正统者"的姿态,否认异己观点和解释的合理性,长期垄断着对《资本论》哲学思想的解释权;而在具体操作方式和话语系统方面又极为单一化等。这些都可看作社会发展体制上的"苏联模式"在《资本论》研究中的渗透、体现或反映。

(四)西方马克思主义的"嫁接"和东欧"新马克思主义"的"发现"

这指的是根据 20 世纪西方哲学思维的变革和发展,特别是在人本主义与科学主义的分野、对峙和交融中,由对新的时代社会发展的特殊境况(两极对峙和制度变迁)和马克思主义的现代命运的思考中,而引发的对《资本论》中被"遮蔽"的思想的重新"挖掘""发现",突出体现在西方马克思主义的"嫁接"和东欧"新马克思主义"的"阐释"中。

卢卡奇以其《历史与阶级意识》开"西方马克思主义"之先河,提出一条既不同于第二国际的"经济决定论"又不同于列宁的唯物主义"反映论"的"发展马克思主义"的路线。他提出"正统的马克思主义""仅仅是指方法",力图通过马克思理论中所蕴含的"更新和发展了的黑格尔的辩证法和方法论"

来"恢复马克思理论的革命本质";另外他特别强调《资本论》中"总体性"方法对于马克思把握和了解资本主义的重要意义。经过柯尔施《马克思主义和哲学》中关于"理论与实践统一"关系的新解释和葛兰西的"实践哲学",到20世纪五六十年代,"西方马克思主义"发展为一种广泛的社会思潮,虽然并没有形成统一的观点,但以其所创立或服膺的哲学去"比附""嫁接""补充"马克思主义成为其共同的特征,出现了诸如"黑格尔主义的马克思主义""弗洛伊德主义的马克思主义""存在主义的马克思主义""新实证主义的马克思主义""结构主义的马克思主义"等派别;而影响颇大的法兰克福学派则把马克思主义解释为一种"社会批判理论",结合当代实际对现存的资本主义社会从各个角度进行了一系列批判。

东欧"新马克思主义"包括南斯拉夫的"实践派"、波兰的"哲学人文学派"、捷克的"存在人类学派"、匈牙利的"布达佩斯学派"等。这些学派虽然对马克思哲学思想的解释以及对现实问题的研究侧重各不相同,但他们所面对的一些共同问题(包括政治的、经济的、思想的以及社会的问题)又使他们具有相同的特征。这就是都致力于对苏联哲学模式的批评、对马克思的人道主义的阐发和对社会主义"异化"问题的研究以及对"实践"问题的探讨。南斯拉夫的"实践派"的主要代表人物马尔科维奇认为,"实践派"的意义主要在于反对哲学上的教条主义,反对把马克思的历史唯物主义理解成一种"经济决定论""阶级论"和"政治至上论"。按照他的理解,在马克思思想中,中心问题是:人在宇宙中的地位;马克思主义人道主义也就是历史唯物主义,马克思主义人道主义的基本内容也就是历史唯物主义的基本内容。波兰的沙夫则在其《马克思主义与个人》中写道,我们的时代是重新发现马克思的时代,"青年马克思是我们时代的一大发现"。刻板的马克思主义的理论模式同马克思早期著作的思想是相抵触的,现在到了"重新评价青年马克思的著作""用一种新的方式解释马克思"的时候了。沙夫认为,"马克思主义的出发点就是把人作为最宝贵的财产,就是为推翻压制人的社会关系进行斗争。这个贯穿整个马克思主义思想体系的出发点,决定了马克思主义的人道主义性质"①。如果说"西方马克思主义"表达了对"列宁主义"的分歧的话,那么,东欧"新马克思主义"则更多地表达的是对"斯大林主义"的不满。

以上学者对马克思哲学思想的阐释所依据的马克思的文本各不相同,绝大多数论者看重其早期著述,如《1844 年经济学哲学手稿》,而阿尔都塞则看重《资本论》第一卷。

(五)"马克思学"的归旨和 MEGA 版的编纂原则

这指的是由于对《资本论》研究中存在的特殊情况("意识形态"肢解)的警示而强调手稿的原生形态和唯一价值,致力于《资本论》文献的考证而力图排除甚至索性放弃主观评价,这是以西方"马克思学"和《马克思恩格斯全集》历史考证版(MEGA)的编纂原则为代表的文本研究类型。

西方"马克思学"专门以马克思的生平和著述作为研究和阐释对象,力图不抱意识形态的偏见和学科上的局限性。吕贝尔在创立这一学派之初,就自命要继承 K.格律恩主编《社会主义和工人运动历史文库》和梁赞诺夫主持俄共马克思恩格斯研究院工作时所形成的研究规范和传统,"不受任何意识形态的影响,完全是独立的"。他主编的《马克思学研究》刊载的研究文章基本上都是文本研究,尤其是其中的纪念第一国际 100 周年专辑、纪念《资本论》发表 100 周年专辑、马克思和恩格斯论沙皇制度和俄国公社专辑、论共

---

① 沙夫:《马克思主义与个人》,东方出版社,1994 年,第 14 页。

产主义专辑等和由吕贝尔本人或其他人写的有关马克思的各种文章或专论,紧紧根据马克思原始文本的论述梳理线索,概括观点,澄清了许多不符合马克思思想而由后来者附加上去的见解。由于有大量文献材料做佐证,论点确实令人信服。此外,吕贝尔长期致力于重新编辑出版他认为能反映马克思"本来面目"的《马克思文集》也厥功甚伟,特别是 1946 年由他编辑的《卡尔·马克思关于社会主义伦理的论述》、1956 年与他人合编的《卡尔·马克思的社会学和社会哲学著作选》,以《马克思文集》为书名的大型法文版丛书(1963 年出版《经济学》第 1 卷,1968 年出版《经济学》第 2 卷,1984 年出版《哲学》卷)等具有重要学术价值和学术意义。

历史考证版的编纂原则与"马克思学"的学术取向是一致的,梁赞诺夫组织进行这一工作的初衷就是要按马克思原始文稿刊出全部著作。第 2 版在 70 年代刊布时学者们也秉承了这一学术宗旨。经过多年的努力,MEGA第二部分"《资本论》及其准备材料"15 卷 23 册业已出齐,再加上其第三部分"书信卷"第 8—35 卷大量涉及《资本论》的通信和第四部分"摘录、笔记、批注卷"第 2—9 卷所刊布的作为《资本论》准备材料的四个笔记等,这样马克思准备、写作、修改和整理这一著述的曲折过程将被完整地再现出来,同时也表明《资本论》文本实际上由如下几个部分组成:一是"笔记部分",即第四部分第 2—9 卷所涉及的 "巴黎笔记"(1843 年 10 月—1845 年 1 月)、"布鲁塞尔笔记"(1845—1847)、"曼彻斯特笔记"(1845) 和 "伦敦笔记"(1850—1853);二是"初稿部分",即 1857—1867 年间马克思所写下的《资本论》的初稿;三是"整理、修改稿部分",即第二部分第 5—10 卷刊出的全部属于《资本论》第一卷的各种版本,第 11—13、14—15 卷刊出的《资本论》第二、三卷的马克思手稿、恩格斯修改过程稿和恩格斯出版稿;四是"书信部分",即第三部分"书信卷"从第 8 卷开始到 35 卷大量涉及就《资本论》写作马克思与恩格斯之间的相互通信、马克思和恩格斯联名致他人的信、马克思和恩格斯分别致他人的信，以及附录中包括他人分别致马克思和恩格斯的信、他人致马克思和恩格斯的信以及他人相互之间的通信。

以上关乎《资本论》的这些材料的刊布，将颠覆人们印象中它几乎是一部已经完成了的著作的传统看法，表明《资本论》"实际上仍然处于一种日益发展的进程中，处于一种没有完成的、开放的，并且是具有疑惑和困境的发展过程中"①的实际情形。

把"马克思学"的归旨和 MEGA 对版本考证的重要性强调到如此重要的地步，是不是意味着它就是《资本论》研究的全部呢？也不是。行文至此，笔者不得不表达近年持续跟踪国外马克思学研究动态、出入《资本论》各种版本研究后形成的一种感受：话分两头说，在表达对国外同行工作敬意的同时，又感到需要防止另一种极端的状况——即版本考证只是基础和条件，它并不是文本研究的全部和归旨，文本研究不能至此止步，孜孜于文本版本的枝节考证而遗忘了对思想的总体关注，与撇开版本、单纯依据文本段落甚至话语就随意演绎、提炼思想一样，都不是完整的文本研究。MEGA 编辑擅长或喜好围绕《资本论》手稿顺序进行考证和编排，有时由于原始手稿的遗失、残缺，他们的考证越来越成为一种排列组合的游戏，局内人乐此不疲，局外人则感到异常琐碎。很多论著置《资本论》手稿中的其他章节和马克思复杂而丰富的思想于不顾，老在一些枝节和细节上做文章，意欲何为呢？要知道，研究《资本论》手稿的版本，不是为版本而版本，为研究而研究，而是以此为媒介把握马克思的思想，只停留在枝节和细节上消耗智慧，而遗忘了研究的真正目的和意旨，是不是有点舍本逐末了呢？而且，在一次性提出一个绝对客

---

① Carl—Erich Vollgraf,Unsere nicht alltägliche Editionskonstellation bei den Materialien zum zweiten und dritten Buch des Kapitals,in：MEGA— Studien,2001,S.45.

观、人人认同的永久性方案不太可能的情形下,根据现在的研究成果暂时拟议和创设的范型去进一步探究马克思的思想,如果这种探究能够深入下去,或者遇到了困难,反过来不是可以对这种范型的合理性和不合理性作出评判、检视和调整吗?

此外,就 MEGA2 新版的编排来说,完全放弃内容的逻辑构架,而固执于时间顺序,也值得进一步考虑。版本研究与文本解读、思想阐释和体系建构是基础与目的的关系,它们之间既是递进的,也是相互依存的。缺乏版本研究的支撑,只是凭借由后人编辑而成的现成的文本,把一部未完成的著述俨然视为完整的作品去进行解读,甚至单纯根据其中的只言片语就对其思想进行概括和评论,必然会造成误读和歧解;而离开对文本思想意旨和总体构架的了解,版本考证实际上也不能顺利进行下去,那些散乱的片断、中断了的叙述、失佚稿的内容和逻辑,只有靠文本思想的整体把握,才能得到接续、联系和"复原"。尊重文本原貌、再现原始思想与揭示体系构架的工作之间只有处于一种相互支持、融通的关系中,真正体现出"三位一体",文本研究才能达到比较高的水准。对《资本论》研究中出现的这些派别和类型我们不应抱一种先定的主观成见,单纯做"善意"维护或"恶意"攻击的定性,而应该仔细甄别情况,具体言说和分析。

(六)国内《资本论》研究状况反思

应该承认,在马克思的著述中,国内学界对《资本论》下的功夫比较大、取得的成就较为显著,可以说代表了我国马克思主义文本研究的最高水平。诸如:陈岱孙、许涤新、孙冶方、郭大力、王亚南、田光、孟氧、宋涛、刘诗白、吴大琨、陈其人、卫兴华、马健行、胡代光、程恩富、顾海良、钟盛熙、何炼成、刘永佶、方大左、陈征、汤在新、洪远朋、洪银兴、白暴力、陆立军、陈俊明、孙承叔、王元璋、吴易风、郭镇方、商德文、蔡中兴、陈英、李建平、孙伯鍨、王东、孙正聿、张一兵、张奎良、曹凤岐、刘炳瑛、何干强、蒋绍进、陈文通、张薰华、弓孟谦、李善明、刘炯忠、冯景源、许经勇、王元璋、刘炳瑛、武文军、漆琪生、冯文光、张钟朴、章士嵘、李成勋、汤文曙、张宇、唐正东、王峰明等,几代研究者都发表了大量论著,这是值得充分肯定的。

就其存在的问题来说,这里想概略地指出几点:其一,过去中国的研究受苏联影响巨大,但没有超过苏联的水准,特别是没有形成一支《资本论》研究专家队伍,没有出现有世界影响的论著;其二,迄今为止很多研究者仍然将《资本论》视为一部俨然已经完成了的著作,离开其庞大的笔记和手稿群,甚至离开马克思本人的"第一手稿",只是根据由后人整理"成型"、辗转翻译(德→俄→中)的三卷"通行本"展开研究,这明显缺乏真实、完整而权威的文献基础;其三,与国际《资本论》研究界的状况严重脱节,大多数论者不了解甚至完全不知道人家的文献积累、研究进展和前沿论题;其四,把马克思完整的思想硬性地区隔为"经济学""哲学"和"社会主义"三个版块,《资本论》哲学思想的研究者离开文本中所阐发的经济议题和社会现象,根据一种外在的理论框架、范畴和现实的需要对《资本论》的思想和观点进行随意的概括和评论,实际上并没有完整地再现《资本论》哲学极为宽广的理论视野、多样的论证方式、广泛的思想议题和独特的思考角度,从而客观地确立其哲学史地位和当代价值。

通过以上学术史的梳理和分析不难看出,对于《资本论》哲学思想研究而言,我们的工作确实仍然任重而道远。就目前来说,我所理解的《资本论》哲学思想的当代阐释"中的"当代"有三方面的内涵。其一,较之过去,文献资料更加权威、完整和准确。随着 MEGA 第二部分已经出齐,再加上其他部分诸如"书信卷""摘录、笔记、批注卷"的陆续出版,还有经过译文校订的中文版《马克思恩格斯文集》和《马克思恩格斯全集》第二版的问世,这使我们可以站在世界学术研究的前沿领域,以这些权威、完整和准确的文献资料、版本作为重新研究《资本论》及其手稿哲学思想的基础,也有助于廓清《资本论》发表百余年来争论的那些众多问题。其二,经过 20 世纪探索和变革,人类的哲学思维得到了很大提升。这就使我们有可能站在当代新的高度和水准上,突破把《资本论》仅仅看作单纯的政治经济学著作和哲学上只是对唯物史观的运用与检验的传统而狭窄的研究思路,而在扎实的文本、文献解读的基础之上将其宽广的思想视野、深邃的历史意识和深刻的哲学蕴涵全面地展示、提炼出来。其三,20 世纪八九十年代以来席卷世界范围的全球化态势,更直接关乎《资本论》哲学意蕴和当代价值的重新揭示和评估,这有助于我们重新理解《资本论》中的资本理论及其对资本逻辑的批判。

总之,文献资料的完善、哲学思维水准的提升和当代社会实践的发展,为我们重新研究《资本论》哲学思想提供极大的空间。而作为一种具体研究而言,笔者所追求的境界是:权威的文献材料的准确把握、文本结构的完整理解、思想内容的详尽解读、论证过程和逻辑的完整梳理和深刻揭示、问题和观点的到位提炼与概括、思想内涵的深度分析和客观评价。当然,经典是需要反复研读的,即所谓"常读常新";但这种连续的阅读和阐释应该构成一个前后连续、渐次提升的序列或阶梯,以保证人类思维不断向前发展,而不是随着时代和思潮的转换而"忽左忽右""可左可右"。

十一、刍论马克思主义政治经济学研究方式的转换

——从《资本论》的"郭、王译本"及当代研究谈起

在中国《资本论》翻译史上，"郭大力、王亚南译本"不仅是建立在之前各种试译、节译和第 1 卷全译基础上的集大成之作，而且由于较为准确地把握了从古典经济学到《资本论》的逻辑发展、统一了政治经济学的核心范畴，并通过不断地修改提供了更为准确的中文表达，彰显出重要的学术价值。在当代要推进马克思主义政治经济学研究，除了传承他们的学风，在他们奠定的"回到古典经济学"思路的基础上，还需要在"从完整、权威的文献出发""全面认识资本的功能及其效应""在全球视野中探究经济学的当代发展"等方面实现观念、视野和研究方式的转换。

2021 年是《资本论》三卷"通行本"①最早中文全译者之一王亚南先生诞生 120 周年，中国马克思主义哲学史学会也选择由厦门大学来承办该年度年会。徜徉在美丽的校园，感念包括王先生在内的老一辈学者为《资本论》翻译和马克思主义政治经济学研究付出的心血与奠定的基础；特别是利用一天半紧张的学术研讨，基于权威版本和最新文献并放眼当代世界全球化态势，检视近年来国内学界在《资本论》研究中所取得的成绩和存在的问题，深深感受到拓展和深化马克思主义政治经济学研究的迫切性、必要性和艰难程度。在本文中，我结合自己近年来的研究和思考，不揣浅陋，谈一点在这一问题上的想法，以求解于同行和同道。

（一）回到古典经济学的思路

迄今为止，关于《资本论》国内外学术界大都是以三卷"通行本"为蓝本来进行翻译、解读并传播和发挥其思想的。虽然在这部未完成的著述留存下来的庞大的"手稿群"中，这只占很小的部分，但即便如此，三卷"通行本"也算得上是一部鸿篇巨制了。尤其是在中国，除了不同时代编撰、汇集而成的套装史书，很少有这么大部头的社会科学研究作品。正因为如此，近代以来不少有条件接触到《资本论》"通行本"并且不同程度掌握外语（日、英、俄、德、法中的一种，或以一种为主、参照其他语种）的仁人志士，把翻译《资本论》作为其人生抱负。比如郭沫若，早年留学日本时就立下这一宏愿，回国后在上海即制订"五年计划"欲付诸行动。针对这项翻译工程的巨大，甚至传说日译者为此积劳成疾而亡，他竟称"如果能为译《资本论》而死，要算是一种

---

① 即马克思去世后经恩格斯修订的第一卷德文第 4 版（1890）、由其编辑整理的第二卷（1885）和第三卷（1894）。

光荣的死"①。

但是我国的《资本论》翻译在零星引入、介绍其观点和原理差不多20年之后才正式起步。②恶劣的条件、艰辛的翻译,在之后长达16年中先贤留下了如下的印痕:1920年北京大学马克思学说研究会德文翻译组初译第一卷,据说有油印本,但未刊;1920年10月《国民》月刊发表费觉天翻译的第一卷德文第1版《序言》;1930年3月上海昆仑书店出版由陈启修翻译的第一卷第1篇;1932年8月、1933年1月北平东亚书局出版由潘冬舟翻译的第一卷第2—3篇、第4篇;1934年5月商务印书馆出版由吴半农翻译的第一卷第1、2篇;1932年9月、1936年6月北平国际学社、世界名著译社分别出版了由王思华和侯外庐翻译的第一卷第1篇至第3篇第7章、第3篇其他2章和第4篇以及第5篇至第7篇,分别标示该卷上、中、下册以及全部合订本。在经过这些试译、节译和第一卷全译之后,终于在1938年8—9月间由上海读书生活出版社出版了由郭大力和王亚南合作翻译、篇幅达180多万字的《资本论》第一至三卷。③

在中国《资本论》翻译史上,"郭、王译本"不仅是建立在之前各种形式的翻译基础上的集大成之作,而且在我看来,它还有如下两个特点。

其一,较为准确地把握了从古典经济学到《资本论》的逻辑发展,统一了政治经济学的核心范畴。

---

① 郭沫若:《沫若自传 第2卷 学生时代》,《郭沫若全集·文学编》(第12卷),人民文学出版社,1992年,第219页。

② 参见徐洋、林芳芳:《〈资本论〉在中国的翻译、传播和接受(1899—2017)》,《马克思主义与现实》,2017年第2期。

③ 详细的情况参见郭宝璘、王希和:《翻译〈资本论〉的动因和尝试》《全文翻译〈资本论〉的准备》《〈资本论〉三卷中文全译本的翻译和出版(上、下)》,《学习时报》,2005年4月18日、4月25日、5月2日和5月9日。

郭大力、王亚南两位先生在确立了翻译《资本论》的宏伟志向之后,并没有直接将精力倾注在这部巨著的文本上,而是决定先从研读古典经济学名著着手。起初,郭大力在经过很短的试译后,发现古典经济学与这本巨著之间有不可分割的内在关联,感到在"我对于这个大理论所从以出发的古典派经济学,且也为这个大理论的主要批判对象的古典经济学,还是连初步的认识也没有"的情况下,要译好《资本论》是根本不可能的。这种"固执"的理念一直支配着他的翻译生涯,甚至直到 1938 年 8 月在为三卷全译本所写的《译者跋》中他仍称这是"到现在还是使我感到心悸的"的一件事。于是,他们决定先"系统地译几部古典经济学的著作,用这种翻译,作为一种细密研究的手段"①。这样,七八年间大卫·李嘉图的《政治经济学及赋税原理》、亚当·斯密的《国民财富的性质和原因的研究》、托马斯·罗伯特·马尔萨斯的《人口论》、约翰·穆勒的《自传》《政治经济学原理》、斯坦利·杰文斯的《经济学理论》②、理查德·西奥多·埃利的《经济学纲要》、约翰·卡尔·洛贝尔图斯的《生产过剩与恐慌》、弗里德里希·阿尔伯特·朗格的《唯物史论》、乃特的《欧洲经济史》等著述陆续被翻译出来并得以出版。在完成了扎实的学术史梳理和雄厚的古典经济学理论储备等基础性、前期性工作之后,郭大力、王亚南两位先生才开始正式翻译《资本论》的文本。

这样一种把马克思的政治经济学与古典经济学紧密联系起来、明晰前者对后者继承与超越的思路,迄今为止仍是理解和研究《资本论》最到位的方式。

我们知道,由于在当今世界,资本仍然是社会发展中最重要的支配力

---

① 郭大力:《〈资本论〉(第 3 卷)·译者跋》,上海三联书店,2009,第 682 页。
② 《经济学理论》是 1936 年中华书局出版时郭大力先生采用的译名,1983 年商务印书馆再版时更名为《政治经济学理论》。

量,所以《资本论》到现在也仍然是学术研究的热点。但可惜的是,对照两位
先生的思路,不难发现近年来很多相关研究和讨论并不都是很到位的。譬
如,在国内马克思主义哲学研究中,学者们基于结构主义视角提出所谓“资
本逻辑”与“生产逻辑”的对立,借助“空间理论”解释资本社会的运行,依据
当代政治哲学的框架分析“分配正义”,按照本体论的思路挖掘《资本论》中
的“存在论”或“生存论”,利用“水循环”设喻类比第二卷中涉及的资本流通,
等等。虽然不能说这些看法与马克思完全没有关联,但也必须指出,它们与
《资本论》及其手稿的内容在相当程度上是隔膜的、外在的。更有一些论者,
喜欢生造和搬弄一些自己也不明就里的概念与词汇,又不做或做不出详细
的阐发和论证,真是有点“为赋‘新意’强说词”了。在我看来,按照这些思路
也可以撰写和发表很多论文和专著,但对《资本论》本身的研究来说,实质性
的推进却实在很有限。正如不深入理解西方思想传统,特别是德国古典哲
学,就无法理解马克思“新哲学”的变革一样,不深入探究古典经济学、不进
入各个经济学家及其著述中具体的问题、思路和体系,也就无法理解马克思
的政治经济学。

再联系到 20 世纪的状况,应该说,较之于马克思的时代,资本社会出现
了很多新的变化,经济学也取得了长足的进展。但我们注意到,在思想纷呈、
复杂嬗变的理论图景中,除了大致归属于“马克思主义政治经济学”者,其他
派别基本上都对“劳动价值论”持否定的态度和看法。在过去的理解和解释
中,马克思的政治经济学确实是与“劳动价值论”直接同一乃至可以相互替
换的,而且对“劳动”“价值”等概念内涵的理解也很偏狭而简单。这就使得马
克思的政治经济学当代意义的阐释和体现变得非常艰难。如果只是停留于、
局限于对资本和资本家的谴责、为劳动和劳动者的辩护,而不进入资本主义
经济运动的具体过程和机制之中,马克思的政治经济学无法与在 20 世纪大

行其道的微观经济学、部门经济学进行对话,进而也无法彰显出它将现象透视、过程把握与本质揭示相结合,以及从资本中寻找拯救资本弊端、超越资本文明的现实途径和方式的特征。悉心研读马克思《资本论》及其手稿,我们发现,他所坚持的"劳动价值论"的立场是与他对资本社会的"内部联系"及资本运行的过程和环节的深入探究密切关联的,甚至融为一体的,而在马克思漫长的思想探索中,古典经济学家们对资本社会具体机制的描述和分析无疑给了他很大的启示。从这个意义上讲,郭、王两位先生从翻译古典经济学名著渐次达致《资本论》的做法与马克思的思路是极为吻合的。

其二,在不断修改中淬炼《资本论》内容更为准确的中文表达。

《资本论》是一部思想复杂、难以理解的作品,即便是德国人读起来也并不顺畅。马克思本人在1863—1865年起草了三卷初稿,并从中整理出第一卷。但从1867年推出该卷德文第1版后,他就开始了持续的修改工作。现在流传下来的《资本论》同一卷次的不同版本、庞大的过程稿和修改稿、马克思自用本的批注及笔记本中所详细罗列出的修改提要等文献,记录了他深刻的自我反省、严谨的治学态度和不断深化的思想轨迹,为后来《资本论》的研究者、翻译者树立了楷模。

郭、王两位先生虽然并不十分了解上述文献学信息,但即便仅仅是对"通行本"的研读和对不同语种表述思想的差异的体会,也让他们深得《资本论》写作之"三昧"。他们历经艰辛,将三卷首次完成全译并出版,很快就在当时的中国思想界产生了"轰动效应"。但他们并没有"大功告成"之感,觉得从此可以偃旗息鼓了。相反,他们马上又开始了逐句校订甚至重译的工作。尽管由于当时恶劣的条件不允许依据新的改动再版全书,但他们还是很快编订并出版了《〈资本论〉补遗勘误》。

1949年后,包括《资本论》在内的马克思著述的编译条件大大改善,两位先生又将译文进行了全面修订，分别于 1964、1965 和 1968 年推出新的版本，并翻译出版了作为《资本论》"理论史部分"、篇幅与三卷"理论部分"大致相当的《剩余价值学说史》。"翻译无止境"，作为纯真而严谨的学者，郭先生意识到这也并非最完善的译本，因此他一直有再次修改译本的计划。可惜，天不假以时日，王先生和郭先生先后于 1969 年和 1976 年去世了。他们的译本成为中央编译局编译《资本论》不可缺少的重要参考。一直到现在，商务印书馆新刊《国民财富的性质和原因的研究》《政治经济学及赋税原理》《人口论》《政治经济学原理》等著述，仍使用的是郭、王两位先生当年的译本，而《配第经济著作选集》更将王先生于 1962 年 1 月发表在《光明日报》上的长文《威廉·配第〈赋税论〉出版三百年》作为导言。

基于以上两点，作为晚学，我对郭、王两位先生充满感谢和敬意。当然，学术需要不断推进，学者必须实现代际更替。每一代学者都有自己不同的使命、职责、视野乃至理念和方法。对先贤最好的纪念是传承他们的学风，在他们奠定的基础上，把学术研究提升到新的层次和水准，进而超越他们的工作。站在今天理论和实践发展的新高度审视两位先生当年的工作，我想到以下三个方面：

（二）从完整、权威的文献出发

必须站在世界学术研究的前沿领域，以权威、完整和准确的文献资料、版本作为重新研究《资本论》的基础。

郭、王两位先生翻译《资本论》依据的是苏联马克思恩格斯列宁研究院（Институт Маркса-Энгельса-Ленина）1932—1934 年编辑的版本。在 20 世纪 30 年代那样的环境和条件下，他们掌握的文献学信息非常有限，所以并不了解这部巨著复杂的创作过程以及庞大的手稿内容及其意义。其至我们检视王先生20世纪五六十年代撰写的三十多篇关于《资本论》的论文，以及在此基础上由其学生于1973年整理、出版的著作《〈资本论〉研究》和1978年出版的郭先生的《关于马克思的〈资本论〉》，会发现他们还是囿于"三卷本"的视野及对《资本论》思想的传统理解，而对《资本论》结构演变、主要版本、"叙述方法"等"版本学"内容的叙述存在诸多漏洞，所利用的文献资料也基本过时了。

经过文献专家近一个世纪艰苦的搜集、辨认、考证、编辑工作，特别是"按原始文稿刊出全部著述"、国际上最具影响力的马克思恩格斯文献版本——"历史考证版"（Marx-Engels-Gesamtausgabe，以下简称 MEGA）第二版陆续出版，才真正解开人类思想史上这部极为重要的著述的"庐山真面目"——严格说来，《资本论》并不是一部业已完成了的著作，而是一个庞大的"手稿群"。以下我们做简单的梳理。

MEGA 第二部分收录的是《资本论》的基本文献，到 2012 年已经出齐。它以 15 卷 23 册的巨大篇幅展示了关于这一著述完整而权威的文本。其中第 1—4 卷是《资本论》"初稿"，包括第 1 卷分为 2 册收入的"1857—1858 年手稿"、第 2 卷收入的"1858—1861 年手稿"和《政治经济学批判》第 1 分册、第 3 卷分 6 册收入的 "1861—1863 年手稿"、第 4 卷分 3 册收入的"1863—1868 年手稿"（包括《资本论》第一卷和第二卷"1864—1865 年手稿"、《价值、价格和利润》演说稿、第三卷"1863—1865 年手稿"、第二卷和第三卷"1863—1868 年手稿"）。[①]第 5—10 卷收入的是《资本论》第一卷 6 个版本，包括德文

---

① 鉴于《资本论》是马克思长达四十余年探索资本时代的可靠记录及理论成果，所以我主张 MEGA 第一部分第二卷收入的、作为马克思政治经济学研究初始阶段成果的《1844 年经济学哲学手稿》也算作《资本论》的"初稿"之一。

第 1 版(1867)、德文第 2 版(1872)、法文版(1872—1875)、德文第 3 版(1883)、英文版(1887)、德文第 4 版(1890)。第 11—15 卷将关于《资本论》第二、三卷留存下来的马克思原始手稿(包括其自用本中的批注)、恩格斯编辑稿和正式出版时的付印稿汇编起来,其中第 11 卷收入的是《资本论》第二卷马克思"1868—1881 年手稿"、第 12 卷收入的是第二卷恩格斯"1884—1885年编辑稿"、第 13 卷收入的是第二卷"出版稿"(1885)、第 14 卷收入的是第三卷马克思原始手稿和恩格斯编辑稿(1871—1895)、第 15 卷收入的是第三卷出版稿(1894)。

　　除了 MEGA 第二部分刊布的以上文本、文献,第三部分"书信卷"的 35卷中还包含着大量涉及《资本论》的通信,而第四部分"摘录、笔记、批注卷"中,第 3 卷收入的"巴黎笔记"(1844—1847)、第 4 卷和第 5 卷收入"曼彻斯特笔记"(1845)、第 7—11 卷收入的"伦敦笔记"(1849—1853,第 10、11 卷未出版)、第 14 卷收入的"危机笔记"(1857—1858)是马克思创作《资本论》的准备材料,而第 18—31 卷中拟收入的"摘录和笔记"(第 26、31 卷已出版)为马克思 1867—1883 年间所撰写,数量极为庞大,是探究和解释他晚年"为什么没有完成《资本论》定稿工作"的重要参考资料。

　　以上关于《资本论》的全部文献把马克思准备、写作、修改和整理这一著述的曲折过程和完整的理论建构全面地再现出来,颠覆了人们印象中它几乎是一部已经完成了的作品的传统看法,表明《资本论》"实际上仍然处于一种日益发展的进程中,处于一种没有完成的、开放的,并且是具有疑惑和困境的发展过程中"①。

　　很显然,就篇幅看,三卷"通行本"在上述《资本论》丰富而复杂的文献中

---

　　① Carl -Erich Vollgraf, Unsere nicht alltägliche Editionskonstellation bei den Materialien zum zweiten und dritten Buch des Kapitals, in: MEGA–Studien, 2001, S.45.

只占很小的部分。现在关键性的问题是：如何看待它在其中的地位呢？就《资本论》的观点和思想来说，能不能在这三卷中得到完整的体现、进而可以由其来取代其他文献？换言之，如果撇开其他文献，读者通过三卷"通行本"能否准确地理解、把握马克思的政治经济学研究及其资本理论？同时还得考虑到的是，那些既想了解马克思的学说、马克思主义基本理论，又不可能、或者认为无必要接触这么多的文献的人，甚至会感到三卷"通行本"的篇幅也已经不小了，认为只需看看第一卷或者通过教科书来掌握就可以了。

对此，我必须说，强调《资本论》的未完成性，绝不是要根本否定长期以来仅仅借助"通行本"所把握的马克思的思想。过去由于条件所限，做此选择属于无可奈何之举，是可以理解的。但是同时需要指出的，它并没有完整地呈现马克思政治经济学研究的曲折过程和资本理论的复杂性。在当代新的境遇下，如果不将上述文献纳入《资本论》研究当中，既体现不出学术发展的当代水准，更无助于马克思研究走向专业，达致深入。仅仅撷取其中的某些文本来概括还是以完整而权威的文献为基础进行研究，二者确实是有差异的。只有尽可能统摄完整的文献，才有助于我们接近真实、深化理解。特别是如果抽象地运用"通行本"的结论和简单的"劳动价值论"和"剩余价值来源说"，也无法解释 20 世纪资本社会的变迁、国家力量（如德国）崛起对历史的重新改写、经济学各个派别的长足发展等，这样，马克思思想的当代性就很难呈现出来。相反，我们借助丰富的文献材料，通过对"马克思为什么没有完成《资本论》定稿工作"①的考证，从他晚年大量的笔记中体悟他思想的新进展，就能探究出其中提供了与 20 世纪可以紧密勾连的诸多线索和设想。这

---

① 参看聂锦芳：《马克思为什么没有完成〈资本论〉的定稿工作？》，《中华读书报》，2017 年 9 月 6 日。

种探究在非专业人士看来或许显得"书呆子气"十足,但我认为,这是马克思研究摒弃浅层次理解、简单化诠释、情绪化评判进而走向深化的必要步骤。

(三)全面认识资本的功能及其效应

对待资本的态度由单一走向全面,重新理解资本在人类发展和当代世界的功能、作用及其效应。

在当时特定的时代背景和社会境遇中,包括王先生在内,国人对《资本论》及其思想的理解和阐释都较为单一,突出表现在对资本本质及其功能的看法上,第一卷最后两章《所谓原始积累》《现代殖民理论》给人的影响太深刻了,那时我们基本上是从三个方面来把握资本的。

其一,资本通过"暴力"和"罪恶"完成了原始积累。我们牢记着最有名的一句评论:"资本来到世间,从头到脚,每个毛孔,都滴着血和肮脏的东西。"[1]《资本论》为我们描绘了资本原始积累的残酷性。在欧洲,约从15世纪最后30多年到18世纪末,资产阶级"用最残酷无情的野蛮手段,在最下流、最龌龊、最卑鄙和最可恶的贪欲的驱使下"[2],剥夺农民土地、实行殖民扩张,所犯下的累累罪行,真是"罄竹难书"。诚如马克思所说,"标志着资本主义生产时代的曙光"的不过是"美洲金银产地的发现,土著居民的被剿灭、被奴役和被埋葬于矿井,对东印度开始进行的征服和掠夺,非洲变成商业性地猎获黑人的场所"[3],等等。

---

① 马克思:《资本论》(第一卷),《马克思恩格斯文集》(第五卷),人民出版社,2009年,第871页。

② 马克思:《资本论》(第一卷),《马克思恩格斯文集》(第五卷),人民出版社,2009年,第873页。

③ 马克思:《资本论》(第一卷),《马克思恩格斯文集》(第五卷),人民出版社,2009年,第860~861页。

其二，资本借助雇佣劳动制度（System der Lohnarbeit）追逐着无限的利润。完成了原始积累的资本家也造成了社会经济结构中"劳动者和劳动条件的分离"，即"在一极使社会的生产资料和生活资料转化为资本，在另一极使人民群众转化为雇佣工人"①。由于失去了任何生产资料和生活资料，工人为了生存，只能出卖自己的劳动力。这样，资本家就迫使无产者把劳动力作为商品出卖给自己，而付给工人的工资只相当于其劳动力的价值，那么工人创造的、超出劳动力价值的那部分价值即剩余价值部分就被资本家无偿占有了。在这一制度下，"工人仅仅为增殖资本而活着，只有在统治阶级的利益需要他活着的时候才能活着"②。工人创造的价值越多，自己的价值就越低；创造的财富越多，自己就相对地越贫穷。可以说，雇佣劳动是资本主义生产方式赖以存在的基础，"没有雇佣劳动，就没有资本，就没有资产阶级，就没有资产阶级社会"③。

其三，资本会引发普遍性的社会性危机。生产的社会化与生产资料私人占有制之间的矛盾在资本主义生产、消费和阶级关系上体现出来，诸如个别企业生产的有组织性与整个社会生产的无政府状态、生产无限扩大的趋势与普通大众购买力相对缩小、资产阶级与无产阶级之间形成尖锐的矛盾。这些矛盾首先导致资本社会发展中周期性的经济混乱，即经济危机，而经济领域的危机最终会扩展至"国家制度、社会结构、政治、意识形态等资本主义关系的各个方面"。苏联将此称为"资本主义总危机"现象，认为这"是整个世界资本主义体系的全面的危机，其特征是战争和革命，是垂死的资本主义和成

---

① 马克思：《资本论》（第一卷），《马克思恩格斯文集》（第五卷），人民出版社，2009年，第870页。

② 马克思、恩格斯：《共产党宣言》，《马克思恩格斯选集》（第一卷），人民出版社，2012年，第415页。

③ 马克思：《1848年至1850年的法兰西阶级斗争》，《马克思恩格斯文集》（第二卷），人民出版社，2009年，第88页。

长的社会主义之间的斗争。……这种危机的基础,一方面是资本主义世界经济体系的瓦解日益加剧, 另一方面是已脱离资本主义的各国的经济实力日益增长"①。由此也可以看出,过去在我国占主导地位的"资本观",不仅来自我们对包括《资本论》在内的马克思著述的特定解读,更受到对我国的社会主义革命和建设产生了深远影响的苏联主流观点的左右。

以上述"资本观"来观照《资本论》,那个时期我们所关注的是,它作为"工人阶级的圣经"对国际共产主义运动和革命的指导作用;它将辩证法、认识论、逻辑学融为一体而形成的"《资本论》的逻辑";它对生产力与生产关系、经济基础与上层建筑及其辩证关系的原理的论证;它对矛盾分析方法、阶级分析方法和"逻辑与历史相统一"等辩证方法的运用;等等。

然而任何事物和现象都是"一体两面的"。如果回到《资本论》及其手稿,我们就会发现,马克思在揭示资本及其制度罪恶的同时,并没有否认它对人类历史和社会发展的积极作用。相反,他也非常看重"资本的伟大的历史方面"②"资本的伟大的文明作用"③和"资本的文明面"④,在他看来,这是资本本质及其功能另一方面的体现。

其一,资本改变了关于"空间 – 时间"的传统观念,真正带来"世界观"的巨大变化。资本打破国家、民族的界域,"创造了这样一个社会阶段,与这个社会阶段相比,一切以前的社会阶段都只表现为人类的地方性发展和对自然的崇拜"。而资本"克服流传下来的、在一定界限内闭关自守地满足于现有

---

① 苏联科学院经济研究所编:《政治经济学教科书》,人民出版社,1955 年,第 283 页。

② 马克思:《1857—1858 年经济学哲学手稿》,《马克思恩格斯全集》(第 30 卷), 人民出版社,1995 年,第 286 页。

③ 马克思:《1857—1858 年经济学哲学手稿》,《马克思恩格斯全集》(第 30 卷), 人民出版社,1995 年,第 390 页。

④ 马克思:《资本论》(第三卷),《马克思恩格斯文集》(第七卷),人民出版社,2009 年,第 927页。

需要和重复旧生活方式的状况,又要克服民族界限和民族偏见"①。这样,"资产阶级,由于开拓了世界市场,使一切国家的生产和消费都成为世界性的了"。"过去那种地方的和民族的自给自足和闭关自守状态,被各民族的各方面的互相往来和各方面的互相依赖所代替了。物质的生产是如此,精神的生产也是如此。各民族的精神产品成了公共的财产。民族的片面性和局限性日益成为不可能,于是由许多种民族的和地方的文学形成了一种世界的文学。"这导致资产阶级"把一切民族甚至最野蛮的民族都卷到文明中来了……摧毁一切万里长城、征服野蛮人最顽强的仇外心理"。②

与此相应,人们对"时间"的理解和感受也发生了变迁。"生产的不断变革,一切社会状况不停的动荡,永远的不安定和变动……一切固定的僵化的关系以及与之相适应的素被尊崇的观念和见解都被消除了,一切新形成的关系等不到固定下来就陈旧了。一切等级的和固定的东西都烟消云散了,一切神圣的东西都被亵渎了。"这种情况下"除非对生产工具,从而对生产关系,从而对全部社会关系不断地进行革命,否则就不能生存下去。"③

其二,资本使社会成员实现了对自然界和社会关系的"普遍占有",创造了无与伦比的生产力。"以资本为基础的生产,一方面创造出普遍的产业劳动,即剩余劳动,创造价值的劳动,那么,另一方面也创造出一个普遍利用自然属性和人的属性的体系,创造出一个普遍有用性的体系,甚至科学也同一切物质的和精神的属性一样,表现为这个普遍有用性体系的体现者,而在这

---

① 马克思:《1857—1858 年经济学哲学手稿》,《马克思恩格斯全集》(第 30 卷),人民出版社,1995 年,第 390 页。

② 马克思、恩格斯:《共产党宣言》,《马克思恩格斯选集》(第一卷),人民出版社,2012 年,第 404 页。

③ 马克思、恩格斯:《共产党宣言》,《马克思恩格斯选集》(第一卷),人民出版社,2012 年,第 403 页。

个社会生产和交换的范围之外，再也没有什么东西表现为自在的更高的东西，表现为自为的合理的东西。因此，只有资本才创造出资产阶级社会，并创造出社会成员对自然界和社会联系本身的普遍占有。……资本破坏这一切并使之不断革命化，摧毁一切阻碍发展生产力、扩大需要、使生产多样化、利用和交换自然力量和精神力量的限制。""只有在资本主义制度下自然界才真正是人的对象，真正是有用物；它不再被认为是自为的力量；而对自然界的独立规律的理论认识本身不过表现为狡猾，其目的是使自然界（不管是作为消费品，还是作为生产资料）服从于人的需要。"①这样，"资产阶级在它的不到一百年的阶级统治中所创造的生产力，比过去一切世代创造的全部生产力还要多，还要大"。马克思不禁感慨地说："过去哪一个世纪料想到在社会劳动里蕴藏有这样的生产力呢？"②

其三，"资产阶级社会本身孕育着的新社会因素"③，为人类走出资本困境、向更高形态的文明社会迈进创造了条件。"资本的伟大的历史方面就是创造这种剩余劳动"④，它"榨取这种剩余劳动的方式和条件，同以前的奴隶制、农奴制等形式相比，都更有利于生产力的发展，有利于社会关系的发展，有利于更高级的新形态的各种要素的创造"⑤。一方面，从单纯生存的观点来看，剩余劳动成为普遍需要，另一方面，"普遍的勤劳，由于资本的无止境的

---

① 马克思：《1857—1858年经济学哲学手稿》，《马克思恩格斯全集》（第30卷），人民出版社，1995年，第389~390页。

② 马克思、恩格斯：《共产党宣言》，《马克思恩格斯选集》（第一卷），人民出版社，2012年，第405页。

③ 马克思：《法兰西内战》，《马克思恩格斯选集》（第三卷），人民出版社，2012年，第103页。

④ 马克思：《1857—1858年经济学哲学手稿》，《马克思恩格斯全集》（第30卷），人民出版社，1995年，第286页。

⑤ 马克思：《资本论》（第三卷），《马克思恩格斯文集》（第七卷），人民出版社，2009年，第927~928页。

致富欲望及其唯一能实现这种欲望的条件不断地驱使劳动生产力向前发展,而达到这样的程度,以致一方面整个社会只需用较少的劳动时间就能占有并保持普遍财富,另一方面劳动的社会将科学地对待自己的不断发展的再生产过程,对待自己的越来越丰富的再生产过程,从而,人不再从事那种可以让物来替人从事的劳动","到了那样的时候,资本的历史使命就完成了",①"它本身已经创造出了新的经济制度的要素,它同时给社会劳动生产力和一切生产者个人的全面发展以极大的推动",而过渡到"在保证社会劳动生产力极高度发展的同时又保证每个生产者个人最全面的发展的这样一种经济形态",②最终完成了对资本的彻底超越。

请原谅我如此密集地大段征引马克思的原话!这些隐藏在其他手稿和著述之中、表达得较为凝练甚至有点晦涩的看法及其论证,与《资本论》"通行本"中的表述统合起来,才是马克思对资本问题的完整理解。

以上述"资本观"来观照《资本论》,我们还会"发现"马克思曾经论述过、但以往被我们"忽略"和"遮蔽"掉的如下内容:资本本性的二重性、劳动与资本关系的调整和变化、"资本的逻辑"的展开及其双重社会效应、对国家与市场关系和"虚拟资本"的新思考、"社会有机体"结构学说和以"人的全面发展"为尺度的"三形态"社会发展理论等。

我有一个可能比较极端的看法,即认为1978年之前的中国人是不能完全读得懂《资本论》的。比如说,北京大学的陈岱孙教授,他原来在美国威斯康星大学和哈佛大学学习西方经济学,回国后曾在清华大学和西南联大任

---

① 马克思:《1857—1858年经济学哲学手稿》,《马克思恩格斯全集》(第30卷),人民出版社,1995年,第286页。

② 马克思:《给〈祖国纪事〉杂志编辑部的信》,《马克思恩格斯选集》(第三卷),人民出版社,2012年,第729~730页。

教，新中国成立之后在北大改用主要精力学习和研究马克思主义政治经济学，还组织研究小组对《资本论》三卷做过注释。然而他关于《资本论》的研究及发表的为数很少的成果，与之前的学术背景、擅长的领域及其形成的观点和思想要么完全绝缘，要么根本对立。我是基于什么做出包括王亚男、陈岱孙这样的学术大家也不完全理解《资本论》这样的判断呢？这绝不是盲目地"蔑视"前辈和权威，而是考虑到在当时特殊的境遇下，人们只是站在资本之外看待资本，进而谴责资本。受这种观念的影响，人们阅读《资本论》时，只关注它对资本罪恶的揭露，而根本无视资本所具有的"伟大的文明面"，进而认为必须彻底批判和否定资本，推翻资本主义制度，另起炉灶，重新建立一个全新的共产主义社会。这样所把握的《资本论》的思想和意旨必然是有片面性的、简单化的。

我们看到，经过改革开放四十多年的实践，资本以多种方式、多个层面介入社会生活，促进了中国有史以来最巨大的变革和最快速的发展。当然，与此同时，也出现了和面临着数不清的问题、矛盾和困难。只有身处这样的时代，我们才能对资本本身产生新的认识，切实体会到它的作用、功能和效应，也才能深入理解《资本论》思想的复杂性和丰富性。

(四)在全球视野中探究政治经济学的当代发展

反思"站在中国人的立场上来研究经济"所具有的局限，置于"历史向世界历史"演变的大趋势和全球化的大视野中探究政治经济学的当代发展。

王亚南先生在经济研究方法上极力倡导"应站在中国人的立场上来研究经济"，主张面对中国实际，建立"中国经济学"。这一份雄心壮志可以理解，并应该受到赞誉。他在 1945 年写作并于次年刊印的《中国经济学原论》

确实具有很大的气魄和野心,就是要创作一部"中国的《资本论》"。该书运用《资本论》的概念、结构、范畴、体系,对中国经济生活中的商品、商品价值形态、货币、资本形态、利息、利润形态、工资形态和地租形态等要素所做的考察和分析,与以往对中国社会的研究相比确实"别开生面",有的论者据此认为该著具有"中国的、实践的、批判的三大特色"①也有一定的道理。然而现在看来,此书所引入的框架、原则和一系列先验范畴与所研究的对象之间的"异质性"是比较明显的,所以二者结合得并不十分完美和成功。

更为关键的是,与其形成鲜明对照的马克思及其《资本论》思考世界的方式,从根本上超越了局限于一国之内的狭隘视域。当分散的、相互隔绝的国家、民族进入"世界历史"之后,"资本主义"的或者"资产阶级"的生产方式一统天下,人类历史由此进入"现代"形态。无论是哪个国家和民族的发展都必须经由这条道路,都绕不开这一阶段,西方和东方概无例外。就是说,这是"既不能跳过也不能用法令取消"的"自然的发展阶段"。②质言之,"问题本身并不在于资本主义生产的自然规律所引起的社会对抗的发展程度的高低。问题在于这些规律本身,在于这些以铁的必然性发生作用并且正在实现的趋势"③。为此,马克思发出这样沉痛的呼吁:"决不要在这上面欺骗自己"了!顺应社会发展的大趋势,借助历史潮流以改变现状是唯一的选择。这不仅是必要的,而且是必须的,也是可行的。马克思的结论是,在世界上存在的问题、追求的目标越来越类似乃至具有共同性的趋势下,"一个国家应该而且可以向其他国家学习"。④

① 庄宗明、林坚:《王亚南:矢志传马列 精心育桃李》,《中国社会科学报》,2021年10月13日。
② 马克思:《资本论》(第一卷),《马克思恩格斯文集》(第五卷),人民出版社,2009年,第10页。
③ 马克思:《资本论》(第一卷),《马克思恩格斯文集》(第五卷),人民出版社,2009年,第8页。
④ 马克思:《资本论》(第一卷),《马克思恩格斯文集》(第五卷),人民出版社,2009年,第9页。

上述观照和理解世界的方式和思路昭示出，我们不可能写出"国别的《资本论》"，更不可能建构起完全与资本主义绝缘、脱节、"纯而又纯"的社会主义政治经济学体系。

我们还是回到马克思当年写作《资本论》的情况进行分析。马克思的祖国是德国，他在法国巴黎、比利时布鲁塞尔开始政治经济学研究，后来主要在英国伦敦撰写《资本论》及其手稿。与此相应，他观察和思考的视野更扩展到全球各地、追溯到历史深处。他不仅重视作为资本主义"生产方式的典型地点"的英国和"不仅苦于资本主义生产的发展，而且苦于资本主义生产的不发展"的"西欧大陆所有其他国家"，也十分关注以 18 世纪独立战争、19 世纪南北战争给欧洲"中等阶级"和"工人阶级敲起了警钟"的美国，乃至远离大陆、因铁矿石的发现引发世界资本市场波动的澳大利亚等。而到了晚年，鉴于资本功能的变迁及其危机呈现的曲折性、国家和民族特性与资本社会的多种类型、资本扩张所遭遇的时间和空间屏障、资本批判与工人运动的实践的复杂关系和对作为"文明"形态的资本主义的新思考，马克思更展开对资本主义史前史以及古代和东方国家(俄、印、中)社会状况及其发展道路的重新梳理和考察。由此看出，在英国用德文撰写的《资本论》的价值和意义，不只针对英国，更不受限于德国，而是面向世界、属于世界的，马克思试图解决的不是一国、一地局部和暂时的问题，而是试图把握世界整体发展的趋势和人类未来文明的走向。

更应该注意到 20 世纪以降全球化进程的特殊变迁。一方面，随着科学技术的进步和发展、思维方式的更新和提升，全球化有所推进；另一方面，由于两次世界大战、众多国家民族独立的浪潮，特别是四十余年的冷战，全球化更出现过搁浅、阻滞甚至倒退和逆转。到 21 世纪来临前夕，随着冷战的结束，Economic Globalization 才成为一个通用的概念和实实在在的社会现实。

权威的国际货币基金组织和经济合作与发展组织重新确立了这样的事实和趋势，即"跨国商品与服务贸易及资本流动规模和形式的增加，以及技术的广泛迅速传播使世界各国经济的相互依赖性增强"，"经济、市场、技术与通讯形式都越来越具有全球特征，民族性和地方性在减少"。而在中国，自1978年启动改革开放以来，随着时代大潮的波翻浪涌，面对全球化带来的机遇、挑战、激烈竞争和严重的不确定性，我们重新确立了国家发展战略和思路，从积极融入走向参与引领，实现了经济的快速发展。中国既是参与全球化的受益者，自然也成为全球化的积极推动者和维护者。当然，也不能回避我们参与全球化带来的诸多问题，特别是由于资本的本性没有根本性的改变，其功能的无节制发挥和纵深推进造成了诸如环境破坏、过度依赖外部市场、区域发展失衡和严重的贫富分化等情况。但我们坚信，这些问题不能通过回到过去"闭关锁国"的思路和"反全球化""逆全球化"等举措来解决，而是必须积极应对各种艰巨挑战、调整复杂关系、改变落后观念、提升主体素质和不断创新实践。

总之，正视时代变迁所导致的差异，我们越来越感到写出《资本论》当代新篇章的迫切性。然而在上述意义上，我们只能秉承马克思当年的世界视野和历史眼光，而不能退回到或者满足于狭隘的地域立场和短视的功利考量。

此外，谈及深化政治经济学的研究，也需要重新甄别一下所谓"社会主义政治经济学"与"资本主义政治经济学"之间的关系。以往马克思主义政治经济学教科书的框架一般都是由这两部分组合而成的，而资本主义部分所讲授的内容基本上来自《资本论》。学者们普遍持有这样的看法，《资本论》研究的是资本时代的政治经济学，而我们现在需要写一部关于社会主义时期的政治经济学。事实上早在苏联时期，就开始了这种力图超越《资本论》的关于社会主义政治经济学体系的建构，并编写、出版了不少此类性质的教材。

受此影响和启发，我国几代从事马克思主义经济学研究的学者也做了很多努力，耗费了大量人力、物力和时间，但是必须承认，赢得多数人认可的学术成果非常少，更不要说超越《资本论》的效应了。

为什么会这样呢？我个人判断，是多数论者对于马克思关于社会主义与资本主义之间关系的把握和理解不够准确所致。在马克思看来，社会主义和共产主义当然是对资本主义的超越，但它不是完全离开资本主义、一切从头开始的"创造"。诚如上文所分析的，它是资本主义内部孕育并生成着的"新社会的因素"。质言之，社会主义与资本主义之间不仅仅是对立和矛盾的关系，而是在对后者进行深入剖析、批判基础上实现的传承和突破。打个未必恰当的比方，这就如同一个身患疾病的人，只能通过自己的肌体、在自己身上缓解乃至消除病症，而不能幻想先把自己"干掉"，而后再生育一个完全健康的孩子；这是不可能的，因为"干掉"了自己，生命都完结了，还谈什么"健康"呢？改革开放以前我们大力拒斥、批判资本主义的时候，流行过一句话："宁要社会主义的草，不要资本主义的苗"，认为只要是属于资本主义的，就是完全错误的、荒谬的，它经济混乱、危机丛生、生活痛苦、道德腐朽等，而我们创造的则是一个完全排斥和彻底消灭了此类问题的"全新的世界""全新的时代"。现在回顾那段经历并认真思考一下，按照马克思关于社会主义与资本主义关系的逻辑，有没有这种可能？我们是基于什么理论基础和现实境遇开启改革开放进程的？

因此，在我看来，马克思的政治经济学就是《资本论》，《资本论》所讨论和揭示的既是关于资本主义的经济结构和社会运行的逻辑，也蕴含着社会主义的方向和规则；社会主义是资本主义的超越和延伸形态，而不是资本主义之外、与其完全脱节和绝缘的"人间天堂"。

十二、遭逢危机之际向马克思请益

——重读《资本论》第一卷《序言》和《跋》

　　人类的发展愈益复杂而艰难。每当世界上出现普遍性的危机的时候，人们总会想起马克思。这位毕生致力于资本批判和对现代社会进行探索的思想家总能给我们以坚定的信念和深刻的启迪。马克思生前出版和修订过的《资本论》第一卷的《序言》和《跋》昭示，他注目于"以铁的必然性发生作用并且正在实现的趋势"，通过清理和辨析古典经济学所提供的思路、体系和方案进而实现了"突围"和超越，体现和贯彻"不崇拜任何东西"、本质上是"批判的和革命的"辩证法，并将其推进和提升到现代形态和新的水准。在漫长的政治经济学研究和《资本论》写作中，马克思身上所体现出的宽广的视野、整体性的思维、深刻的历史感、顽强的意志力等是人类最宝贵的精神财富，在当今时代值得我们倍加珍视和弘扬！

人类的发展愈益复杂而艰难。在这种情况下,国家与国家之间的利益纷争、权力与资本之间的合谋和分离、危急处理与从长计议之间的矛盾、个体主观意愿与社会总体协调之间的掣肘、动机与效果之间的错位、理论与行动之间的冲突、理性与非理性之间的对立等混杂在一起,盘根错节。认真思考起来又会发现,一些重大问题貌似突发,但实际是多年累积而成的;很多新奇的现象仿佛瞬间涌现,但从长时段来看某种程度上是历史的轮回和重现。

每当世界上出现普遍性危机的时候,人们总会想起马克思。这位毕生致力于资本批判和对现代社会进行探索的思想家总能给我们以坚定的信念和深刻的启迪,虽然从其著述中不可能找到解决当代问题的具体举措和方案,但我们却可以在他当年探究的基础上结合时代的变化做出判断、选择乃至发展。这是其思想超越地域、时代所具有的长久价值。那么,马克思当年的思考对于我们理解当代问题有什么参考意义呢?本文不打算做出宏观的概括和抽象的罗列,而是通过对作为其代表作并且生前出版和修订过的《资本论》第一卷的《序言》(Vorwort)和《跋》(Nachwort)内容的具体解读,来看马克思是如何把握那个时代的问题和趋势、怎样实现理论创新的。这些文献包括:马克思撰写的德文第一版(1867)、法文版(1872)《序言》和第二版(1873)、法文版(1875)《跋》,以及恩格斯撰写的第三版(1883)、英文版(1886)、第四版(1890)《序言》。经典是常读常新的,较之于学界过去的研究,本文更注重细节的甄别和辨析,以期勾勒出一个更为"真实的马克思"。

(一)注目于"以铁的必然性发生作用并且正在实现的趋势"

一个人把握、理解、描述和评价自己所身处的社会和时代是不容易的。撇开感性体验会显得隔膜和外在,沉湎于细节和局部又可能遗忘总体和宏观,纠缠于当下则容易忽略关联和变迁。为此,马克思强调,"决不用玫瑰色描绘""必须用抽象力来代替"。那么他是如何看待那个时代的呢?

在《资本论》第一卷德文第一版《序言》中,马克思将他对资本社会的分析称为"政治经济学领域内""自由的科学研究",认为这种研究不同于其他研究的"特殊性质"在于,旨在揭示和透视资本制度是如何把"人们心中最激烈、最卑鄙、最恶劣的感情,把代表私人利益的复仇女神召唤到战场上来反对自由的"①。他注意到,在资本主宰的世界,甚至宗教信仰也必须让位于物质利益。比如,当时英国国教中有三十九条信仰纲领,而那些来自土地和金融贵族阶层的教徒②宁可饶恕对其中三十八条信条的质疑和违反,也决不容忍现实生活中对其现金收入三十九分之一的掠夺。这种情况更导致了宗教观念及评价标准的改变:如果说在过去,"无神论"的出现和流行是教会最看重和警惕的事情,比较而言它对引导教徒把价值追求转移到财富的谋取上来所产生的负面影响有所顾虑但并不特别担心;那么现在,资本能量极大地发挥出来,迫使教会强烈地意识到,较之于财产关系的巨大效应,"无神论本身是一种很小的过失"。与此相应,资本时代的社会关系也出现了变化并重新塑造了"个人",尽管在主观上人们可能还想超脱这些关系,更不可能对这些关系完全负责,但实际上当代的人不过"只是经济范畴的人格化,是一定的阶级关系和利益的承担者"③。这是"绝不用玫瑰色描绘资本家和地主的面貌"的马克思观察到的一个重要方面。

另一方面,从世界历史发展的长时段来看待资本、资本主义生产方式,

---

① 马克思:《资本论》(第一卷),《马克思恩格斯文集》(第五卷),人民出版社,2009年,第10页。
② 当时由土地和金融贵族阶层的教徒组成的宗教派别叫"高教会派",它与主要由资产阶级和下层教士组成的"低教会派"是对立的。
③ 马克思:《资本论》(第一卷),《马克思恩格斯文集》(第五卷),人民出版社,2009年,第10页。

又会有新的判断。从这一视角出发,马克思意识到,虽然导致了上述苦难和罪恶,资本制度的"进步仍然是无可怀疑的",它是人类进入"文明国家"的标志,是不可阻挡的世界潮流。为此,马克思特别明确地指出,资本主义生产及其所引发的社会运动是"以铁的必然性发生作用并且正在实现的趋势"①。

这里需要甄别一下"铁的必然性"(eherner Nothwendigkeit)这个概念。

在人们的印象中,它指的是马克思主义关于人类历史发展中社会形态演变固定不易的次序和进程,特别是按照后来定型的"五形态说"的理解,每一个国家和民族,不管有什么样的特殊性,都要经过原始社会—奴隶社会—封建社会—资本主义社会—社会主义—共产主义社会的依次更替、线性推进,古今中外,概莫能外。然而如果回到马克思原始文本中的具体论述,就会发现他在表述前资本主义社会形态更迭的序列和过程时,用的是"大体说来"②(in großen Umrissen③)的谨慎判断,只有论及"资本主义生产的自然规律"时,他才使用"铁的必然性"(eherner Nothwendigkeit④)的说法。具体而言,举凡《德意志意识形态》中所罗列的"部落所有制""古典古代的公社所有制和国家所有制""封建的或等级的所有制"和《〈政治经济学批判〉序言》中修订的"亚细亚的、古希腊罗马的、封建的"生产方式等,马克思认为,一方面它们只是在历史上某个阶段、某些地域基于特殊境遇而出现的,而在另外的阶段和其他地区就未必会重复经历或者具有相同的特征。另一方面,当分散

---

① 马克思:《资本论》(第一卷),《马克思恩格斯文集》(第五卷),人民出版社,2009年,第8页。

② 马克思:《〈政治经济学批判〉序言》,《马克思恩格斯选集》(第二卷),人民出版社,2012年,第3页。

③ Karl Marx, *Zur Kritik der politischen Ökonomie*, Erstes Heft Vorwort, in: *Marx–Engels Gesamtausgabe* II/2, Dietz Verlag, Berlin 1980., S.101.

④ Karl Marx und Friedlich Engels, *Das Kapital*, Vorwort von erster Band, Hamburg 1867, in: *Marx–Engels Gesamtausgabe* II/5, Dietz Verlag, Berlin 1983., S.12.

的、相互隔绝的国家、民族进入"世界历史"之后,"资本主义"或者"资产阶级"的生产方式则会一统天下,人类历史借此进入"现代"形态,无论是哪个国家和民族的发展都必须经由这条道路,都绕不开这一阶段,西方和东方无一例外,亦即这是"既不能跳过也不能用法令取消"的"自然的发展阶段"①。质言之,"问题本身并不在于资本主义生产的自然规律所引起的社会对抗的发展程度的高低。问题在于这些规律本身,在于这些以铁的必然性发生作用并且正在实现的趋势"②。

马克思并不限于抽象论述,他还以当时英国颁布的"蓝皮书"《就工业和工联问题同女王陛下驻外使团的信函往来》为例,来说明这一发展是势所必至。英国是资本主义发展最早和当时最先进的国家,但随着时间的流逝,欧洲大陆上比英国落后的德、法等国,"现有的劳资关系的变化同英国一样明显,一样不可避免";而在大西洋彼岸的美国,"在奴隶制废除后,资本关系和土地所有权关系的变化会提到日程上来"——这是进入"世界历史"必然出现的现象。就是说,在通往自由之路上,虽然还不能据此预见到"明天就会出现奇迹",但资本来到了世间,"这是时代的标志,不是用紫衣黑袍遮掩得了的"。甚至善于掌握和利用权力的统治阶级也意识到了这一点,因为这种情况已经向其"透露出一种模糊的感觉:现在的社会不是坚实的结晶体,而是一个能够变化并且经常处于变化过程中的有机体"。③

毋庸讳言,文明伴随着罪恶。据此,资本主义生产所显示出的后果和弊端就成为不少人忽略、拒斥甚至违背和逆转这种趋势的理由和借口。身在伦

---

① 马克思:《资本论》(第一卷),《马克思恩格斯文集》(第五卷),人民出版社,2009年,第10页。

② 马克思:《资本论》(第一卷),《马克思恩格斯文集》(第五卷),人民出版社,2009年,第8页。

③ 马克思:《资本论》(第一卷),《马克思恩格斯文集》(第五卷),人民出版社,2009年,第10、13页。

敦的马克思注意到在自己的祖国有一种看法，即鉴于率先实行资本主义制度并且取得巨大发展的英国，无论是在工业还是农业领域工人处境都非常悲惨，而在德国由于资本体制并不完善、生产方式方面又比较落后，所以两极分化的情况远不像英国那样明显和恶劣，于是人们便乐观地自我安慰和暗自庆幸，进而试图不再跟从或重复"英国式"的发展之路。对此，马克思尖锐地指出："工业较发达的国家向工业较不发达的国家所显示的，只是后者未来的景象。"①

更重要的是，较之于英国的状况，德国的情形并不如人们估计得那么乐观。在资本主义生产已经完全确立的地方，特别是在实施现代生产制度的"真正的工厂里"，由于劳动和资本之间的复杂关系还未充分展示出来，因此也就没有对资本家的肆意作为起制衡作用的"工厂法"，这种情况下，德国工人的处境事实上比英国还要坏得多。而在其他地区和领域，与西欧大陆其他落后国家一样，德国"不仅苦于资本主义生产的发展，而且苦于资本主义生产的不发展"。特别是长期处于封建传统和特殊的民族发展思路的支配下，新兴的资本主义方式突然颠覆了其固有的观念、信仰和习惯，使其处于新旧杂糅、举步维艰的境地，姑且可以把这种境遇称为"现代的灾难"；而在这过程中，古老的、陈旧的生产方式以及伴随着它们过时的社会关系和政治关系虽然已经难以挽回颓势，但还在苟延残喘。所以德国给人造成的印象是，"不仅活人使我们受苦，而且死人也使我们受苦。死人抓住活人"②！

资本主义的发展不仅体现在生产方式的变革，它也是一种全新的社会治理方式的建制，由此会产生很多以往不曾有过的机构、行业和业务。马克

---

① 马克思：《资本论》（第一卷），《马克思恩格斯文集》（第五卷），人民出版社，2009 年，第 8 页。
② 马克思：《资本论》（第一卷），《马克思恩格斯文集》（第五卷），人民出版社，2009 年，第 9 页。

思特别谈到"社会统计",这也是英国资本主义的创造。先是伦敦市官员约·格朗特于 1662 年首次将计算具体地运用于人口统计,后来经济学家威廉·配第于 1676 年写成《政治算术》一书,用算术方法分析社会经济问题,借此创立了"政治算术(统计)学"。相形之下,德国和西欧大陆其他国家在这一方面的工作起步是很晚的,成果也很贫乏。然而即便如此,这样一种将社会状况通过数据真实地展示出来的举措虽然才刚刚开始,只是"帷幕稍稍揭开",但已经能使人们看到其中隐藏的落后、愚昧和罪恶。马克思设想,如果德国各邦政府和议会能像英国那样,将指派委员会调查经济状况的做法定期化、制度化,而这些委员会也享有全权揭发真相的授权,并且其成员能达到英国那些工厂视察者、编写《公共卫生》报告的医生、调查女工童工所受的剥削及其居住、营养条件等状况的委员那样内行、公正、坚决,那么最终揭露出来的德国的真实的情况必定会使人们大吃一惊。

为此,马克思发出这样沉痛的呼吁:"决不要在这上面欺骗自己"了! 顺应社会发展的大趋势,借助历史潮流以改变现状是唯一的选择,不仅是必要的,而且是可行的。放眼看看世界,在作为资本主义起源、发达之地的欧洲之外,过去未开拓的荒原、后来作为殖民地、现在还很落后的美国在崛起,且颇有后来居上之势,对世界形势的发展产生着重要影响。因此,马克思的结论是,在世界上存在的问题、追求的目标越来越具有类似乃至共同性的趋势下,"一个国家应该而且可以向其他国家学习"①。

这就是马克思对于资本时代的双重态度。从以上分析中不难发现,导致他对于做出表面看来似乎是矛盾和相左的评价的依据和标准,是他追求的终极价值——"自由"。也就是说,从"自由"的视角衡量,资本制度既意味着

---

① 马克思:《资本论》(第一卷),《马克思恩格斯文集》(第五卷),人民出版社,2009 年,第 9 页。

人类文明和进步,也包含了人性的罪恶和异化。而《资本论》研究"资本主义生产方式以及和它相适应的生产关系和交换关系"的"最终目的就是揭示现代社会的经济运动规律"①,进而为自由的实现——罪恶的消除和异化的扬弃——奠定理论基石。

体现着世界发展趋势又包含着罪恶和苦难的资本主义进程是"充满矛盾的运动","而这种变动的顶点就是普遍危机"②。危机的解决不能靠回避、拒斥、撇开问题另辟蹊径,而是需要直视、深入、聚焦于问题本身,从中寻找出路和方案,正是基于此,恩格斯指出:"彻底研究英国的经济状况成为国民的迫切需要的时刻,很快就会到来。"③

这就是马克思研究政治经济学和撰写《资本论》深刻的时代背景和社会状况。

(二)清理和辨析古典经济学所提供的思路、体系和方案并"突围"出来

资本主义的发展是一个漫长的过程,随着时间的推移,社会发展的状态及各个要素在其结构中的地位和作用都会发生变化,人们对它的理解和把握也在变化。马克思在关注时代变化的同时,也花相当大的功夫研究了在不同时期经济学家们思考和诠释的重点,以及其思想、学说的超越性和局限性。在《资本论》第一卷的《序言》和《跋》中他关注到三种情形:

---

① 马克思:《资本论》(第一卷),《马克思恩格斯文集》(第五卷),人民出版社,2009年,第10页。
② 马克思:《资本论》(第一卷),《马克思恩格斯文集》(第五卷),人民出版社,2009年,第23页。
③ 马克思:《资本论》(第一卷),《马克思恩格斯文集》(第五卷),人民出版社,2009年,第34页。

1."古典政治经济学"的演变图景与功过

马克思把古典政治经济学（Klassische politische Ökonomie）界定为资本主义产生时期"阶级斗争不发展"阶段的资产阶级经济学。它产生于17世纪下半叶，完成于19世纪初。马克思极为详细地勾勒了古典经济学的发展图景，即在英国从威廉·配第开始，中经亚当·斯密的发展，到大卫·李嘉图结束；而在法国，从布阿吉尔贝尔开始，中经弗朗索瓦·魁奈，到西斯蒙第结束。如果从马克思思想发展的"巴黎时期"（1843年10月到1845年1月）算起，到写作《序言》和《跋》的时候，他浸润在这一思潮中清理其中每个重要人物及其著述、把握他们思想的发展过程和理论体系已经近三十年。他充分认识到古典政治经济学的重要贡献在于劳动价值论的提出和坚守，以及看出现代经济中蕴涵的"阶级利益的对立、工资和利润的对立、利润和地租的对立"。然而马克思也逐渐意识到了古典政治经济学本身的局限，发现即便作为集大成者的李嘉图，虽然把这种"对立当做他的研究的出发点"，但由于"他天真地把这种对立看做社会的自然规律。这样，资产阶级的经济科学也就达到了它的不可逾越的界限"①。诚如马克思1851年4月在给恩格斯的一封信中所说，整个经济学"开始使我感到厌烦了。实际上，这门科学从亚·斯密和大·李嘉图时代起就没有什么进展，虽然在个别的常常是极其精巧的研究方面作了不少事情"②。这意味着马克思将在古典经济学的基础上建构关于资本主义生产方式及其运动更为科学的政治经济学。

---

① 马克思：《资本论》（第一卷），《马克思恩格斯文集》（第五卷），人民出版社，2009年，第16页。
② 恩格斯：《致马克思信（1851年4月3日）》，《马克思恩格斯全集》（第27卷），人民出版社，1972年，第246页。

2.“庸俗经济学”(Vulgärökonomie)何以是“庸俗化”(Vulgarisierung)的

“从1820年到1830年,在英国,政治经济学方面的科学活动极为活跃。这是李嘉图的理论庸俗化和传播的时期”①,代表人物有让·巴蒂斯特·萨伊、托马斯·罗伯特·马尔萨斯以及后来的詹姆斯·穆勒和约翰·雷姆赛·麦克库洛赫,他们以斯密和李嘉图的信徒自居,以“注释”或“通俗化”的形式为其学说辩护。但是基于信仰而不是科学的阐释注定缺乏逻辑和力量,放弃了科学方法实际上就是选择了失败。

到“1830年,最终决定一切的危机发生了”②,随着李嘉图学派的解体,这一领域的研究进入了“庸俗经济学”阶段。代表人物有纳索·威廉·西尼尔、弗雷德里克·巴师夏、亨利·查尔斯·凯里、约翰·穆勒等人(德国的历史学派也属于这一阶段)。他们抛弃对古典学派所作的“注释”或“通俗化”,竭力寻找为资本主义辩护的新方法,经济学庸俗化程度进一步强化了。

统观以上经济学家的思想,可以看出,其共同点在于把资本主义市场上的成规、行话、生意经和经营法则用经济学术语系统地表述出来,停留于事物的表面讨论问题,起到了为资本主义制度进行辩护的效果。诚如马克思所说:“庸俗经济学无非是对实际的生产当事人的日常观念进行教学式的、或多或少教义式的翻译,把这些观念安排在某种有条理的秩序中。”③“庸俗经济学所做的事情,实际上不过是对于局限在资产阶级生产关系中的生产当

---

① 马克思:《资本论》(第一卷),《马克思恩格斯文集》(第五卷),人民出版社,2009年,第16页。
② 马克思:《资本论》(第一卷),《马克思恩格斯文集》(第五卷),人民出版社,2009年,第17页。
③ 马克思:《资本论》(第三卷),《马克思恩格斯文集》(第七卷),人民出版社,2009年,第941页。

事人的观念,当作教义来加以解释、系统化和辩护。"①

这里想甄别一下马克思所使用的 Vulgärökonomie 的中文翻译。通常把 Vulgär 译为"庸俗",在中文语境中这纯粹是一个贬义词,而德文中它包括"不涉及本质的""不科学的""简单化的""肤浅的""家喻户晓的"等含义,而作为其词源的拉丁文 vulgo,在《高卢战记》和《编年史》中指多数人、大众化、民间化等,显然,贬义的程度较中文要轻。

3.德国历史学派经济学的理论困境

在欧洲社会生产力发展中,德国处于落后状态,也正因为如此,资本主义生产方式统治下工人所处的悲惨境况还没有像英国那样充分暴露和展示出来,也就是说从表面上看,当时德国社会中阶级状况的对立"远不是那样坏"。面对这种情形,不在少数的德国观察家和经济学家总是囿于狭隘的视界、站在本国的角度暗自庆幸,或者"伪善地耸耸肩膀"或者"乐观地自我安慰",对此,马克思援引古罗马诗人贺拉斯在《讽刺诗集》中的一句话不客气地送给这些人:"这正是说的阁下的事情!"

正因为如此,同样处于欧洲,政治经济学对于德国来说却"一直是外来的科学"。正如经济史学家古斯塔夫·冯·居利希在五卷本《关于当代主要商业国家的商业、工业和农业的历史叙述》中所分析的,德国存在"妨碍资本主义生产方式发展、因而也妨碍现代资产阶级社会建立的历史条件"②。这就意味着,如果说政治经济学是与资本主义相伴而生的,那么它在德国"缺乏生长的土壤"。英法等国的政治经济学著述当然可以被引进甚至翻译成德文,

① 马克思:《资本论》(第三卷),《马克思恩格斯文集》(第七卷),人民出版社,2009年,第925页。
② 马克思:《资本论》(第一卷),《马克思恩格斯文集》(第五卷),人民出版社,2009年,第15页。

但"别国的现实在理论上的表现"在德国教授那里却"变成了教条集成,被他们用包围着他们的小资产阶级世界的精神去解释,就是说,被曲解"。他人的理论与自己国家情况的错位,使他们在科学上产生了无能为力之感,"他们必须在一个实际上不熟悉的领域内充当先生",迫不得已只能"用博通文史的美装,或用无关材料的混合物来加以掩饰"。①

席卷欧洲的 1848 年革命将德国带入了"一体化"进程,"资本主义生产在德国迅速地发展起来"。但是所处的境况已经不再允许德国人"在资产阶级的视野之内进行不偏不倚的研究了",由于"德国无产阶级比德国资产阶级在理论上已经有了更明确的阶级意识。因此,当资产阶级政治经济学作为一门科学看来在德国有可能产生的时候,它又成为不可能了"。②

德国历史学派经济学就是在这样的情况下登场的。从其先驱弗里德里希·李斯特到创始人威廉·罗雪尔再到发展者布鲁诺·希尔德布兰德和卡尔·古斯塔夫·阿道夫·克尼斯等人的论述中,不难看出,他们反映和代表了德国资产阶级在经济上面临着的复杂任务、矛盾心态和双重主张。一方面要致力于发展本国的资本主义,认为需要动用国家的力量,在国内实行统一的市场规则并展开自由贸易;另一方面为了改变德国在世界体系中的落后局面、抗击来自英法等强国的激烈竞争,反对自由放任的观点和主张,要求在国际贸易中实行关税保护。这样,德国历史学派在对经济学的理解和阐发中,一方面强调带有民族特性和历史境遇、具有复杂心理和道德观念的具体的人是经济学研究的出发点和中心,另一方面又将诸如历史、伦理、法律、心理、政治、风俗习惯等都包括在所谓经济科学的范畴之内,在其论著中充斥着大量的历史资料,而将对经济学元理论的探究置于次要地位。

---

① 马克思:《资本论》(第一卷),《马克思恩格斯文集》(第五卷),人民出版社,2009 年,第 15 页。
② 马克思:《资本论》(第一卷),《马克思恩格斯文集》(第五卷),人民出版社,2009 年,第 18 页。

如果说古典经济学以劳动价值论的提出和对价值规律的强调赢得马克思的赞赏,相形之下,历史学派的这些经济学家在他眼里成了"德国资产阶级的博学的和不学无术的代言人",他们的出现使经济学"无私的研究让位于豢养的文丐的争斗,不偏不倚的科学探讨让位于辩护士的坏心恶意"。①这是德国的处境以及由这种处境逼迫出来的"作为"。而时代的发展"要求有科学地位、不愿单纯充当统治阶级的诡辩家和献媚者的人,力图使资本的政治经济学同这时已不容忽视的无产阶级的要求调和起来","在排除了'资产阶级'经济学在德国取得任何独创的成就的可能性"的同时"对它进行批判",且代表着"推翻资本主义生产方式和最后消灭阶级"②的立场,这就是马克思主义的政治经济学建构。

(三)贯彻"不崇拜任何东西"、本质上是"批判的和革命的"辩证法

马克思的"价值、货币和资本的理论就其要点来说是斯密——李嘉图学说的必然的发展"③,这是《资本论》的第一个外文版俄译本出版前一年(1871)基辅大学教授尼古拉·伊万诺维奇·季别尔在其所著的《李嘉图的价值和资本理论》一书中的说法,马克思对这种评价极为看重,特别在第二版《跋》中提及。然而必须强调的是,这种"发展"不是复述、重申和强调,而是在原有基础上的变革和超越。而促成这种发展的是马克思多年来一直在探索的"政治经济学"之外的"形而上学",即作为一种思维方式"不崇拜任何东西"、本质上是"批判的和革命的"辩证法。

---

① 马克思:《资本论》(第一卷),《马克思恩格斯文集》(第五卷),人民出版社,2009年,第17页。
② 马克思:《资本论》(第一卷),《马克思恩格斯文集》(第五卷),人民出版社,2009年,第18页。
③ 马克思:《资本论》(第一卷),《马克思恩格斯文集》(第五卷),人民出版社,2009年,第19页。

众所周知,辩证法并不是马克思的创造,其源远流长的古希腊传统不必赘述,更关键的是,时序推进到近代,它在德国古典哲学中结出了极为丰硕的成果,特别是在黑格尔那里达到了"集大成"之境。然而就像马克思之前多次出入黑格尔庞大的体系、不断完成对其的超越一样,在辩证哲学基础上他也在批判中取得了巨大进展。按照他的自况,"我的辩证方法,从根本上来说,不仅和黑格尔的辩证方法不同,而且和它截然相反"。在黑格尔那里,"辩证法是倒立着的",即观念作为独立的主体成为现实事物的创造主,而现实事物只是思维过程的外部表现。而马克思"把它倒过来"了,即认为"观念的东西不外是移入人的头脑并在人的头脑中改造过的物质的东西而已"①。这样他就把"在黑格尔手中神秘化了"的辩证法拯救了出来,即在其"神秘外壳中"发现并改造了复杂体系中的"合理内核"。所以黑格尔对于马克思政治经济学的研究和《资本论》的写作也就具有了双重效应。

那么这种经过马克思变革的辩证法在《资本论》中又是如何运用和体现的呢?我们根据他的叙述做出如下概括:

首先,以"用冷静的眼光"审视资本时代的现实。尽管"资产阶级在历史上曾经起过非常革命的作用","把一切民族甚至最野蛮的民族都卷到文明中来了","在它的不到一百年的阶级统治中所创造的生产力,比过去一切世代创造的全部生产力还要多,还要大"。②但即便如此,也"决不用玫瑰色描绘资本家和地主的面貌",因为那种基于利益、根据喜好"使现存事物显得光彩"的观察者是不懂得"在对现存事物的肯定的理解中同时包含对现存事物的否定的理解,即对现存事物的必然灭亡的理解;辩证法对每一种既成的形

---

① 马克思:《资本论》(第一卷),《马克思恩格斯文集》(第五卷),人民出版社,2009年,第22页。

② 马克思、恩格斯:《共产党宣言》,《马克思恩格斯选集》(第一卷),人民出版社,2012年,第402~405页。

式都是从不断的运动中,因而也是从它的暂时性方面去理解"①。按照这样的方式才能对资本进行理性的研究和批判,只要基于事实和逻辑,不同的具体观点都应予以尊重和欢迎;而对于"舆论的偏见"、非理性的潮流,马克思遵循的是伟大的佛罗伦萨诗人但丁的格言:"走你的路,让人们去说罢!"

其次,按照科学的方式研究资本运行的逻辑。马克思在《〈政治经济学批判〉序言》中总结"自己在政治经济学领域进行研究的经过"时"简要地表述"了"指导我的研究工作的"总原则,即根据物质生产力决定生产关系、"生产关系的总和构成社会的经济结构"、庞大的上层建筑及其社会意识形式竖立现实基础之上的思路来观察和把握社会的结构,据此考察历史形态的演变,结论是"无论哪一个社会形态,在它所能容纳的全部生产力发挥出来以前,是决不会灭亡的;而新的更高的生产关系,在它的物质存在条件在旧社会的胎胞里成熟以前,是决不会出现的。所以人类始终只提出自己能够解决的任务"。②

就《资本论》来说,所要研究的"是资本主义生产方式以及和它相适应的生产关系和交换关系"。历史唯物主义的总的指导原则要转化为具体研究方法,马克思在《〈政治经济学批判〉导言》中将其概括、提炼成可以上升到"历史哲学"高度的社会认识方法,即"普照光方法""从后思索方法""人体解剖方法""抽象—具体方法"等等。马克思注意到,"在一切社会形式中都有一种一定的生产决定其他一切生产的地位和影响,因而它的关系也决定其他一切关系的地位和影响。这是一种普照的光,它掩盖了一切其他色彩,改变着它们的特点。这是一种特殊的以太,它决定着它里面显露出来的一切存在的

① 马克思:《资本论》(第一卷),《马克思恩格斯文集》(第五卷),人民出版社,2009年,第22页。
② 马克思:《〈政治经济学批判〉序言》,《马克思恩格斯选集》(第二卷),人民出版社,2012年,第2~3页。

比重"①。更进一步说,"对人类生活形式的思索,从而对这些形式的科学分析,总是采取同实际发展相反的道路。这种思索是从事后开始的,就是说,是从发展过程的完成的结果开始的"②。他还指出,"人体解剖对于猴体解剖是一把钥匙。反过来说,低等动物身上表露的高等动物的征兆,只有在高等动物本身已被认识之后才能理解。因此,资产阶级经济为古代经济等提供了钥匙"③。特别是由于"资产阶级社会是最发达的和最多样性的历史的生产组织。因此,那些表现它的各种关系的范畴以及对于它的结构的理解,同时也能使我们透视一切已经覆灭的社会形式的结构和生产关系"④。

在《资本论》第一版《序言》中他将历史唯物主义的总原则和具体的社会认识方法细化为实际研究的基本路径,即充分地占有材料,然后分析资本的各种发展形式,探寻这些形式的内在联系,进而揭示资本的逻辑。当然,充分占有材料并不是均等地对待这些材料,而是必须从中选择有代表性的"典型案例"。如同物理学家们要么"在自然过程表现得最确实、最少受干扰的地方观察自然过程",要么"在保证过程以其纯粹形态进行的条件下从事实验",马克思强调他研究"资本主义生产方式以及和它相适应的生产关系和交换关系"就主要以"这种生产方式的典型地点"英国"作为例证"。⑤恩格斯在第三版《序言》中也说,《资本论》是"一部几乎完全要从英国的工业状况中取得

---

① 马克思:《〈政治经济学批判〉导言》,《马克思恩格斯选集》(第二卷),人民出版社,2012 年,第 707 页。

② 马克思:《资本论》(第一卷),《马克思恩格斯文集》(第五卷),人民出版社,2009 年,第 93 页。

③ 马克思:《〈政治经济学批判〉导言》,《马克思恩格斯选集》(第二卷),人民出版社,2012 年,第 705 页。

④ 马克思:《〈政治经济学批判〉导言》,《马克思恩格斯选集》(第二卷),人民出版社,2012 年,第 705 页。

⑤ 马克思:《资本论》(第一卷),《马克思恩格斯文集》(第五卷),人民出版社,2009 年,第 8 页。

实际例证的著作"①。而就英国来说，又需要以具体的历史材料为基础来探究相关问题，因此，我们看到马克思在研究中在认真阅读经济学家们大量著述的同时，也注重参阅作为英国经济史和外交史主要资料的议会和政府文件或报告。②

最后，周全考量理论体系建构中的各种问题和细节完善关于资本的"叙述方法"。

究竟什么是《资本论》的"叙述方法"或者说这种"叙述方法"包括哪些方面？学界并没有认真梳理过，根据马克思的自况，笔者将其简单概括为如下：

（1）结构。就《资本论》来说，它所要研究的资本主义生产方式和关系并非是显性地摆在研究者面前的实体性存在，而是一个非常复杂而又不断变化的结构。为了准确、全面而深刻地理解、揭示这一结构及其变动，马克思先后尝试提出过两卷本著作—三本书内容—五个分篇—六册计划—九项内容—两大部分—三卷四册架构。这种调整和变化，贯穿于马克思几十年殚精竭虑、深思熟虑的探索过程，因为总框架上的设计是著述成功与否最关键的因素。

（2）术语。结构之外，核心范畴也就是"术语"对于理论建构来说也是很关键的。因为"一门科学提出的每一种新见解都包含这门科学的术语的革命"③。马克思的《资本论》虽然与古典经济学讨论的是同样的议题，然而对于术语内涵的重释、拓展和创新却是非常明显的。

（3）引证。《资本论》中在纯原理的阐释的同时，既有理论史的梳理，又有现实材料的甄别和官方档案的征引，他还特别注重统计数据。在引证经济学著述和观点时，则从时间和首倡者两方面来确定其重要的历史成就，"作为注

① 恩格斯：《〈资本论〉第一卷第三版序言》，《马克思恩格斯文集》（第五卷），人民出版社，2009年，第29页。

② 这些官方文件和报告因装订成册时封面被设计为蓝色，故俗称"蓝皮书"。

③ 马克思：《资本论》（第一卷），《马克思恩格斯文集》（第五卷），人民出版社，2009年，第32页。

解以充实正文的"①。

（4）表述。《资本论》第一卷是在 1859 年正式发表《政治经济学批判》第一分册之后出版的，但他并没有改变后者的观点，为了前后内容上的"联贯和完整"，他在第一卷第一章的开头重新对第一分册的内容做了概述，也变换了具体的表述方式：第一分册中简略提到的论点，在第一卷中他作了进一步详尽的阐发和论证；而第一分册已经详细阐述的论点，在第一卷中他只是简略提及。鉴于理论史部分要单独成卷，所以讨论价值和货币理论后的历史叙述就全部删去。

（5）修订。"文章不厌百回改。"《资本论》的修改是马克思从第一卷出版到他去世最重要的工作之一，之后恩格斯又将其接续下来，直至推出最可靠、完善的版本。

（6）翻译。翻译是重要著述及其思想传播的重要途径。还在写作德文初稿时，马克思就开始考虑用多种外文进行翻译的问题了。《资本论》第一卷出版后，由于篇幅巨大、思想复杂，对译者提出了严苛的要求和极大的挑战，马克思不仅关注进展，更与译者进行广泛而深入的交流，花费了很多心思，付出了艰巨的劳动。可以说，在不同语种之间如何实现思想的准确转换也成为《资本论》叙述方法的重要组成部分。

（7）辩驳。作品的命运总是曲折而多变，作者的苦心及其复杂的思想、严密的论证不可能获得相应的理解和回应，相反，"被攻击或辩护，被解释或歪曲"的情形却经常会发生，《资本论》也不例外。每当出现这种状况，马克思、恩格斯在进行深刻的自我反思和认真的修正的同时，对于误读、曲解特别是恶意的歪曲毅然据理力争，展开翔实的辨析、说明和反击，这方面的工作也构成《资本论》叙述方法的一个环节。

---

① 马克思：《资本论》（第一卷），《马克思恩格斯文集》（第五卷），人民出版社，2009 年，第 33 页。

（8）理解。马克思当然希望耗费了自己大半生心血的代表性著述《资本论》在"广大范围内迅速得到理解"，认为这才是"对我的劳动的最好的报酬"。①然而这是一部典型的"德国式"的作品，如果没有相应的知识储备、思维能力和价值立场，那么理解起来将非常困难。为此一方面如前所述，马克思不断地进行解释、补充和说明，尽可能照顾读者的现实状况、思维特点和阅读习惯，做出变通和修订，另一方面他也希望通过阅读这部著作，读者不仅理解其意旨、逻辑和内容，更能提升和改变理论思维的水准、透视社会历史的方法和改变世界的能力。比如法文版《资本论》是分册出版，对法国人性格非常了解的马克思知道，他们"总是急于追求结论，渴望知道一般原则同他们直接关心的问题的联系"，因此他很担心，法国读者阅读《资本论》时"会因为一开始就不能继续读下去而气馁"，但这是没有办法的事，就看读者是否具有"追求真理"的意愿和勇气，而"追求真理"不是一件轻松和容易的事，"在科学上没有平坦的大道，只有不畏劳苦沿着陡峭山路攀登的人，才有希望达到光辉的顶点"②。

我们看到，通过对资本时代的研究和《资本论》的写作，马克思一方面把握和贯彻了辩证法的精髓、要旨，另一方面也将其推进和提升到现代形态和新的水准。

（四）"在这样的时刻，应当倾听这样一个人的声音"

《资本论》第一卷第一版发表 150 多年来，以其对资本时代最客观的反映和最深刻的批判影响了整个世界，特别是 20 世纪以降西方资本主义的危

---

① 马克思:《资本论》(第一卷),《马克思恩格斯文集》(第五卷),人民出版社,2009 年,第 15 页。
② 马克思:《资本论》(第一卷),《马克思恩格斯文集》(第五卷),人民出版社,2009 年,第 24 页。

机及其调整、东方社会主义的发展及其改革,以及当代全球化态势的推进和变化,都与它有密切的关联。近代以来还很少有一种思想体系、一部科学著述像马克思主义、像《资本论》这样遭受过如此严苛的检视、强力的辩护以及充满偏见的攻击和蔑视。

过滤掉时代的风尘,面对严峻的现实,真理的光芒、理性的思维和逻辑的力量愈加凸显出来。诚如恩格斯在英文版《序言》中再次以在资本主义发展中具有典型意义的英国为例作出描述,资本主宰的世界不断积累矛盾并发展成深重的危机,由于没有生产和市场经常而迅速的扩大,当时英国的工业体系的运转实际上已经趋于停滞,自由贸易方面也无计可施。为此,在曼彻斯特这个制造过英国棉纺织业神话和贸易奇迹的地方,鉴于"徒然等了40年时间,尚未见到其他国家效仿英国的自由贸易"的状况,不得不再走"回头路",在1886年11月举行的该市商会季度会议上,"重新考虑自己的立场"。尽管经过激烈的辩论,表征资本主义市场经济通行方式的自由贸易政策得以保留,但赞成与反对数之比竟然是22∶21,仅仅一票之差——这就是本该达到贸易高度自由状态而实际上经常会出现反复甚至倒退和逆转的资本主义经济发展的现状。

贸易之外,在资本主义经济体系中,迅速发展的外国工业,也到处直接威胁着英国的生产。各个国家孤立起来的生产力按几何级数增长,而生产出来的产品市场最多也只是按算术级数扩大。应该说,生活在资本时代的人对于危机并不陌生,在过去,特别是从1825年到1867年间已经形成了一个周期性的循环,即每隔十年资本主义经济要经历一次"停滞、繁荣、生产过剩和危机"的反复,然而如今这样的情况彻底结束了,危机之后人们憧憬的繁荣不再来临;有时似乎显现出繁荣行将到来的预兆,但很快就消失了——世界经济陷入缓慢而持续的萧条的绝望的泥潭。身处这样的危机之中,"再也忍受不下去"的人们"要起来掌握自己命运",究竟该怎么办呢?恩格斯指出:"毫无疑问,在这样的时刻,应当倾听这样一个人的声音。"①

历史总有惊人相似之处。如今危机复现,且更具有当代的特征,更加复杂而矛盾。马克思当年的思考、《资本论》的分析对我们有什么借鉴价值呢?根据上文的梳理,我们做出如下概括:

首先,顺应历史发展"铁的必然性"和"正在实现的趋势"。资本打破了国家、民族的界域,将世界推向全球化的进程。这既是必然的,也是充满矛盾的过程,一体化程度加剧的同时始终伴随着分离和等级,全球化这把"双刃剑"抽出来,既为世界带来发展,同时也埋下了"苦果",而且"苦果"在危机爆发之际会成长、成熟,使世界性的政治、经济、社会问题更加凸显。这种情况下,催生了质疑、抵制全球化的声音的集结,形成反全球化浪潮;个别国家更设置多种壁垒、推行国家优先战略,试图通过"逆全球化"来摆脱危机。然而马克思的分析表明,全球化是世界历史发展"铁的必然性",是不可逆转的趋势,自觉顺应、积极融入,在此基础上构建开放、包容的国家关系,不仅有利于世界总体发展,也必然惠及国家民族的进步。马克思当年以落后的德国为例,提醒注意借口传统、国情、特色而拒绝向先进和真理学习,拒绝自我剖析、反省和总结,拒绝开放、变革和转型,对于当代来说,依然振聋发聩。

其次,在理论风云和思想激荡中寻找创造和突破。马克思是通过《资本论》这部著述最终完成对古典经济学的突围和超越的。他在哲学领域实现的"革命性变革""政治立场的转变",如果不落实到资本运动的具体环节、过程和机制中是得不到落实、体现和进一步推进的。而就过去对马克思政治经济学与古典经济学之间关系的理解来看,我们只注重鉴别众多经济学家及其

---

① 马克思:《资本论》(第一卷),《马克思恩格斯文集》(第五卷),人民出版社,2009年,第35页。

著述对待劳动价值论、剩余价值来源等问题的看法以及阶级立场的站位,认为对此表示赞同或者思路有所接近的马克思就予以吸收,表示反对甚至态度不明的就被马克思抛弃,而他们复杂的探索过程中对具体经济现象的分析、运行机制和过程的揭示和经济政策的主张等大多被忽略了。这正像我们以前清理马克思哲学与德国古典哲学乃至整个哲学史的关系情形一样,只注重从后者中抓取诸如"唯物主义""辩证法"之类的概念和思路,而撇开、遮蔽了更为复杂的思想、逻辑和体系,这些年马克思主义哲学研究中范式转换、视野拓展、文本细读所取得的纵深推进,显现出原来的理解是多么狭隘、外在和肤浅! 而通过本文的梳理我们不难看出,他基本是从思想整体、研究方式、论证思路、与时代问题和历史变迁的关联等方面总体上把握这些先贤和同时代人的著述的,其中确实有极为凝练甚至尖刻的评价和定位,但绝不仅仅以是否集中在一两个观点上的鲜明表态作为评判标准。马克思的政治经济学当然有唯物主义辩证方法的支撑、无产阶级和劳苦大众获得解放的价值诉求,但如果不进入资本主义经济的具体运行机制和环节中,只靠外在的谴责和批判、激进的行动和举措,实际上是无济于事的。而从马克思最终并未放弃的《资本论》"六册计划"(特别是后三册"对外贸易""国家""世界市场")的构思看,古典经济学的探索给予他的启示是很深刻和多方面的。这可以说是进行思想创新的"惯常路径",因为所谓创新不是一切从头开始、另起炉灶,不是一味地标新、立异和求变,而是在整体文化和思想背景中反思、传承、变革和超越。

最后,弘扬辩证方法、理性精神和总体性思维。由于当代社会问题日益复杂,危机和矛盾的呈现、把握更为困难,再加上大量信息的涌入,交流手段的便捷,经常出现众声喧哗、真假难辨的状况。特别是处在社会转型时期,一个令人忧心的现象是,大多数的人在态度、言论和做法等方面表现得非常极端，常常把基于个人生活阅历和遭际而产生的情绪带入对社会问题的评论中，不分青红皂白、不区分对象层次，一味吹捧或者痛斥社会，无原则地赞美或诋毁现实，非理性地固守单一的价值观，乃至极端幼稚而不负责任地为问题的解决指方向、开药方。这种极端论思维的泛滥、非理性情绪的发泄，甚至成为了一种"公害"，不仅完全于事无补，相反常常会混淆视听、扰乱秩序、延缓甚至妨碍问题的解决。当代社会多么需要像马克思那样超越个人功利得失、放眼世界趋势、深究历史真相、理性评估现实、热忱探索未来的思想巨匠。面临盘根错节的问题，造就一大批具有深厚文化背景和高度专业素质、理性批判精神和高尚道义担当、敢于和擅长剖析社会现象、积极关注和参与世界性重大问题处理的人已经成为当务之急。在漫长的政治经济学的研究和《资本论》的写作中，马克思身上所体现出的宽广的视野、整体性的思维、深刻的历史感、顽强的意志力等是人类最宝贵的精神财富，在当今时代值得我们倍加珍视和弘扬！

十三、切实提升《资本论》研究的学术水准

——方法论和突破口省思

　　马克思主义在中国是"显学",具有特殊的条件和独特的地位。但它也是学术、学科和专业,所以只有在遵循基本的学理、规则和规范的基础、前提下,才能显现和强调其特殊,而不是撇开这些基础和前提。对于《资本论》研究来说,也应如此。我在多年的研究中力图从方法论上省思,在突破口中着力,其中浸透的心力在这里得以呈现,期望学界共同努力,切实提升包括《资本论》在内的马克思主义研究的学术水准。

鉴于马克思主义的特殊性,在研究中必须尽可能将思想与文本、现实与历史、理论与实践统摄、结合起来考量,这是一种内在要求。然而要达到这一水准和境界却不是一件容易的事,甚至毋宁说,在现实中、在目前学术界,割裂、对峙、矛盾、疏离、错位的情形非常普遍。我自己在多年的尝试、磨难和苦恼中,时刻留意这些方面的状况,经常从方法论上省思,在突破口中着力,写了不少札记,记录自己的思考。它们不是严格意义上的学术论文,但其中浸透的心力却有过之而无不及。谨从中选择数篇刊出,向方家请教。

(一)"凡是吵吵闹闹的地方,就没有真正的学问"

最近一段时间的集中阅读,对配第所著《赋税论》《献给英明人士》《货币略论》《政治算术》诸篇的内容和思路应该说都比较熟悉了,又悉心对照过《政治经济学批判》第一分册、"1861—1863 年手稿"、《资本论》第一卷、《反杜林论》中的《《批判史》论述》中的相关评论,更加明白了马克思是在什么意义上称配第为"现代政治经济学的创始人"[1]的。除了"土地为财富之母,而劳动则为财富之父"[2]的传统解释之外,我理解主要是他开创了"政治算术"的范式,即尝试以统计学的方法("数字、重量和尺度")分析同一社会的结构、比较各个国家的状况,这是观察和把握现代社会方法论上的重要突破。马克思的《资本论》主要是元原理的阐释,但他同时注重理论史的梳理、现实材料的甄别和官方档案的征引,特别是非常留意统计数据。这意味着,一方面政治经济学研究当然要有形而上学基础,需要关注影响经济运行的社会环境包

---

[1] 马克思:《〈反杜林论〉·〈批判史〉论述》,《马克思恩格斯选集》(第三卷),人民出版社,2012年,第 614 页。

[2] 威廉·配第:《赋税论》,陈冬野译,《配第经济著作选集》,商务印书馆,2014 年,第 63 页。

括政治因素,另一方面更需要注意经济本身的规律和科学性。为此,马克思引证经济学著述和观点时,从时间和首倡者两方面来确定其重要的历史成就,"作为注解以充实正文";更在阐发原理时尝试借助数学公式和方程来进行,在《资本论》的后续修改中甚至还提出过完全用数学方式重新表述第一卷的内容的设想。我们知道,20世纪以降,在经济学研究中,统计、数学已经不仅是一种外在的手段或工具,而是与所要探究的经济现象内在地联系在一起。如果说马克思是探索这种方式的先驱之一,那么他的思路源自配第"政治算术"的启迪便是确定无疑的了。至此,我要写作的论文的观点和结构也就酝酿成熟了,自认为还是有一点新见解的。

阅读和思考间隙,看到有同行和过去的学生发来短信,询问为什么不去参加一个据说声势和规模都很大的会。我回复说:"我现在很少参会,觉得不如在家躺着或者看书","现在住的离北大比较远,没有课我就不去学校了"。朋友遂把这些话串连起来,用一句流行语谑称我的状态和主张是"'躺平'了看书"。玩笑归玩笑,但这也让人再次思考一下:我们这个专业的学问究竟该怎么做?

不再抽象议论了,谈点个人的感性体悟吧。近年来"寄人篱下"度日,住在一所以理工科为主的大学的家属区。如果不外出或者有杂事打扰,我几乎每天都要去操场跑步或者在校园散步。风景虽无称奇处,但梧桐大道上几幅摄影作品下方的警句却深得我心,让我受益。

比如,达·芬奇所言"凡是吵吵闹闹的地方,就没有真正的学问"①,真是振聋发聩!我上网查了查,发现这段话并没有摘录全,特别是以下还有一句更击中要害。他说如果学者老是处于无聊的"争执"状态,"那就说明这是虚假

---

① 艾玛·阿·李斯特编著:《达·芬奇笔记》,郑福洁译,生活·读书·新知三联书店,2007年,第317页。

的、乱七八糟的学问！"①另一句是李大钊的教诲,可谓苦口婆心:"凡事都要脚踏实地去做,不驰于空想,不骛于虚声,而惟以求真的态度做踏实的工作。以此态度求学,则真理可明,以此态度做事,则功业可就。"②自然,还有马克思在为《资本论》"法文版"所写的序言中那句脍炙人口的话:"在科学上没有平坦的大道,只有不畏劳苦,沿着陡峭山路攀登的人,才有希望达到光辉的顶点。"③

马克思主义在中国是"显学",自然具有特殊的条件和地位。我想说的是,它也是学科、是专业,所以只有在遵循基本的学理、规则和规范的基础、前提下,才能显现和强调其特殊。对于《资本论》研究来说,也应如此。

(二)"版本学":深化《资本论》研究的基础性工作

近年来,在国内马克思主义哲学研究中,《资本论》受到普遍重视。但就现有的成果看,不在少数的研究者并不以《资本论》原始手稿和文献具体内容的细致解读、逻辑清理为立论基础和前提,而只是满足于寻找诸如存在论转向、空间理论或政治哲学等"新颖"的视角和方法、杜撰所谓"资本逻辑"与"生产逻辑"的对立、以"水循环"作比喻讨论第二卷所涉及的资本流通等,或者单纯以《资本论》为由头和议题随意对其当代性和现实意义进行演绎、发挥。这样的结果是,尽管产生了大量论文和著作,形成了所谓研究"热点",但

---

① 艾玛·阿·李斯特编著:《达·芬奇笔记》,郑福洁译,生活·读书·新知三联书店,2007年,第318页。

② 李大钊:《史学要论》,《李大钊全集》(第4卷),人民出版社,2006年,第446页。

③ 马克思:《〈资本论〉第一卷法文版序言》,《马克思恩格斯文集》(第五卷),人民出版社,2009年,第24页。

对于作为马克思代表作的《资本论》文本的研究来说,不少成果显得过于外在、隔膜和疏离,因此也很难谈得上会产生多少实质性推进。

有鉴于马克思资本理论的复杂性、《资本论》文本的丰富性及其思想价值当代性评估的艰难,以完整而权威的原始文献为基础,切实根据马克思探索和写作的过程、《资本论》不同版本的差异重新梳理和把握其思想图景及论证逻辑,进而与20世纪资本世界的演变、资本批判史和现代经济学的发展,以及全球化时代的新境遇进行联系和对照,以探讨其思想史价值和现实意义,就成为拓展和深化《资本论》研究的关键。就此而言,"版本学"作为《资本论》的基础性研究不仅是重要的,更是必要的,是每个专业研究者的分内之事,且任重而道远。

上海辞书出版社有志于从版本入手推动国内马克思主义专业研究。在影印出版《马克思恩格斯全集》历史考证版第一版(MEGA1)之后,又策划推出《〈资本论〉早期文献集成》,计划将德文本、译本、注释本等文献汇集后出版。后因体量过大,拆分为"版本编""译本编""注释编"三部分,依然采用影印形式。目前,"版本编""译本编"已经编竣。选编情况如下:

1.版本编

德文第一版,包含:1867年第1卷
1885年第2卷(恩格斯整理出版)
1894年第3卷(恩格斯整理出版)
德文第二版,1872年出版
德文第三版,1883年出版
德文第四版,1890年出版

2.译本编

1872 年,俄文版第 1 卷

1872—1875 年,法文版第 1 卷

1887 年,英文版第 1—3 卷

1920—1924 年,日文版第 1—3 卷

出版社约我写篇介绍性的文字作为"序言"。为此,我撰写了《〈资本论〉的"版本学"研究及其意义》一文,谨以祝贺这套丛书的出版,并希望有助于国内《资本论》研究的实质性推进。

(三)"四史"教育中也应提及这样的人!

党中央在全社会开展党史、新中国史、改革开放史、社会主义发展史(统称"四史")宣传教育,这其中,党史自然是重点。但按照我的理解,如果遵循"教育"的规律,对党的正确性的理解不只停留于单纯外在的灌输和接受层面,而是基于理性、事实和逻辑,提倡自我思考和领悟,那么后"三史"特别是社会主义发展史似乎也很重要。漫长的社会运动和复杂的思想图景,经由千洗万漉、残酷淘汰,最终"吹沙到金"。既然"四史"教育如此热烈,回顾和总结既往真正有所收获,才能告慰先贤和有助于对当代社会问题的思考。

我是专门研究马克思主义思想发展史的, 最近在重新清理和思考马克思与古典经济学的关系。与以往研究的不同之处在于,我并不是从大名鼎鼎的亚当·斯密开始追溯的,而是向前延伸至他之前 100 年的威廉·配第。马克思将他称为"政治经济学之父",主要原因在于配第创立了"政治算术"的概念, 首次尝试用算术方法探究社会经济问题,"不是把一连串比较级和最高

级词汇同抽象的议论拼凑在一起,而是立志用'数字、重量和尺度'(termus of number, weight or measure)来说话,只利用从感观的经验中得出的论据,只研究在自然界中具有可见的根据的原因(as have visible foundation in nature)"①。在马克思看来,这是"政治经济学作为一门独立的科学分离出来的最初形式"②,也就是说,是统计学而不是后来发展出来的劳动价值论和剩余价值学说造就了"政治经济学",而配第是"统计学的创始人"③。

我的研究与以往的研究还有一点不同,即我主要是想厘清实际状况、历史线索和论证逻辑,进而结合思想史和当代实践做出评价,而不把重点放在为马克思的理论及其现实性的辩护上(当然二者有时也是融通的)。这样,我的工作必须紧扣原始文本来进行,不仅包括马克思庞杂的手稿,而且需从古典经济学家们的著述出发,并极力避免根据马克思的摘录和叙述来推测其评论者的思想和主张。就配第研究来说,就是我必须首先认真阅读他的《赋税论》《献给英明人士》《政治算术》《爱尔兰政治剖析》《货币略论》等著述。但遗憾的是,350多年前撰写的这些文献,不要说在中国,就是英语世界也鲜有人问津了。现在大多数人包括不少学者都很功利,总是追踪时髦和热点,喜欢讨论当代的问题,而我不想这样。

我在搜集配第作品的时候惊讶地发现,其实在20世纪60年代他的一些短篇著述就有中译本了。主译者陈冬野先生,原名陈昭钜,1917年出生于福州。7岁因意外事故摔成骨折,造成终身腿疾。少年时期他在故乡跟一个英国人开始学习英文,打下扎实的基础。20世纪30年代随家人迁居日本,在那

---

① 马克思:《政治经济学批判。第一分册》,《马克思恩格斯全集》(第31卷),人民出版社,1998年,第446页。

② 马克思:《政治经济学批判。第一分册》,《马克思恩格斯全集》(第31卷),人民出版社,1998年,第447页。

③ 马克思:《资本论》(第一卷),《马克思恩格斯文集》(第五卷),人民出版社,2009年,第314页。

里完成了中学学业,后来就读于日本经济专科学校和中山大学。全面抗战爆发后,又与家人一起回国,定居昆明。他花 10 年时间在专业上冲刺,25 岁成为教授。因国内局势动荡,还参加过民盟等组织。1949 年后一直命运坎坷,"自知不宜从政,以他的性格,选择了最适合自己的职业——教书",先后辗转福建师范大学、厦门大学、首都师范大学当老师、搞翻译,直到 1997 年去世。他儿子说,父亲大半生"一直是个默默无闻的教授"。①

我是根据商务印书馆再版他的译著时他的儿子陈白湜先生所写的《后记》了解到他的情况的,进而还想知道在翻译外陈先生是否还有其他研究配第的著述,于是就去信询问长期在首师大从事马克思主义哲学、政治哲学教学和研究的程广云教授。广云回复说:"在学校里还从来没有听说过他。"

程兄的回复很令我感慨。为什么这样的人在我国会"默默无闻",以至于同一学校、同一专业的人"都没有听说过"?我个人觉得,仅就陈冬野先生把作为政治经济学开创者的配第的著述引入中文世界这一点,我们这些研究马克思主义史的人也应该感念他、记住他!

(四)质疑哲学史研究要向"时代问题的焦点""靠拢"

微信朋友圈中多人转发《马克思主义哲学史研究与时代问题的焦点》一文,作者的看法是:"国内学界在马克思主义哲学史的研究方面,经过一段时间的积累和发展,现在应提出一项更高的要求,即把马克思主义哲学史的研究引领到时代问题的焦点上。这将是一个转折,也是我们面临的一项基本任务。"②

坦率地说,我不能完全认同这样的看法。在我看来,马哲史首先是历史

---

① 陈白湜:《〈政治算术〉后记》,商务印书馆,2014 年,第 103 页。
② 吴晓明:《马克思主义哲学史研究与时代问题的焦点》,《中国社会科学评价》,2021 年第 1 期。

学科,其"面临的一项基本任务"就是梳理和辨析马克思主义发展的真实历程和思想演变的曲折轨迹,这个任务迄今为止远远没有完成,也不可能有终点,还不只是文本、文献和事件的甄别和考证,更重要的是思想本身的状况及其阐释。而"应提出的一项更高的要求"则是在厘清事实真相和理论曲直的基础上,客观而理性地评估马克思主义的思想史地位以及它所能参与当代全球化实践发展的程度、界域和可能性价值。

"把马克思主义哲学史的研究引领到时代问题的焦点上"是什么意思呢? 如果指的是马哲史研究强行向所谓"时代问题的焦点"靠拢,或者用"时代问题的焦点"左右、引导、规约马哲史研究,那么这并不是新的提法和观点,更不属于什么"将是一个转折",近一百年来这种方式的流行和泛滥所导致的不堪的状况,我们是见得太多了,教训太深刻了。

还有,什么是"时代问题的焦点"呢? 据说这一提法来自马克思本人,但即便是身处那个时代,能说马克思对它的理解和界定与维多利亚女王和亚当·斯密、李嘉图,与拿破仑三世和萨伊、蒲鲁东,与威廉四世、俾斯麦和李斯特等的看法和主张是一样的吗? 他们之间共同的"聚焦点"是什么呢?

我必须说,只有马克思为马克思主义哲学史进而为整个马克思主义的研究树立了楷模。他当然关注现实、关注时代的发展,然而有自己的关注方式。"不崇拜任何东西"、本质上是"批判的和革命的"辩证法使他对时代问题的观照和把握具有鲜明的特征,诸如宏观、整体性视野,超越一国、切己的狭隘而功利的考量,深刻的历史意识和久远的价值追求,等等。在当代这是最为缺乏的,因而也就显得弥足珍贵。

（五）政治经济学研究拓展和深化的突破口

非常感谢广云教授邀请我来做这次讲座！我们是多年的朋友,我对他更是心存感念之情。我们"12卷本"《重读马克思：文本及其思想》于2018年由中国人民大学出版社推出后,比较而言德国同行似乎更感兴趣一些,他们非常急迫地索要去每一卷的英文目录和内容提要,渴望了解我们是怎么重新理解和阐释马克思的,并给予了不低的评价。然而在国内,除了出版社的宣传和我们自己的介绍,私下的议论不得而知,在学界少有公开、正式的反应,而广云教授是唯一的例外,他专门写了相当中肯、有细致分析和思想见地的书评,在志军主编的集刊上刊出。[1]不受名缰利锁困扰的马克思当年都希望耗费了自己大半生心血的《资本论》在"广大范围内迅速得到理解",认为这是"对我的劳动的最好的报酬"；平凡如我者自然对像广云、志军这样长期以来给予理解和支持的师友充满谢意和敬佩。我与广云"灵犀"相通之处还在于,我前天刚写完《马克思的"突围"——他与古典经济学家们的思想纠葛再清理》一书的《导论》,不期然当晚就接到他邀请来做讲座的电话。所以,今天讲的内容可以说是我首次向学界介绍我新近的研究进展——谢谢朋友们的关照,想告知大家的是,我已经再次上路。

"12卷本"出版后我一直在思考下一步的研究做什么、怎么做。在2018年为配合这套丛书出版而写作的《走进文本：探究马克思复杂的思想世界》一文的最后,我提出了一些具体想法,后来我还设计过两套多卷本丛书《马克思与西方思想传统》《马克思与20世纪》的框架。但除了按照以往的方式

---

① 程广云：《为有源头活水来——评〈滥觞与勃兴：马克思思想起源探究〉》,《马克思主义哲学评论》（第4辑）,社会科学文献出版社,2019年。

指导三个学生完成了研究"柏林笔记""《资本论》第二册手稿"和"伦敦笔记"的博士论文,对于其他规划如何落实,我一直没有想得很清楚,也就没有进一步展开工作。比如,尽管分开来看,"12卷本"中的每一卷是对一部或几部文本个案、文本群的解读,但连缀起来作总体观照,大家会发现有一条比较明晰的思想史演变的线索和逻辑,我们意在通过这种思路完成在新的时代境遇和权威文献基础上对马克思思想体系的重构。但当我在每一卷最后部分《综论》的基础上具体考虑对这种体系进行阐释的时候,还是感到比较困难,要把思想史的梳理转换成元理论构建,至少觉得还没有达到"水到渠成"之境。当年10月我接到去德国出席"马克思年"活动的邀请,并利用那次机会走访了欧洲多座城市以"追寻马克思的足迹"。在常年竟日伏案劳累之后短暂转换了一下"活法",但四处奔波也让我有了更多新的感性体味和鲜活的思考。

2019年初回来后,我有大半年时间一直沉浸在这次实地考察的回忆和快慰中,写了近十万字的关于"马克思年"特里尔四个展览具体内容的综述、详细的考察经历散记和随感,以至于给一个过去多次转载我文章的编辑造成我不再写"研究论文"的印象。2020年是恩格斯诞辰200周年,新冠肺炎疫情的暴发使我无法践行与德国朋友、房东重返那里参加纪念活动的约定,为表达敬意,我重新阅读了他的一些著述,写了关于他思想起源和资本批判的论文以及一些阅读札记和随感。时光在"蹉跎"中流逝,这种不根据长远规划和周密考虑,而是见缝插针、随事(文)起意展开的所谓"研究",让我内心非常不踏实,惶惑度日的感觉很不好。所以从2021年下半年开始,我下定决心回到原来的思虑中,寻找可行的方案。

我反省了我们"12卷本"著述存在的问题。刚才广云兄介绍,你们特意组织了一个"读书班",专门研读这套书,这让我很不好意思。因为它除了尝试提出并践行了一种独特的理解马克思的方式,触及的文本和思想复杂,阐释和评价中存在的问题也会很多。就我个人的感觉来说,它最大的遗憾是没有彻底清理和回答"马克思为什么没有完成《资本论》的定稿?"这个核心问题。这关系到对 1867 年《资本论》第一卷出版直至马克思 1883 年去世这段时间其思想、实践活动的把握和理解,也是实现马克思与 20 世纪资本主义的发展和变化的联系、评估马克思主义在西方乃至东方效应的前提。在 12 卷本中,只有王莅执笔的《求解资本主义的史前史——"人类学笔记"与"历史学笔记"的思想世界》一书触及这段文献和问题,但由于多种考虑,那本书只选择了这两部笔记进行研究,并据此作出了一些解释。但这只是这 16 年间马克思庞大著述中的一部分,在更宏大的背景和时间维度上展开梳理和把握进而做出分析,这方面的工作还有待拓展和深化。

毋宁说,这也是国际"马克思学"研究中最困难、最前沿的课题。2012 年MEGA 第二部分"《资本论》及其准备材料"出齐,以其所刊布的 15 卷 23 册庞大的文献集群,再加上第三部分"书信卷"第 8—35 卷大量涉及《资本论》的通信和第四部分"摘录、笔记、批注卷"第 2—9 卷所刊布的多部笔记等,系统地再现了马克思酝酿、思考、写作、修改和整理这一著述的曲折过程,颠覆了关于《资本论》是一部业已定稿、由"三卷本"构成的完整的著述的传统印象,同时给专门致力于《资本论》研究的学者提出了新的挑战,给他们形成了比较大的压力,即如何切实地把文献专家编辑过程中形成的考证成果有效地运用于对马克思思想的重新解释之中。由对原始手稿和文献的考辨、解读转换为思想史研究,焦点问题就凸显出来了——对于一个专门致力于马克思研究的人来说,这是不能绕开的,即马克思为什么最终没有整理出《资本论》第二、三卷?

在多年来策划、组织、撰写"12 卷本"的过程中,这一问题一直困扰着我。

2017 年借助《资本论》第一卷发表 150 周年，我写了一篇纲要式的文章，大致梳理了 1867—1883 年间马克思的理论研究进展和实践活动，包括围绕《资本论》的后续整理和写作、西欧工人运动的参与及波折、资本主义"史前史"的求解、对俄国社会未来走向的设想以及"我只知道我自己不是'马克思主义者'"的警示等方面，廓清了当时的现实境遇并勾勒了马克思大致的工作领域及其研究所取得的阶段性进展。现在看来，这还只是一种外在性的分析，接下来更有待于我进入马克思这一期间的著述，通过对文本内容的具体解读来做出判断和解释。就是说，面对新出现的各种复杂状况，他是如何进一步思考资本的性质、运动、逻辑及其后果的。我认为，"没有按照以往的设计完成第二、三卷的定稿工作"这一状况成为理解马克思晚年资本理论的关键，而我的工作就是尝试把马克思并没有明确表达出来的新思考概括并阐释出来。

确立了下一步研究的具体内容，我心里踏实多了。所以 2021 年下半年起，我打乱文本类型编排、只按照时间顺序重新系统地阅读这一时期马克思的著述，就从 1867 年《资本论》第一卷及其 6 个《序言》和《跋》以及大量通信开始。经过一段时间的集中研读后，我感到当时马克思是通过这部著述来最终完成对古典经济学的突围和超越的。在马克思思想研究中，所谓"哲学的革命性变革""政治立场的转变"，如果不落实到资本运动的具体环节、过程和机制中是得不到体现和进一步推进的。而就过去对马克思政治经济学与古典经济学之间关系的理解来看，我们只注重鉴别众多经济学家及其著述对待劳动价值论、剩余价值来源等问题的看法以及阶级立场的站位，认为对此表示赞同或者思路有所接近的马克思就予以吸收，表示反对甚至态度不明的就被马克思抛弃，而他们复杂的探索过程中对具体经济现象的分析、运行机制和过程的揭示和经济政策的主张等大多被忽略了。

这正像我们以前梳理马克思哲学与德国古典哲学乃至整个哲学史的关系情形一样，只注重从后者中抓取诸如"唯物主义""辩证法"之类的概念和思路，而撇开、遮蔽了更为复杂的思想、逻辑和体系，这些年马克思主义哲学研究中范式转换、视野拓展、文本细读所取得的纵深推进，显现出原来的理解是多么狭隘、外在和肤浅！而回到马克思研读古典经济学家们的著述时所做的篇幅巨大的笔记，从他极为详尽的摘录中，我们不难看出，他基本是从其思想整体、研究方式、论证思路、与时代问题和历史变迁的关联等方面总体上把握这些先贤和同时代人的著述的，其中确实有极为凝练甚至尖刻的评价和定位，但绝不仅仅以是否集中在一两个观点上的鲜明表态作为评判标准。马克思的政治经济学当然有唯物主义辩证方法的支撑、无产阶级和劳苦大众获得解放的价值诉求，但如果不进入资本主义经济的具体运行机制和环节中，只靠外在的谴责和批判、激进的行动和举措，实际上是无济于事的。而从马克思最终并未放弃的《资本论》"六册计划"（特别是后三册"对外贸易""国家""世界市场"）的构思看，古典经济学的探索给予他的启示是很深刻的和多方面的。

此外，我也意识到，导致长期以来我们对马克思政治经济学与古典经济学之间复杂关系做出简单化的理解还有一个原因，就是用"古典经济学"这个抽象的概念把马克思之前和同时代众多经济学家复杂的思想进行笼统的观照，结果所揭示的内容撇开了他们的个性化特征和思路，所以必然是粗疏的。就像我们过去用"唯心主义"把哲学史上高度重视精神、观念作用的人物和派别归为一类而弃之如敝屣，实际上抛弃了多少有价值的思想！殊不知，恰恰这些"唯心主义"哲学形态，既是马克思"批判"和质疑的对象，也是构成马克思超越"旧唯物主义"、实现"新哲学"建构的有益因素和成分。

基于上述考虑，我逐渐形成了自己梳理1867—1883年马克思思想变化并将其阐发出来的初步框架。据我现在的构想,这将是一部三卷本的书:第一部着重梳理马克思是如何从古典经济学所提供的思路、体系和方案中"突围"出来的;第二部分析《资本论》三卷所构建的体系和观点与 19 世纪 70 年代后的实践发展和理论变化之间出现了怎样的"差池";第三部讨论马克思新的理论视野的拓展、对社会发展的多维思考所展示的"开新"意向以及与 20 世纪的关联。

就第一部来说,我严格按照马克思著述提供的线索进行处理,但不再把古典经济学家视为一个统一的流派和整体,而是把他们一一分开,具体深入其著述中探究他们的观点和体系、辨析马克思是怎样理解和把握他们的思想以及他们对马克思产生了怎样的影响。马克思关于他们的研究当然不是平均用力的,所以我会根据实际情况调整书的章节和篇幅。现在想到的这个部分大致归为 4 类、涉及 26 位思想家:

一、"古典政治经济学"的演变图景和功过

1.威廉·配第;2.亚当·斯密;3.大卫·李嘉图;4.布阿吉尔贝尔;5.弗朗索瓦·魁奈;6.西斯蒙第。

二、"庸俗经济学"何以是"庸俗化"的

7.萨伊;8.马尔萨斯;9.詹姆斯·穆勒;10.麦克库洛赫;11.西尼尔;12.巴师夏;13.凯里;14.约翰·穆勒。

三、德国历史学派经济学的困境

15.李斯特;16.罗雪尔;17.希尔德布兰德;18.克尼斯;19.布伦塔诺;20.瓦格纳;21.施穆勒。

四、德国知识界其他"平庸的模仿者"

22.路德维希·毕希纳;23.弗·阿·朗格;24.杜林;25.古·西·费希纳;26.拉萨尔。

我利用假期的空闲完成了这本书的"导论"。这学期开始系统地看这些古典经济学家的著作(也包括传记),对马克思摘录和评论他们的著述我比较熟悉,但仍需要再一次认真阅读和思考,接下来大致按照上述顺序——写出专题论文,最后做出总结和评论。同时,为了弥补自己知识结构上的缺陷,我从2021年开始有意识地涉猎20世纪以来西方主要经济学流派的演变和微观经济学研究的内容,翻阅了一些重要经济学家的著述,特别是凯恩斯、米塞斯、哈耶克、科斯和诺斯等人的书。

毋庸讳言,他们之中多数是反对马克思主义的,其思维方式、经济观点乃至研究方法和著述风格有很大的差异,然而我想指出的是,如果我们能像马克思当年所说的那样"决不用玫瑰色描绘"其面貌、理解其学说,而是将其看作资本时代关于经济运行的不同方案、思路和理论主张,同时考虑到即便始终坚守"劳动价值论"、致力于从宏观和总体上把握社会结构变迁的马克思主义政治经济学,也并不是完全置身于资本社会之外进行"纯粹的批判"、要以全然异质的社会形态彻底替换资本社会,而只能在资本主义的发展和变革中寻找对资本的超越,逐步走向未来新的文明形态,那么马克思主义政治经济学与这些派别之间就不只是对立、矛盾和冲突的关系,而是可以、也必须进行对话、融通、互补和创新。这无疑会有助于让我力图从重新梳理马克思与古典经济学家思想纠葛中所获得的新认识彰显出当代意义。

后　记

　　关于"《资本论》及其手稿"的研究我有一个较为长远的规划,初步的考虑是:以"三卷本"的规模,重新辨析马克思与古典经济学家们的复杂关系,梳理1867—1883年间马克思的理论与实践活动所体现的他对资本问题的新思考,从《资本论》对20世纪社会变迁和思想建构的参与、渗透来探究其现实价值。近年来,按照这样的设计和思路,我广泛搜集、悉心梳理和消化文献资料,认真回顾和反思了以往《资本论》研究的历程及得失。我也将自己以此获得的宏观思考和所做的准备性工作整理成文章,陆续在报刊、杂志上公开发表,但并没有将其结集出版的想法,而是力图在此基础上尽快投入"三卷本"的实际研究和写作中。不料,2022年教师节与学生聚会时,他们送给我一件特殊的礼物——将我2022年发表的有关《资本论》的研究文章辑录在一起,编排成一本书的样子,还特意找打印店设计了豪华封面,制作成精装本,并且起了一个特别的名称"返本再出发"。

　　"返本再出发!"——这正是我所主张的在新的时代境遇下重新研究《资本论》的思路和方式。这里的"本"既指原始文本文献,也指马克思当年真实而复杂的思想及其形成、变化过程。我认为,在今天要实质性推进《资本论》研究,必须从权威而完整的原始文本出发,以把握马克思深刻而复杂的资本理论及其论证逻辑；必须在总结以往研究经验、教训的基础上，实现研究思路和方式的转换；在全球化视野中，全面认识资本的本质、功能及效应，以推进马克思主义政治经济学的当代发展。只有这样才能矫正以往对《资本论》偏颇、狭隘和并不到位的理解，避免简单化、极端化的评论，也才能对其思想史价值和现实意义作出合理的解释和准确的定位。为此，我很感谢这些用心的学生对我的理解！

我注意到，21 世纪以来，随着西方金融危机引发的整个世界经济衰退和全球化进程遭遇的前所未有的困境，《资本论》再次受到有识之士的关注，也成为国内马克思主义哲学领域研究的热点，相关的论文、著述在数量上远超以往。但综观这些成果，存在的一些问题也不容忽视。

有关《资本论》研究的文献基础，绝大多数论者还局限于"通行本"三卷的范围甚至只以第一卷为依据。我们知道，文献基础的完整、权威和准确，是高水平研究的先决条件。举凡西方重要的思想家，诸如亚里士多德、洛克、斯宾诺莎、莱布尼茨、休谟、康德、黑格尔、李嘉图、尼采等，其著作的"历史考证版"出版较为齐全的，对其思想的研究水准也是最高的。就《资本论》来说，2012 年最权威的 MEGA2 第二部分"《资本论》及其准备材料"出齐，以其所刊布的 15 卷 23 册庞大的文献集群，再加上第三部分"书信卷"大量涉及《资本论》的通信和第四部分"摘录、笔记、批注卷"所刊布的多部笔记等，系统地再现了马克思酝酿、思考、写作、修改和整理这一著述的曲折过程，颠覆了关于《资本论》是一部业已定稿、由"三卷本"构成的著述的传统印象，给致力于《资本论》研究的学者提供了相当完备的文献，当然也提出了相当大的新的挑战。如果我们对这些表征马克思思想探索和理论建构过程的原始文献视而不见，对文献专家费劲心力做出的考证成果根本不予理睬，要客观、准确、全面地把握马克思的思想，怎么能不受到极大的限制呢？

在我看来,如果不把研究奠基于文本、文献的搜集、梳理、消化和解读上,进而据此做出阐释、分析和评价,相反,只是从那些外在的解释方式和框架、当代流行的或者自己感兴趣乃至创设的观点、所谓重大的社会问题或政策导向出发去观照《资本论》,强行从《资本论》文本中寻章摘句、断章取义,进而为方法寻找说明、为观点取得论据、为现实做出图解……凭借这样操作写出的东西或许"新颖""有效""应时",但对《资本论》文本及马克思思想的研究却不会有多少实质性的推进。

这就涉及《资本论》研究思路和方式的转换问题了。有两种研究思路是我不能认同的。

一种是沉浸于既往偏狭的理解和传统的观念中,将《资本论》研究的意旨定位于揭露资本的罪恶本质、否定其有助于社会发展的作用,进而主张抑制乃至彻底消灭资本!拒绝与西方资本主义国家对话和合作,试图走出一条在社会结构中没有资本要素的"纯而又纯"的"社会主义""康庄大道"。这种意图和看法,由于缺乏专业的依据和支撑,不仅导致对《资本论》及马克思资本理论的简单化、极端化的理解,而且严重脱离四十年来中国改革开放的实践以及普通民众基于物质生活极大改善而获得的感受。诚如 2022 年 4 月习近平总书记在主持中央政治局集体学习时所指出的,我们"要历史地、发展地、辩证地认识和把握我国社会存在的各类资本及其作用。在社会主义市场经济体制下,资本是带动各类生产要素集聚配置的重要纽带,是促进社会生产力发展的重要力量,要发挥资本促进社会生产力发展的积极作用。同时,必须认识到,资本具有逐利本性,如不加以规范和约束,就会给经济社会发展带来不可估量的危害"①。总书记的上述论断,既是对改革开放以来我国社

---

① 《习近平谈治国理政》(第四卷),外文出版社,2022 年,第 219 页。

会主义现代化实践基础上所获得的对资本及其功能和作用新认识的概括和总结,也是对经典马克思主义完整、系统的资本理论的继承和发展。

我根据自己研读的心得,将《资本论》的"资本观"进行了简略的概括,写就一篇短文,于2022年7月25日在《光明日报》刊发。文章在引起一些正面反响的同时,也招致个别论者较为严厉的批评,认为我对马克思主义的理解"带有'第二国际'修正主义的倾向性",是在"为资本全球化游说",因为我不懂得,绝非"民主社会主义"理论和西方"福利国家"体制,只有苏联和改革开放之前我国关于资本本性及其功能和作用的看法、关于社会主义与资本主义之间截然对立的理解才是马克思主义的"正统"。我感到,这些论者在资本问题上的见地没有跟上总书记的思路,没有达到总书记要求的水准,也就没有做到"政治正确"!

事实上,马克思、恩格斯对"美好生活"的描摹和未来社会的建构,在其原始文本中有大量相关表述,所以我们可以直接"用文献说话"。这里不妨随手摘引一段。1887年6月,恩格斯在修改英国"北方社会主义"联盟纲领时特别写下如下的话——"我们的目的是要建立社会主义制度,这种制度将给所有的人提供健康而有益的工作,给所有的人提供充裕的物质生活和闲暇时间,给所有的人提供真正的充分的自由。请所有的人在这个伟大的事业中给予社会主义联盟以协助。赞同者应该承认他们彼此之间以及他们同所有的人之间的关系的基础是真理、正义和道德。他们应该承认:没有无义务的权利,也没有无权利的义务"[①]。

面对如此清晰的表达,还需要作什么别样的阐释、演绎和发挥吗?

另一种我所不能认同的研究方式是用当代不同学科的观念、框架去规

---

① 恩格斯:《弗·恩格斯对英国北方社会主义联盟纲领的修正》,《马克思恩格斯全集》(第21卷),1965年,第570页。

约和讨论马克思当年的工作,并强行划分和定性其所属,或者提出一些大胆的解释和判断。在我看来,撇开促成马克思思想演变的现实缘由和内在思路,用一种异类的视角和逻辑去解释他的思想,虽然比较"新颖",但无助于对经典作品主要内容的细致理解和准确把握,因而对其思想的研究并没有实质性的推进,或者推进的程度很有限。比如,现在有很多论者试图从"政治哲学"视角推进《资本论》及其手稿研究,在我看来,就有点过于"外在"了;至于"构境论"之类的自我标榜,就更有制造"噱头"之嫌了。

这里我想以近年来流行的所谓"资本逻辑"与"生产逻辑""断裂论"为例作些辨析。大家知道,在对马克思思想发展过程的解释中,过去就有"两个转变"(即"唯心主义向唯物主义、革命民主主义向科学社会主义的转变")的界说,后来又引入国外学者的看法,即"科学阶段"与"意识形态时期"的"决裂""晚年马克思"与"青年马克思"的对立,等等。论者还言之凿凿,把"转变""对立""决裂"的界限具体厘定在某一年度、某·文本中,比如 1843 年的《〈黑格尔法哲学〉批判导言》、1845 年的《关于费尔巴哈提纲》或者 1845—1847 年的《德意志意识形态》等。我撰写过《对马克思思想研究中一种流行的解释思路的反思》等文章来分析这些性质界定上的粗陋、关节点确定的轻率、论据的不足等问题导致的对马克思思想实际发展过程的偏离,特别是号称"转变""决裂"和"对立"之后还有大量相左情形存在。这表明,这些论断不过是研究者为了解释的方便或者自己外在论点的申发而做出的,是对马克思思想简单化、线性化的把握,呈现不出理论的复杂状态和其苦心论证的逻辑。

在近年的《资本论》研究中,有人又如法炮制,提出在早期《德意志意识形态》等著述中马克思阐发的是"生产逻辑",到《资本论》及其手稿中(从"1857—1858 年手稿"开始)他就将其替换为"资本逻辑"了,因此马克思思想的发展过程可以用这"两个逻辑"的嬗变来解释。不客气地说,这不过是上述

"转变论""决裂论"和"对立论"的又一次模仿或者变种,并不切合马克思文本及其思想的实际,更不像有的论者声称那样是《资本论》研究的"创新"。

这里也不想再费劲地进行词意、句式、段落、语境及其内涵的辨析,还是"用文献说话",看看在论者认定已经转换到"资本逻辑"阶段的"1857—1858年手稿"中,马克思是如何论述"生产逻辑"及人与社会发展的:

其一,"生产"的社会地位及类型。"生产"是马克思站在历史唯物主义的高度透视"一切社会形式"的"普照之光"和"特殊的以太"。他认为,"在一切社会形式中都有一种一定的生产决定其他一切生产的地位和影响"①,这是一种"普照的光",它掩盖了一切其他色彩,并改变着它们的特点;这是一种"特殊的以太",它决定着它里面显露出来的一切存在的比重。当然马克思也指出,生产不是抽象的,在不同的历史阶段,其"基础""内容"又是"特定的",也是必然会"变动的","直接以使用价值为目的的生产""直接以交换价值为目的的生产""以资本为基础的生产""以交换价值为基础的生产""以雇佣劳动为基础的生产""以个人自由为基础的生产"是生产的多种形态。而就人类社会发展方向来说,随着社会生产力的迅速发展,最终"生产将以所有的人富裕为目的"。②

其二,"生产"与人的生活境况的演变。马克思把"在社会中进行生产的个人"以及"这些个人的一定社会性质的生产"作为其政治经济学研究的"出发点"。③这是以"生产逻辑"对"资本逻辑"的透视和对抗,贯穿了他资本批判

① 马克思:《1857—1858年经济学手稿》,《马克思恩格斯全集》(第30卷),人民出版社,1995年,第48页。

② 马克思:《1857—1858年经济学手稿》,《马克思恩格斯全集》(第31卷),人民出版社,1998年,第104页。

③ 马克思:《1857—1858年经济学手稿》,《马克思恩格斯全集》(第30卷),人民出版社,1995年,第22页。

的始终,而不存在后者对前者的替代。他之所以谴责资本主义,因为资本借助"雇佣劳动制度"造成了社会经济结构中"劳动者和劳动条件的分离",即"在一极使社会的生产资料和生活资料转化为资本,在另一极使人民群众转化为雇佣工人"。[①]"社会的个人"本来是社会存在的基础和支撑,但资本主义社会的"主体"却不是他们这些占人口绝大多数的"现实的人"。"劳动的这种现实化表现为工人的非现实化,对象化表现为对象的丧失和被对象奴役,占有表现为异化、外化。"[②]因此,变革社会制度就是要让"个人的自主活动"切实参与、渗透到"生产 – 交往形式"交织而成的社会结构及其发展之中,扬弃"社会的个人"的异化状态和非主体地位,促使"现代市民社会"走向"自由人的联合体"。

其三,"生产"与人类社会的发展。马克思是在探究"可以自由支配的时间"何以可能的语境下阐发"生产将以所有人的富裕为目的"的,所以他所指的"富裕"不仅限于物质财富,而且包含了人的精神层面。在原始手稿中,马克思把"可以自由支配的时间"都用斜体加以书写,意在着重强调。资本主义条件下,进行生产的个人的时间主要是"劳动时间",而且其大部分都运用到剩余价值的生产("剩余劳动")上了,因此马克思说:"现今财富的基础是盗窃他人的劳动时间。"[③]他主张先把劳动者的劳动时间还给他们自己,使得他们创造的价值更多地由自己享用。在此基础上,尽量缩短劳动时间,增加"可以自由支配的时间",以使人的"个性得到自由发展"。"由于给所有的人腾出

---

① 马克思:《资本论》(第一卷),《马克思恩格斯文集》(第五卷),人民出版社,2009 年,第 870 页。

② 马克思:《1844 年经济学哲学手稿》,《马克思恩格斯文集》(第一卷),人民出版社,2009 年,第 157 页。

③ 马克思:《1857—1858 年经济学手稿》,《马克思恩格斯全集》(第 31 卷),人民出版社,1998 年,第 101 页。

了时间和创造了手段，个人会在艺术、科学等等方面得到发展"①，而且即便随着生产形态嬗变为"以所有的人富裕为目的，所有的人的可以自由支配的时间还是会增加"②。

由此也可以知道，在马克思思想的发展中，从来不存在所谓"生产逻辑"向"资本逻辑"的转换，毋宁说，二者始终共存于其思想探索的每个阶段、其写作的每部文本之中。即便是在《资本论》及其手稿中，无论是探究资本主义的生产过程还是流通过程，都不是"资本逻辑"一统天下，相反，在其"支配"表象背后是"生产逻辑"的作用，即生产不断地对资本展开调控、矫正、引导和超越。幻想在社会结构及其发展中剔除"生产"因素、削弱"生产"的功效，根本无法解释马克思的历史唯物主义建构、政治经济学研究和对未来社会的探索。

而我所主张的有关《资本论》的文献基础和研究思路与上述情况可以说极为不同甚至是正好相左的。当我把学生辑录的我近年发表的这些论文再次集中阅读之后，这种感受就更为强烈。虽然抽象地讲，学术无定论，研究也不存在固定之规，每个人都有自己的思路和观点，可以求同存异。但我认为，包括《资本论》在内的马克思著述及其思想的研究是一项严肃的学术活动，"专业"的严谨态度和操守必不可少，包括完备的文献资料、扎实的史实基础、严密的逻辑推论等。同时，顺应时代潮流、理性评估历史效应和现实价值也是题中应有之意。文本与思想、理论与实践、历史与现实纠缠在一起，使到位而深入的马克思研究非常艰难，但作为专业研究者，我们只能迎难而上，

① 马克思：《1857—1858 年经济学手稿》，《马克思恩格斯全集》（第 31 卷），人民出版社，1998 年，第 101 页。

② 马克思：《1857—1858 年经济学手稿》，《马克思恩格斯全集》（第 31 卷），人民出版社，1998 年，第 104 页。

不可以投机取巧、寻找捷径。这样说来,我的这些论文及其观点对于切实推进《资本论》的研究、矫正目前学界存在的相关问题和偏差就不无价值了。

正是基于上述考量,我决定将这本观点鲜明,但可能还不够成熟的论文集先行出版。在学生编排的基础上,我做了一些调整:不再按照论文发表的时间顺序,而是依据各篇探讨的内容确定先后顺序,以显现各篇逻辑上的关联和章节层次上的递进,使本书具有了专著式的系统性;此外,因各期刊篇幅的限制,这些论文发表时都有不同程度的删减,这次我恢复了原稿的状态;还有一篇梳理恩格斯的资本批判、评价其整理《资本论》第二卷和第三卷工作得失的论文,学生没有收录,我也将其补进去了。

最后,我想对刊发文章的各期刊、杂志、报纸的各位编辑老师表达衷心的感谢!(依本书章节先后顺序,它们是《光明日报》《中国高校社会科学》《〈资本论〉早期文献集成》(上海辞书出版社)、《世界哲学》《学术月刊》《山东社会科学》《中华读书报》《马克思主义哲学》《马克思主义理论学科研究》《哲学研究》《学习与探索》《现代哲学》《北京大学学报》《读书》)。天津人民出版社欣然接受此书,策划编辑王康、责任编辑佐拉付出了艰辛的劳动,北京师范大学艺术与传媒学院郭云飞博士专门题写了书名,在此一并致谢!

《资本论》是一部大书,迄今为止我们对它研究得还很不够。身处全球化新的境遇中,面对盘根错节的现实难题,期望学界摒弃情绪和偏见,坚持科学和理性,尽力接近马克思的文本和思想、史实和逻辑、价值和情怀,共同推进对这部经典著作的精深理解和对时代问题的深入思考。

聂锦芳

2022 年 10 月 1 日